4訂版

英単語ターゲット
1400

大学入試 出る順

お茶の水女子大学名誉教授 宮川幸久
ターゲット編集部 編

JN284227

Obunsha

はじめに

　大学入試を突破するためには，どのくらいの英単語をどのように覚えればよいのだろうか？——だれもが一度は疑問に思うことと思います。もちろん，一つでも多くの単語をゆっくりと地道に覚えられればよいのですが，時間がいくらあっても足りない皆さんにとって，それはむずかしいことでしょう。結局のところ，大学入試によく出題される単語を効率よく覚えることが合格への近道になるのです。

　ターゲットシリーズは，刊行されてから実に数十年もの間，皆さんの先輩方にあたる多くの高校生・受験生に使われてきました。こんなにも長く愛されている理由は，ずばり「頻度」と「一語一義」を貫いたコンセプトです。過去5か年の最新の大学入試問題をコンピューターで徹底分析，よく出題される見出し語を選び出し，それに対応する最も頻度の高い意味を掲載する，それがターゲットシリーズなのです。

　本書『英単語ターゲット1400』を使えば，入試に「出る順」に，最も覚えておくべき意味とセットで1400語を覚えることができます。見出し語の選定やその意味の確定にあたっては，コンピューター分析に頼るだけでなく，大学受験のプロである現場の先生方や入試問題に精通しているスタッフが一丸となって調査し，悩み抜いた末，最もふさわしいものに決めています。

　また本書は，センター試験レベルの語に焦点を当てています。センター試験突破を目指す皆さんは，ぜひ繰り返し使って1400語すべてを自分のものにしてください。本書が皆さんの大学合格の一助になることを心より願っています。

　最後に，ターゲットシリーズの生みの親であり，英語教育に多大な貢献をされてきた故 宮川幸久先生に心からの敬意と謝意を表します。

ターゲット編集部

CONTENTS

WEB上での音声ファイルダウンロードについて	4
『ターゲット1400』でできること！	6
ターゲットシリーズラインナップ	9
本書の構成と使い方	10
オススメ学習法	12
本書で使っている発音記号とその音の具体例	14

Part 1　これだけは覚えたい600語

Section 1	18
Section 2	42
Section 3	66
Section 4	90
Section 5	114
Section 6	138

コラム①　似た意味を持つ単語　～意味の違いを知っておこう！～

Part 2　さらに実力を伸ばす500語

Section 7	164
Section 8	188
Section 9	212
Section 10	236
Section 11	260

コラム②　似た意味を持つ単語　～意味の違いを知っておこう！～

Part 3　ここで差がつく300語

Section 12	286
Section 13	310
Section 14	334
INDEX	358

WEB上での音声ファイルダウンロードについて

本書に掲載されている見出し語(英語)と見出し語の意味(日本語)の音声は,音声ファイルの形で無料でダウンロードして学習することができます。

■ 手順について

① パソコンからインターネットで専用サイトにアクセス

下記の URL を入力してアクセスし,『英単語ターゲット1400 [4訂版]』を選んでクリックしてください。

http://tokuten.obunsha.co.jp/target/

② パスワード入力

画面の指示に従って下記のパスワードを入力してください。

target1400

③ ファイルをダウンロード

リストの中からダウンロードしたい音声ファイルをクリックし,ダウンロードしてください。
※詳細は実際のサイト上の案内をご参照ください。

④ ファイルの解凍,再生

音声ファイルは ZIP 形式にまとめられた形でダウンロードされますので,解凍後,デジタルオーディオプレイヤーなどでご活用ください。
※デジタルオーディオプレイヤーへの音声ファイルの転送方法は,各製品の取扱説明書やヘルプをご参照ください。

【注意】
・音声ファイルは MP3 形式となっています。音声の再生には MP3 ファイルを再生できる機器などが別途必要です。
・ご使用機器,音声再生ソフト等に関する技術的なご質問は,ハードメーカーもしくはソフトメーカーにお願いいたします。
・本サービスは予告なく終了されることがあります。

■ ダウンロードできる音声の要素について

無料ダウンロードサービスでダウンロードできる音声ファイルの内容は，本書14〜16ページの**本書で使っている発音記号とその音の具体例**のほか，1400見出し語に関する下記の2パターンの音声です。これから取り組まれる学習方法に合った音声をご利用ください。

①見出し語の音声

全1400見出し語を順に読み上げています。（英語のみ）

厳選された1400語を最もコンパクトな形で通して聞けるのがこのパターンです。
全1400語を短時間で聞くことができますので，何度でも繰り返して聞いてください。
単語の後のポーズで自分でも発音してみたり，単語を聞いてすぐに意味を思い浮かべてみたりといったトレーニングにもおすすめです。

② 見出し語とその意味（日本語）がセットになった音声

1つの見出し語につき「見出し語（英語）＋見出し語の意味（日本語）」を1セットにし，全1400見出し語分を順に読み上げています。

見出しの英単語とその意味となる日本語が収録されていますので，本が手元になくても，音声だけで「単語＋意味」を確認することができます。通学途中などの隙間学習に最適です。

■ 例文の音声 ── 別売り音声について

例文まで含めた音声学習をしたい方にはオーディオブック（音声ダウンロード販売）をご用意いたしました。本書の例文中には見出し語以外にも重要単語が多く含まれていますので，ぜひご活用ください。

・オーディオブックについてはこちら

http://passnavi.evidus.com/target1900

もしくは

パスナビ ターゲット　検索　で検索！

『ターゲット1400』でできること！

効果的に覚える5つの工夫

1. 「出る順」に並んだ厳選の1400語＆例文
2. 中心的な意味を覚える！「一語一義」主義
3. 段階的に学習できる「パート」×「セクション」
4. よく出るフレーズで覚える！「ターゲットフレーズ」
5. どこでも使える「ハンディタイプ」

単調な「単語暗記」を楽しく効果的に！

受験生は時間がないんです！

「単語暗記って，単調，つまらない，続かない。」
「ほかの教科も勉強しないと。とにかく時間がない！」
そんな風に思ったことありませんか？

英単語学習は，英語学習の中で文法と並んで柱となるものです。文法がわかっても単語を知らなければ，文章は理解できません。でも，何も工夫をしないと単調で味気ないものですよね。

そこで「ターゲット1400」では，「単語学習」を何とか楽しく，効果的に，実りあるものにしようと考えました。1994年の刊行時より，20年近くにわたり研究を重ね，磨き上げてきたのです。しかも，情報は最新の入試問題を丁寧に分析してあります。

その結果が，最初に掲げた「効果的に覚える5つの工夫」です。本書でぜひ実りある「単語学習」に取り組んでみてください。

効果的に覚える5つの工夫

単語学習の苦痛から解放します

❶「出る順」に並んだ厳選の1400語＆例文

最新入試データ分析を基に選び出された1400語とその例文が「出る順」に並んでいます。頭から覚えていくことで効率的に学習できます。

◆ 旺文社だからできること
『全国大学入試問題正解』を長年刊行しているので、信頼のおける入試問題データベースで分析ができます。

これまで30年にわたる分析のノウハウがあるからこそ、自信を持って1400語を厳選できます。

さらに、実際のセンター試験問題から採用したり、センター試験レベルに合うように書き下ろしたりした実戦的な例文は、熟語や構文読解の力もつくようになっています。

◆ ノウハウに裏打ちされた「出る順」だからこそ意味がある！
入試に「出る順」であることを第一優先にして編集してありますが、各セクション内で品詞ごとにまとめたり、セットで覚えたほうがよいもの（同意語、反意語など）はゆるやかにグルーピングしたり、と工夫がしてあります。

❷ 中心的な意味を覚える！「一語一義」主義

1つの英単語につき、入試で出題されやすい中心的な意味をまずは覚えてください。これを押さえておけば、文脈の中で意味を推測・判断できるようになります。

> improve ⇔ を改善する；よくなる
>
> 1つの単語（一語）⇔ 1つの意味（一義）

中心的な意味を核にして覚えることで、ほかの意味にも対応できます！

❸段階的に学習できる「パート」×「セクション」!

まずは「絶対覚えてほしいパート1」から「差がつくパート3」まで段階的に覚えていけばよいので効率的です。さらに各パートは100語区切りのセクションに分かれていますので，毎日の学習の目安になります。

パート	セクション	内訳
1 これだけは覚えたい600語	1〜6	動　詞 254語 名　詞 204語 形容詞 121語 副　詞・その他21語
2 さらに実力を伸ばす500語	7〜11	動　詞 210語 名　詞 170語 形容詞 120語
3 ここで差がつく300語	12〜14	動　詞 125語 名　詞 101語 形容詞 74語

❹よく出るフレーズで覚える!「ターゲットフレーズ」

入試分析の結果，よく狙われるフレーズを掲載しています。使われやすいフレーズが単語とあわせて覚えられるので長文読解・英作文にも効果的です!

> **TG succeed in** *doing* 「〜することに成功する」

❺どこでも使える「ハンディタイプ」

時間のない受験生のために!

①コンパクトな新書サイズ

②軽くて持ち運びに便利

③開きやすいので片手で持てる

ターゲットシリーズ ラインナップ

国公立2次・難関私大にチャレンジするなら！
~英単語ターゲット1900シリーズ~

英単語ターゲット1900 [5訂版]
準拠CD（5枚組み）
カード版　Part 1　　Part 2
実戦問題集
書き覚えノート

センター試験突破を目指す！
~英単語ターゲット1400シリーズ~

英単語ターゲット1400 [4訂版]
カード版
実戦問題集
書き覚えノート

大学受験への足がかりに！
~英単語ターゲット1200シリーズ~

英単語ターゲット1200
書き覚えノート

中学~高校基本の単熟語をまとめて覚える！

基本英単語・熟語ターゲット1100 [改訂新版]

熟語を重点的にマスター！
~英熟語ターゲット1000シリーズ~

英熟語ターゲット1000 [4訂版]
準拠CD（5枚組み）
カード版

※1900 / 1400 / 1200 それぞれの親本は無料音声ファイルダウンロードサービスつき。

本書の構成と使い方

Section
100語区切りで1〜14まであります。

品詞
各セクションは，品詞ごとに単語をグルーピングしています。

見出し語
入試データベースを分析した厳選1400語です。

発音記号
見出し語の読み方を表す記号です。

発音・アクセント 発 ア
入試に狙われる注意すべき語に，それぞれのアイコンをつけています。

コロケーション
見出し語がよく結び付く前置詞などを示します。

チェックボックス
覚えた単語にはチェック☑をつけられるようにしています。

ID番号
見出し語の順番を表す番号です。1から1400まであります。

TC
よく狙われるフレーズを示しています。

意味
第一に覚えておくべき見出し語の意味を赤字にしています。そのほかにも覚えておきたい意味は黒字にしています。

▶
補足説明や関連する表現などを提示しています。

派生語・関連語
見出し語に関連する語や派生語を示しています。

Part 1 これだけは覚えたい600語

Section 4 単語番号 301〜400

動詞編

seek
[síːk]
□□ 301
(〜しよう)と努める(to do)；を探し求める
▶ 活用：seek - sought [sɔːt] - sought

indicate
ア [índikèit]
□□ 317
(…ということ)を示す(that節)；を指摘する
□ indication 图 指摘；兆候
□ indicator 图 表示計器

reveal
[riv́iːl]
□□ 318
を(…に)明らかにする，暴露する(to)
□ revelation [rèvəléiʃən] 图 暴露；意外な新事実

doubt
発 [dáut]
□□ 319
を疑わしいと思う；(…では)ないと思う (that節)
TC doubt if [whether] ...「…かどうか疑わしい」
□ 疑い
□ dóubtful 疑わしく思う；疑わしい
□ dóubtless 疑いなく

refuse
[rifjúːz]
□□ 320
を拒む(⇔ accépt → 102)
TC refuse to do「〜するのを拒む」
□ refúsal 图 拒絶

match
[mǽtʃ]
□□ 321
と調和する；に匹敵する
图 試合；競争相手；よく合う物[人]
▶ match は「色・柄などが調和する」，fit は「型・大きさが人に合う」(→ 230)，suit は「色・服などが人に似合う」(→ 431)。

ignore
[ignɔ́ːr]
□□ 322
を無視する
□ ígnorant (…を)知らない(of)；無知な
□ ígnorance 知らないこと；無知 ⇒ 1249

decrease
[dìːkríːs]
□□ 323
減る(⇔ incréase → 4)；を減らす
图 [díːkriːs] 減少

decline
[dikláin]
□□ 324
減る，衰える；を(丁重に)断る(≒ refúse)
图 (…の)減少，衰退(in)

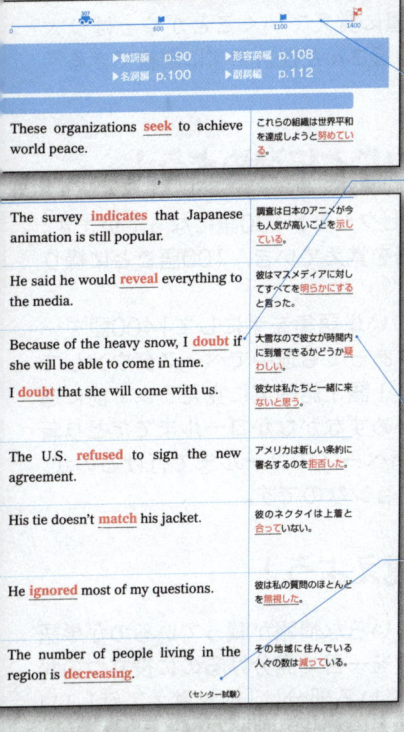

▶動詞編 p.90 ▶名詞編 p.100	▶形容詞編 p.108 ▶副詞編 p.112

These organizations <u>seek</u> to achieve world peace.	これらの組織は世界平和を達成しようと<u>努めている</u>。
The survey <u>indicates</u> that Japanese animation is still popular.	調査は日本のアニメが今も人気が高いことを<u>示している</u>。
He said he would <u>reveal</u> everything to the media.	彼はマスメディアに対してすべてを<u>明らかにする</u>と言った。
Because of the heavy snow, I <u>doubt</u> if she will be able to come in time.	大雪なので彼女が時間内に到着できるかどうか<u>疑わしい</u>。
I <u>doubt</u> that she will come with us.	彼女は私たちと一緒に来<u>ないと思う</u>。
The U.S. <u>refused</u> to sign the new agreement.	アメリカは新しい条約に署名するのを<u>拒否した</u>。
His tie doesn't <u>match</u> his jacket.	彼のネクタイは上着と<u>合って</u>いない。
He <u>ignored</u> most of my questions.	彼は私の質問のほとんどを<u>無視した</u>。
The number of people living in the region is <u>decreasing</u>.	その地域に住んでいる人々の数は<u>減っている</u>。
(センター試験)

ゲージ
どこまで単語を覚えたかが一目でわかります。

例文
見出し語とその意味（赤字部分）を効果的に覚えるための例文です。見出し語は赤字にして下線を引いています。1つの見出し語に対して中心となる重要な意味が複数ある場合には，例文もそれぞれ掲載しています。

訳文
例文の訳です。見出し語に対応する部分は赤字にして下線を引いています。

出典
センター試験の英文から採用したもの（改変含む）に表示しています。

●品詞の表示
動 動詞　名 名詞　形 形容詞　副 副詞　前 前置詞　接 接続詞

●関連情報の表示
⇔ 反意語　≒ 同意語・類義語　＝ 代替語　米 アメリカ式英語　英 イギリス式英語
(～s) 複数形　**(the ～)** 冠詞 the を伴う　**(略)** 略称
➡000　相互参照を示す（000は見出し語の番号）

●語句表示
[ ] 言い換え可能　( ) 省略可能・補足説明
do 原形動詞　***to do*** 不定詞　***doing*** 動名詞・現在分詞
done 過去分詞　***one, oneself*** 人を表す
A, B 対照的な語句，主に人（one の代わり）を表す

オススメ学習法

これでターゲット1400は君のモノになる!

単語学習は,コツコツ地道に覚えていくことがやっぱり大事。そんな中でも受験生の皆さんが挫折せずに継続できる学習法,お教えします!

その1　セクションごとに進めよう!

ターゲット1400は,1セクション100語になっています。1セクションごとに単語を覚えていき,100語ごとに繰り返して進めましょう!
なぜかと言うと——新しい単語集を手にして1400語を一気に覚えたい人…意欲はあっても途中でペースダウンしてしまいがちです。また,1語1語確実に覚えるまで前に進めない人…ペースがつかめずなかなかゴールまでたどり着けません。——ほどよいペースでゴールまで行けるのが,100語区切りの1セクションなのです。

その2　赤字から覚えよう!

1つの単語に対し,いろいろな情報が載っているのが単語集です。重要度や優先度を一目で見分けるのに役立つのが「色」です。赤字になっている部分は「絶対覚えてほしい」という大事な部分なので,まずは赤字から覚えましょう!
役立つのが「赤セルシート」。これをページの上に載せると赤字部分が見えなくなるので,本当に覚えているかどうかを確認しやすいのです!

赤字	青字	黒字
・中心的な意味 ・例文中の見出し語 ・例文中の見出し語に対応する意味	・ターゲットフレーズ	・赤字以外にも覚えておくべき意味 ・派生語や関連語 ・補足説明や関連表現

赤字が覚えられたら，青字，黒字に取り組んでみましょう。🆃🅶，見出し語に対してほかに覚えておきたい意味や派生語などの部分のことです。「単語の意味を記憶に定着させるための補助」のように思えば，無理なく頭に入ってくるはずです。

その3　五感を使おう！

「英単語を見て意味を確認する」という基本的な学習法に「聴覚」や「触覚」など五感を刺激することも加えると記憶が定着しやすくなります。そんな学習をサポートする周辺教材があるのでご紹介します。

●無料音声＆有料音声（*いずれもダウンロード）

耳から単語を覚えましょう！特に楽や効のアイコンがついた単語は音声とセットにして覚えると効率的です。また，通学時間やお風呂などの時間を無駄にせず，音声を活用して耳から聞くことで，記憶への定着度がアップします。

★無料音声

① 見出し語（英語）のみの音声
・単語の音声を聞く⇒声に出して言ってみる・単語を書き出してみる
　⇒意味を思い浮かべる

② 見出し語とその意味（日本語）がセットになった音声
・単語の音声を聞く⇒意味を思い浮かべる⇒意味の音声を聞いて確認する
　意味を思い浮かべながら，単語を書き出してみる

★有料音声

見出し語（英語）⇒例文（英語）がセットになった「英語だけ」の音声です。ひたすら聞き込めばリスニング力もアップします。また，声に出して確認してみたり，ディクテーション教材としても使えます。ターゲットの単語学習を通して，英語力アップに必要なさまざまな力を養えます。

●カード（別売）

覚えたカードは抜き取って，覚えられないカードのみをまとめたり，本とは順番が異なるようにシャッフルしてみたり，日本語（意味）を見て英単語が言えるかを試してみたり…と使い方はさまざまです。
単語を完全に覚えるためにいろいろ工夫してみてください。

本書で使っている発音記号とその音の具体例

※本書で使用している発音記号は原則として『オーレックス英和辞典』(旺文社)に準拠していますが、一部ネイティブスピーカーの意見に基づき修正を加えた箇所もあります。

母音

1	iː	people [píːpl]	tea [tiː]	week [wiːk]
2	i	happy [hǽpi]	study [stʌ́di]	India [índiə]
3	ɪ	city [síti]	give [gɪv]	rich [rɪtʃ]
4	e	friend [frend]	egg [eg]	many [méni]
5	æ	cat [kæt]	apple [ǽpl]	act [ækt]
6	ɑː	palm [pɑːlm]	father [fɑ́ːðər]	calm [kɑːm]
7	ʌ	country [kʌ́ntri]	sun [sʌn]	come [kʌm]
8	əːr	world [wəːrld]	girl [gəːrl]	learn [ləːrn]
9	ə	arrive [əráɪv]	woman [wúmən]	today [tədéɪ]
10	ər	center [séntər]	percent [pərsént]	river [rívər]
11	ɔː	tall [tɔːl]	all [ɔːl]	draw [drɔː]
12	ʊ	wood [wʊd]	look [lʊk]	put [pʊt]
13	uː	moon [muːn]	cool [kuːl]	rule [ruːl]
14	eɪ	take [teɪk]	day [deɪ]	break [breɪk]
15	aɪ	high [haɪ]	like [laɪk]	fly [flaɪ]

16	ɔɪ	oil [ɔɪl]	noise [nɔɪz]	enjoy [ɪndʒɔ́ɪ]
17	aʊ	house [haʊs]	down [daʊn]	loud [laʊd]
18	oʊ	home [hoʊm]	go [goʊ]	moment [móʊmənt]
19	ɪər	here [hɪər]	near [nɪər]	clear [klɪər]
20	eər	hair [heər]	bear [beər]	care [keər]
21	ɑːr	heart [hɑːrt]	hard [hɑːrd]	large [lɑːrdʒ]
22	ɔːr	door [dɔːr]	support [səpɔ́ːrt]	war [wɔːr]
23	ʊər	poor [pʊər]	pure [pjʊər]	tour [tʊər]

子音

1	p	pen [pen]	play [pleɪ]	keep [kiːp]
2	b	book [bʊk]	club [klʌb]	absent [ǽbsənt]
3	m	milk [mɪlk]	room [ruːm]	summer [sʌ́mər]
4	t	tree [triː]	stand [stænd]	meet [miːt]
5	d	sad [sæd]	desk [desk]	dream [driːm]
6	n	tennis [ténɪs]	one [wʌn]	night [naɪt]
7	k	cloud [klaʊd]	cook [kʊk]	class [klæs]
8	g	good [gʊd]	sugar [ʃʊ́gər]	pig [pɪg]

#				
9	ŋ	think [θɪŋk]	ink [ɪŋk]	king [kɪŋ]
10	tʃ	teacher [tíːtʃər]	kitchen [kítʃən]	catch [kætʃ]
11	dʒ	bridge [brɪdʒ]	join [dʒɔɪn]	strange [streɪndʒ]
12	f	life [laɪf]	laugh [læf]	phone [foʊn]
13	v	voice [vɔɪs]	drive [draɪv]	every [évri]
14	θ	three [θriː]	mouth [maʊθ]	birthday [bɔ́ːrθdèɪ]
15	ð	this [ðɪs]	mother [mʌ́ðər]	smooth [smuːð]
16	s	sea [siː]	west [west]	bus [bʌs]
17	z	zoo [zuː]	surprise [sərpráɪz]	easy [íːzi]
18	ʃ	special [spéʃəl]	she [ʃi]	fish [fɪʃ]
19	ʒ	vision [víʒən]	treasure [tréʒər]	usual [júːʒuəl]
20	h	hand [hænd]	hope [hoʊp]	head [hed]
21	l	light [laɪt]	tell [tel]	little [lítl]
22	r	rain [reɪn]	right [raɪt]	true [truː]
23	w	wind [wɪnd]	work [wəːrk]	swim [swɪm]
24	hw	white [hwaɪt]	whale [hweɪl]	while [hwaɪl]
25	j	young [jʌŋ]	year [jɪər]	use [juːz]

Part 1

これだけは覚えたい

600

基本的な必須の単語中心となっている。新しく覚えるというよりは、確実に意味が言えるかしっかり確認してみよう！

Section 1	18
Section 2	42
Section 3	66
Section 4	90
Section 5	114
Section 6	138

Part 1 これだけは覚えたい600語
Section 1

単語番号 1〜100

動詞編

win
[wɪn]
1
(に)勝つ(⇔ lose (に)負ける)；を獲得する
▶ 活用：win - won [wʌn] - won
□ wínner 名 勝者(⇔ lóser 敗者)

improve
[ɪmprúːv]
2
を改善する；よくなる
□ impróvement 名 (…の点での)改善(in)

develop
[dɪvéləp]
3
を発達させる；を開発する；発達する
□ devélopment 名 発達；開発

increase
[ɪnkríːs]
4
を増やす(⇔ dècréase → 323)；増える
名 [íŋkriːs] 増加
□ incréasing 形 ますます増加する

grow
[groʊ]
5
成長する；になる；を栽培する
🆎 **grow up**「成長する，大人になる」
▶ 活用：grow - grew - grown
□ growth [groʊθ] 名 成長；発達

create
[kri(ː)éɪt]
6
を創造する
□ creátion 名 創造；創作
□ creátive 形 独創[創造]的な

produce
[prədjúːs]
7
を生産する；を製造する；を産出する
名 [próʊdjuːs] (農)産物；生産高
□ próduct 名 製品
□ prodúction 名 製造；生産(高)

provide
[prəváɪd]
8
を供給する
🆎 **provide A with B**「AにBを供給する」
□ provision [prəvíʒən] 名 供給(品)
□ províded 接 もし…ならば(≒ providing, if)

▶動詞編　p.18　　▶形容詞編　p.36
▶名詞編　p.28　　▶副詞・その他編　p.40

Our team really needs to **win** this game.	わがチームはこの試合に本当に勝つ必要がある。
We can **improve** our lives by helping each other.	互いに助け合うことで私たちは生活をよくすることができる。
This exercise will **develop** your upper body.	この運動は上半身を発達させる。
The city **increased** the number of public housing units.	市は公共住宅の数を増やした。
What do you want to be when you **grow** up?	大きくなったら何になりたいですか。
You can **create** an original melody easily by using this software.	このソフトを使えば独自の旋律を簡単に創り出すことができる。
They wanted more money for the milk their cows **produced**. (センター試験)	彼らは自分の牛が生産したミルクに対してもっとお金を欲しいと思った。
An American satellite **provided** Japan with data about the weather. (センター試験)	アメリカの人工衛星は日本に気象に関するデータを提供した。

Section 1 動詞編

support
[səpɔ́:rt]
□□ 9

を支持する (⇔ oppóse → 613)；を扶養する；を援助する

名 支持；援助
▶ in support of ... …を支持して

believe
[bɪlí:v]
□□ 10

(を)信じる；(…だ)と思う (that 節)
🆃🅲 believe in ... 「…の存在を信じる」
□ belíef 名 信じること；信念

consider
[kənsídər]
□□ 11

を(…だと)見なす (to be)；をよく考える
□ consìderátion 名 考慮
□ consíderate 形 思いやりのある
□ consíderable 形 かなりの

expect
[ɪkspékt]
□□ 12

を予期する，と思う；を期待する
▶ expect されるものはよいものとは限らない。
🆃🅲 **expect A to do**「A が〜すると(当然)思う」
□ èxpectátion 名 見込み；期待

choose
[tʃu:z]
□□ 13

(…から)を選ぶ (from)
🆃🅲 **choose A as B**「A を B に選ぶ」
▶ 活用：choose - chose [tʃouz] - chosen [tʃóuzən]
□ choice [tʃɔɪs] 名 選択

decide
[dɪsáɪd]
□□ 14

(を)決める
🆃🅲 **decide to** do「〜しようと決める」
□ decision [dɪsíʒən] 名 決定；判決
□ decisive [dɪsáɪsɪv] 形 決定的な，決断力のある

suggest
[səgdʒést]
□□ 15

(…ということ；〜すること)を提案する (that 節；doing)；を示唆する
▶ suggest to do とは言わない。
□ suggéstion 名 提案；示唆
□ suggéstive 形 示唆に富む

explain
[ɪkspléɪn]
□□ 16

(を)(…に)説明する (to)
□ èxplanátion 名 説明

I promise to <u>support</u> you fully at the meeting.	会議ではあなたを全面的に<u>支持する</u>ことを約束します。
Some people <u>believe</u> in God and others don't.	神の存在を<u>信じる</u>人もいればそうでない人もいる。
Her students <u>consider</u> her to be a good teacher.	彼女の生徒たちは彼女をいい先生だと<u>思っている</u>。
We <u>expect</u> stormy weather tonight.	今夜は嵐になると<u>思う</u>。
My parents <u>expect</u> me to become a doctor.	両親は私が医者になることを<u>期待している</u>。
We <u>chose</u> Mary as captain of our team.	私たちはメアリーをチームのキャプテンに<u>選んだ</u>。
I've <u>decided</u> not to go to summer camp this year.	今年はサマーキャンプに行かないことに<u>決めた</u>。
Ken <u>suggested</u> that we should go to Hawaii this summer.	ケンは今年の夏ハワイに行こうと<u>提案した</u>。
The police <u>explained</u> to us how the accident happened.	警察はその事故がどのようにして起きたかを私たちに<u>説明した</u>。

Section 1 動詞編

offer
[ɔ́(ː)fər]
17
(人)に(物・事)を提供する;(〜しよう)と申し出る(to do)
名 提供,申し出

allow
[əláu]
18
を許す
⑯ allow A to do「A(人)に〜するのを許す」
□ allówance 名 手当,小遣い;許容

require
[rikwáiər]
19
を必要とする(≒ need);を要求する
□ requírement 名 要求

order
[ɔ́ːrdər]
20
を(…に)注文する(from);を(人)に命令する
▶ 注文先を表す前置詞は to ではなく from。
名 注文;命令;順序;正常な状態
● out of order 故障して

spend
[spend]
21
(金)を(…に)使う(on);(時)を(〜して)過ごす(doing)
▶ 活用:spend - spent [spent] - spent

cost
[kɔːst]
22
(人)に(費用・労力)がかかる
▶ 活用:cost - cost - cost
名 費用;代価;犠牲

pay
[peɪ]
23
(金)を支払う;(注意など)を払う;割に合う
▶ 活用:pay - paid [peɪd] - paid
名 給料
□ páyment 名 支払い;報酬

hold
[hould]
24
を(手・腕で)持つ;を保有する;を開催する
▶ 活用:hold - held [held] - held
▶ Hold on, please. (電話を切らずに)お待ちください。

store
[stɔːr]
25
を保管する;を蓄える
名 店;蓄え
□ stórage 名 貯蔵,保管

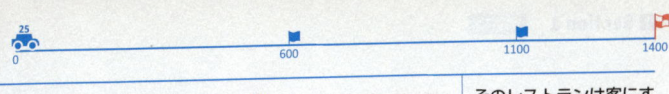

The restaurant **offers** customers wonderful service.	そのレストランは客にすばらしいサービスを提供する。
She did not **allow** her daughter to go to the party.	彼女は娘がパーティーに行くのを許さなかった。
Many illnesses often **require** expensive medicine.	多くの病気はしばしば高価な薬を必要とする。
We've **ordered** a new carpet from the store.	私たちはその店に新しいカーペットを注文した。
She **spent** a lot of money on expensive clothes.	彼女は高価な衣服に大金を使った。
It **cost** them two hundred dollars to get the machine repaired.	彼らはその機械を修理してもらうのに200ドルかかった。
A receipt shows how much money you have **paid**. (センター試験)	領収書はいくら支払ったかを示している。
It was the first time that she had **held** a baby.	彼女が赤ん坊を抱いたのはその時が初めてだった。
We have to improve the way we **store** our goods.	私たちは商品を保管する方法を改善しなければならない。

23

Section 1 動詞編

reach
[riːtʃ]
26
に到着する；(…に)手を伸ばす(for)
- 名 届く範囲
- ▶ within (easy) reach of ... …から(容易に)届く範囲に

seem
[siːm]
27
(～するように)思われる(to do)；…のように見える
- 🆃🅖 **It seems (to A) that ...**
  「(Aには)…であるように思われる」

appear
[əpíər]
28
…のように見える；現れる(⇔ disappear → 325)
- □ appéarance 名 出現；外見
- □ apparent [əpǽrənt] 形 明らかな；見かけの → 900

happen
[hǽpən]
29
(事が)起こる；たまたま(～する)(to do)
- 🆃🅖 **happen to do**「たまたま～する」

lie
[laɪ]
30
うそをつく；横たわる；(…に)ある(in)
- ▶ 活用：lie - lied - lied
- ▶「横たわる」は lie - lay [leɪ] - lain [leɪn]
- 名 うそ
- ▶ tell a lie うそをつく

stand
[stænd]
31
立つ，立っている；を我慢する(≒ bear)
- ▶「を我慢する」の意では普通否定文・疑問文で使う。
- 🆃🅖 **can't stand ...**「…を我慢できない」
- ▶ 活用：stand - stood [stʊd] - stood
- 名 台；観客席

return
[rɪtə́ːrn]
32
(…から；…へ)戻る，帰る(from; to)；を(…に)返す(to)
- 名 帰還；返却

control
[kəntróʊl]
33
を支配する；を制御する
- ▶ 活用：control - controlled - controlled
- 名 支配，管理；制御
- ▶ out of control 制しきれない

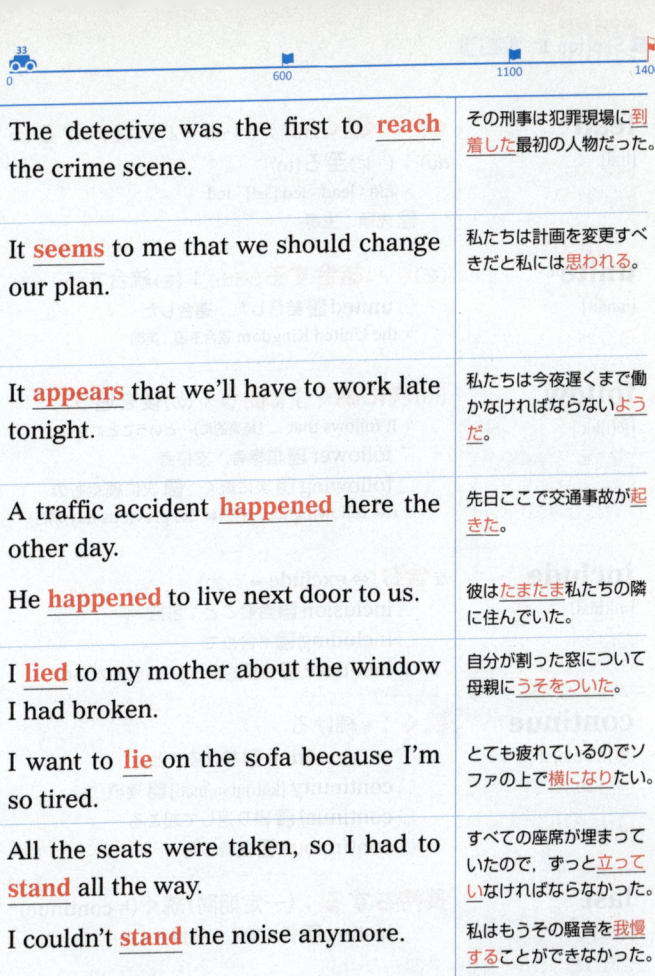

The detective was the first to <u>reach</u> the crime scene.	その刑事は犯罪現場に<u>到着した</u>最初の人物だった。
It <u>seems</u> to me that we should change our plan.	私たちは計画を変更すべきだと私には<u>思われる</u>。
It <u>appears</u> that we'll have to work late tonight.	私たちは今夜遅くまで働かなければならない<u>ようだ</u>。
A traffic accident <u>happened</u> here the other day.	先日ここで交通事故が<u>起きた</u>。
He <u>happened</u> to live next door to us.	彼は<u>たまたま</u>私たちの隣に住んでいた。
I <u>lied</u> to my mother about the window I had broken.	自分が割った窓について母親に<u>うそをついた</u>。
I want to <u>lie</u> on the sofa because I'm so tired.	とても疲れているのでソファの上で<u>横になり</u>たい。
All the seats were taken, so I had to <u>stand</u> all the way.	すべての座席が埋まっていたので、ずっと<u>立っていなければ</u>ならなかった。
I couldn't <u>stand</u> the noise anymore.	私はもうその騒音を<u>我慢する</u>ことができなかった。
I <u>returned</u> from work to find nobody in the house.	私が仕事から<u>帰る</u>と、家には誰もいなかった。
We can't <u>control</u> how other people act.	ほかの人がどのように行動するかを<u>操る</u>ことはできない。

Section 1 動詞編

lead
[líːd] 34

を(…に)導く(to)；を(〜するよう)仕向ける(to do)；(…に)至る(to)
▶ 活用：lead - led [led] - led
图 先頭；主導

unite
[juːnáɪt] 35

(を)(…と)結合する(with)；(を)統合する
□ united 形 結合した，連合した
▶ the United Kingdom 連合王国，英国

follow
[fɑ́(ː)loʊ] 36

(の)次に続く；に従う；(の)後を追う
▶ It follows that ... (結果的に)…ということになる
□ fóllower 信奉者，支持者
□ fóllowing 形 次に続く 图 次に続くもの
▶ the following day 翌日(⇔ the previous day 前日)

include
[ɪnklúːd] 37

を含む(⇔ exclúde → 1130)
□ inclúsion 图 含むこと；包括
□ inclúding 前 を含めて
□ inclúsive 形 包括的な；(…を)含めた(of)

continue
⑦ [kəntínjuː] 38

続く；を続ける
□ continuátion 图 続けること
□ continúity [kɑ̀(ː)ntənjúːəti] 图 連続(性)
□ contínual 形 繰り返して起こる
□ contínuous 形 連続した

last
[læst] 39

長持ちする；(一定期間)続く(≒ continue)
□ lásting 形 長く続く；長持ちする

remain
[rɪméɪn] 40

(ある状態)のままでいる；残る
图 (〜s)残り；遺跡

discover
[dɪskʌ́vər] 41

を発見する；に気づく
□ discóvery 图 発見

The coach **led** his team to the national tournament.	その監督はチームを全国大会へと<u>導いた</u>。
The Internet **unites** people from different countries.	インターネットはさまざまな国の人々を<u>結び付ける</u>。
In English, the letter Q is usually **followed** by the letter U.	英語では、Qの文字の後にはたいていUの文字が<u>続く</u>。
Be sure to **follow** your mother's advice.	必ずお母さんの助言に<u>従い</u>なさいね。
The price **includes** consumption tax.	その価格は消費税を<u>含んでいる</u>。
The rain will **continue** through the weekend.	雨は週末まで<u>続く</u>だろう。
The good weather won't **last**.	好天は<u>長続きし</u>ないだろう。
Not knowing what to say, I **remained** silent.	何と言ったらいいかわからなかったので黙った<u>までいた</u>。
A group of workers **discovered** dinosaur bones in the desert.	作業員の一団が砂漠で恐竜の骨を<u>発見した</u>。

Section 1 動詞編 名詞編

tend [tend] 42
(〜する)**傾向がある**(to do)
- téndency 名 (…への；〜する)傾向 (to, toward；to do)

concern [kənsə́ːrn] 43
に関係する；を心配させる
- **be concerned about ...**「…を心配している」
- as far as I am concerned 私に関する限り
- 名 関心(事)；心配, 懸念
- concérning 前 に関して(≒ abóut)

名詞編

brain [brein] 44
脳；(〜s)頭脳
- brain death 脳死

mind [maind] 45
心, 精神(⇔ bódy 肉体)；知性
- make up one's mind (〜しようと)決心する(to do)
- 動 (〜すること)を嫌だと思う(doing)
- méntal 形 精神の；知能の → 294

thought [θɔːt] 46
(…という)**考え**(of / that 節)；思考
- have second thoughts 考え直す
- thóughtful 形 思慮深い

view [vjuː] 47
(しばしば〜s)**意見**；見方；眺め
- a point of view 見地, 観点
- 動 を眺める；を考察する

matter [mǽtər] 48
問題；事柄；物質；(〜s)事態
- What's the matter? どうしたの？
- 動 (…にとって)重要である(to)
- material [mətíəriəl] 名 材料, 原料 形 物質の → 243

interest ⑦ [íntərəst] 49
興味；利害；(〜s)利益；利息
- 動 に興味を持たせる
- ínteresting 形 おもしろい
- ínterested 形 興味のある
- be interested in ... …に興味を持っている

28

When you're tired, you <u>tend</u> to make mistakes.	疲れているときは間違いを犯し<u>がちだ</u>。
These matters don't <u>concern</u> me at all. I'm really <u>concerned</u> about my exam results.	これらの事柄は私には全く<u>関係</u>がない。テストの結果が本当に<u>心配だ</u>。
We still don't know exactly how the <u>brain</u> works.	<u>脳</u>がどのように機能するかまだ正確にはわからない。
I wonder what made him change his <u>mind</u>.	どうして彼は<u>心</u>変わりをしたのだろう。
She wrote down her <u>thoughts</u> on the problem carefully.	彼女は注意深くその問題についての<u>考え</u>を書きとめた。
Are there any other <u>views</u> which we should consider? (センター試験)	我々が考慮すべき<u>意見</u>がほかにもありますか。
Climate change may become a <u>matter</u> of life or death for us.	気候変動は私たちにとって死活<u>問題</u>になりかねない。
My <u>interests</u> include foreign languages and cultures.	私の<u>興味</u>には外国の言語と文化も含まれている。

1 Section 1 名詞編

rule [ruːl] 50
(…という)**規則**(of / that 節)；支配，統治
▶ as a rule 概して
▶ make it a rule to *do* 〜することにしている
動 を支配する，統治する

reason [ríːzən] 51
(…の；…という)**理由**(for；why 節)；理性
▶ for some reason (or other) 何らかの理由で
動 (…だ)と推理する(that 節)
□ réasonable 形 道理にかなった；(値段などが)手ごろな → 677

result [rɪzʌ́lt] 52
結果；(試験の)成績
TC **as a result**「結果として」
動 (…の)結果として生じる(from)；(…の)結果になる(in)

cause [kɔːz] 53
原因；理由；大義名分
▶ cause and effect 原因と結果，因果
動 の原因となる；に(〜)させる(to *do*)

effect [ɪfékt] 54
影響，効果；結果
TC **have an effect on ...**「…に影響を及ぼす」
□ efféctive 形 効果がある

form [fɔːrm] 55
形；形式；用紙；種類
▶ fill in [out] a form 用紙に記入する
動 を作る；を構成する
□ fórmal 形 正規の；格式ばった → 497

state [steɪt] 56
状態；国家；州
動 を述べる
□ státement 名 (…という)声明(that 節)；陳述

research [ríːsəːrtʃ] 57
(…に関する)**研究，調査**(into / on)
TC **do research**「研究する」
動 (を)研究する，調査する
□ reséarcher 名 研究者

Now that you understand the <u>rules</u>, let's play! (センター試験)	さあ、ルールを理解したのだからプレーしてみよう。
The <u>reason</u> he got so angry is not clear.	彼がそんなにも怒った理由は明らかではない。
He broke his leg, and as a <u>result</u> he couldn't work for two weeks.	彼は脚の骨を折ってしまい、その結果彼は2週間仕事ができなかった。
What is the <u>cause</u> of global warming?	地球温暖化の原因は何か。
Everything you eat has some <u>effect</u> on your body. (センター試験)	食べる物すべてが身体に何らかの影響を及ぼす。
That cloud is in the <u>form</u> of a whale.	あの雲はクジラの形をしている。
She is in such a <u>state</u> of shock that she can't speak.	彼女は口も利けないほどのショック状態にある。
They did <u>research</u> into the causes of cancer.	彼らは癌の原因について研究した。

1 Section 1 名詞編

skill [skɪl] 58	技術, 技能；熟練 □ skilled 形 熟練した □ skillful 形 巧みな；熟練の(≒ skilled)
technology [teknɑ́(ː)lədʒi] 59	科学技術 □ tèchnológical 形 科学技術の □ technique [tekníːk] 名 (専門)技術 □ technical [téknɪkəl] 形 技術(上)の
education [èdʒəkéɪʃən] 60	教育；教養 □ éducate 動 を教育する □ èducátional 形 教育(上)の
language [lǽŋgwɪdʒ] 61	言語；言葉(遣い) ▶ spoken language 話し言葉 ▶ written language 書き言葉
passage [pǽsɪdʒ] 62	(文章の)一節；通行；通路 □ pássenger 名 乗客
sound [saʊnd] 63	音；音響 動 …に聞こえる；…の音がする；響く 形 健全な；しっかりした 副 (睡眠について)ぐっすりと
term [təːrm] 64	期間；学期；用語；(〜s)間柄 □ términal 形 終点の；末期の 名 終点
author [ɔ́ːθər] 65	著者(≒ wríter) □ authority [əθɔ́ːrəti] 名 当局；権威；権限 → 462
experience [ɪkspíəriəns] 66	経験 動 を経験する ▶ lack of experience 経験不足

His computer <u>skills</u> are not enough for the job.	彼のコンピューターの<u>技術</u>はその仕事には不十分だ。
New <u>technology</u> has opened up new possibilities in our lives.	新<u>技術</u>が我々の生活に新たな可能性を切り開いた。
It costs a lot to get a higher <u>education</u>.	高等<u>教育</u>を受けるには多大な費用がかかる。
Mr. Lee's native <u>language</u> is Chinese.	リー氏の母<u>語</u>は中国語だ。
According to the <u>passage</u>, which statement is true? (センター試験)	<u>本文</u>によると，どの記述が正しいか。
Not a <u>sound</u> was heard in the house.	家の中では<u>物音</u>ひとつ聞こえなかった。
The President serves a four-year <u>term</u>. In this country, the first school <u>term</u> starts in April.	大統領は4年間の<u>任期</u>である。 この国では，1<u>学期</u>は4月に始まる。
The <u>author</u> of *Hamlet* is Shakespeare.	『ハムレット』の<u>著者</u>はシェイクスピアだ。
The job requires at least three years of teaching <u>experience</u>.	その仕事には少なくとも3年の教職<u>経験</u>が必要だ。

33

Section 1 名詞編

culture
[kʌ́ltʃər]
67

文化
- cúltural 形 文化の；教養の

individual
[ìndivídʒuəl]
68

個人
形 個人の；個々の
- ìndivídualìsm 名 個人主義

company
[kʌ́mpəni]
69

会社；仲間；付き合い
- companion [kəmpǽnjən] 名 連れ；付き添い

community
[kəmjúːnəti]
70

地域社会；共同体
▶ the international community 国際社会

society
[səsáiəti]
71

社会；社交界；付き合い；協会
- sócial 形 社会の；社交上の；社交的な
- sócialìsm 名 社会主義

government
[gʌ́vərnmənt]
72

(しばしば the G〜) 政府；政治
▶ be in government 政権を握っている
- góvern 動 を統治する；を運営する

population
[pɑ̀(ː)pjuléiʃən]
73

人口；(ある地域の)(全)住民；(動物の)総数
▶ 「多い人口」は a large population。many は使わない。
- pópular 形 人気のある

value
[vǽljuː]
74

価値 (≒ worth)；価格
動 を(金銭的に)評価する；を重んじる
- váluable 形 高価な；貴重な

environment
[inváiərənmənt]
75

環境；(the 〜) 自然環境；周囲の状況
▶ working environment 職場環境
- envìronméntal 形 環境の

amount
[əmáunt]
76

金額；量
TC a ... amount of money 「…な額の金」
動 総計(…)になる (to)

Facebook has become a part of popular **culture**.	フェースブックは大衆文化の一部になった。
The names of **individuals** and groups are stored in the file.	個人名と団体名はそのファイルに保管されている。
Many large **companies** now depend on such call centers. （センター試験）	多くの大会社は現在そのようなコールセンターに依存している。
English is spoken in most of the **communities**.	それらの地域社会のほとんどで英語が話されている。
A **society** in which everyone can live happily is called a utopia.	誰もが幸せに暮らせる社会は理想郷と呼ばれる。
The **Government** asked the U.S. for help after the earthquake.	地震の後，政府はアメリカに援助を求めた。
The **population** in this area has dramatically increased.	この地域の人口は劇的に増加した。
University education has great social **value**.	大学教育は大きな社会的価値を持っている。
These days, people want to buy cars that are better for the **environment**.	近ごろ人々は環境によりよい車を買いたがっている。
I have only a small **amount** of money to spend on books.	書籍に使えるお金はほんの少額しかない。

35

Section 1 名詞編 形容詞編

situation [sìtʃuéɪʃən] 77	**状況**；立場；位置 □ sítuated 形 (ある場所に)位置している

形容詞編

free [friː] 78	**自由な**；暇な；無料の TG **be free to** *do*「自由に〜する」 □ fréedom 名 自由
human [hjúːmən] 79	**人間の**；人間的な ▶ human beings 人間(≒ humans) 名 人
close 発 [klous] 80	(…に)**ごく近い**(to)；親しい；綿密な ▶ a close friend 親友 副 接近して 動 [klouz] を閉じる
enough 発 [ɪnʌ́f] 81	(…に；〜するのに)**十分な**(for；to *do*) TG **enough** *A* **to** *do*「〜するのに十分なA」 副 十分に ▶ 名詞の前または後，形容詞・副詞・動詞の後に置く。 名 十分な数[量]
possible [pá(ː)səbl] 82	**可能な**(⇔ impóssible)；あり得る TG **as … as possible**「できるだけ…の」 ▶ It is possible that … …ということはあり得る □ póssibly 副 ひょっとしたら □ pòssibílity 名 可能性；実現性
common [ká(ː)mən] 83	**共通の**；一般的な；よくある ▶ common sense 常識，良識 ▶ have something in common with … …といくらかの共通点がある
certain 発 ア [sə́ːrtən] 84	(…を)**確信して**(of / about / that 節)；**必ず**(〜する)(to *do*)；ある…；一定の… □ cértainty 名 確かさ □ cértainly 副 確かに；(返答で)いいですとも

36

We are trying to change this difficult **situation**.	我々はこの困難な状況を変えようとしている。
Students should be **free** to choose what they want to wear to school. (センター試験)	生徒たちが学校に着ていきたいものを自由に決められるようにすべきだ。
Rainforests are very important for **human** survival.	熱帯雨林は人間の生存にとても重要だ。
Chimpanzees are very **close** to human beings.	チンパンジーは人間にとても近い。
I don't have **enough** money to buy a new car.	私は新車を買うのに十分なお金がない。
I asked as many friends as **possible** for their advice.	私は可能な限り多くの友人に助言を求めた。
English is the most **common** language in the world.	英語は世界で一番の共通語だ。
I'm **certain** he'll say yes. (センター試験)	彼が同意してくれることを確信している。
You are **certain** to succeed.	あなたは必ず成功する。

Section 1 形容詞編

clear
[klɪər]
85

明らかな；澄んだ；明るい；晴れた
It is clear that ...「…ということは明らかだ」
動 を片付ける；(空が)晴れる
□ cléarly 副 明らかに；はっきりと
□ clearance [klíərəns] 名 整理

major
[méɪdʒər]
86

主要な；(数量などが)**大きい**(⇔ mínor → 692)；主に米 専攻の
動 米 (…を)専攻する(in)
名 米 専攻科目；専攻学生
□ majority [mədʒɔ́(ː)rəti] 名 大多数；多数派

particular
[pərtíkjʊlər]
87

特別の；(…について)**好みがうるさい**(about)
▶ in particular 特に, とりわけ
□ partícularly 副 特に(≒ in particular)

similar
[símələr]
88

(…と；…の点で)**似ている**(to；in)
□ símilarly 副 同じように
□ similarity [sìməlǽrəti] 名 類似(点)

present
[prézənt]
89

(…に)**出席している**(at / in)(⇔ ábsent 欠席の)；**現在の**；(…に)存在している(in)
名 (the ~)現在；贈り物
動 [prɪzént] を提示する；を贈る
□ présence 名 存在(すること)；出席

recent
[ríːsənt]
90

最近の
▶ in recent years 近年
□ récently 副 最近(≒ látely)
▶ 普通, 現在完了形または過去時制とともに使う。

low
[loʊ]
91

低い(⇔ high 高い)；(値段が)**安い**
副 低く；安く
□ lówer 動 を低くする；(価格など)を下げる

local
[lóʊkəl]
92

その土地の, 地元の；局所の
▶「田舎の」という意味ではない。
名 (各駅停車の)普通列車[バス]

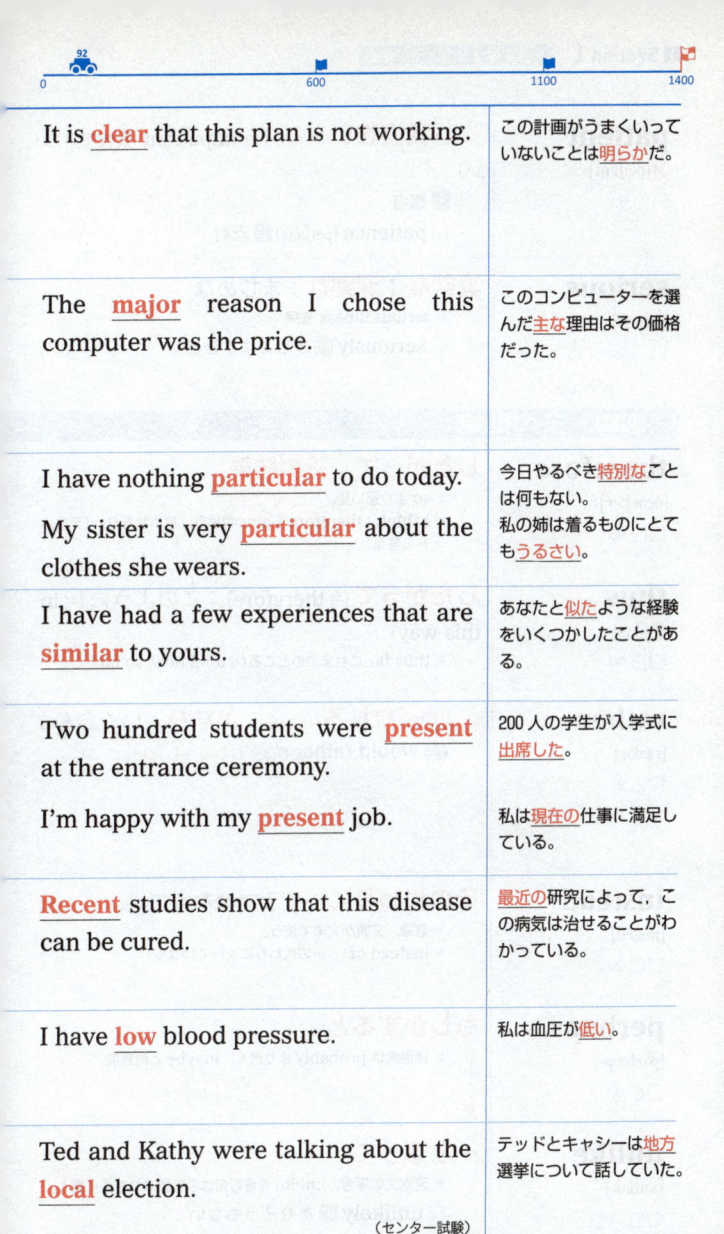

It is **clear** that this plan is not working.	この計画がうまくいっていないことは<u>明らか</u>だ。
The **major** reason I chose this computer was the price.	このコンピューターを選んだ<u>主な</u>理由はその価格だった。
I have nothing **particular** to do today. My sister is very **particular** about the clothes she wears.	今日やるべき<u>特別な</u>ことは何もない。 私の姉は着るものにとても<u>うるさい</u>。
I have had a few experiences that are **similar** to yours.	あなたと<u>似た</u>ような経験をいくつかしたことがある。
Two hundred students were **present** at the entrance ceremony. I'm happy with my **present** job.	200人の学生が入学式に<u>出席した</u>。 私は<u>現在の</u>仕事に満足している。
Recent studies show that this disease can be cured.	<u>最近の</u>研究によって,この病気は治せることがわかっている。
I have **low** blood pressure.	私は血圧が<u>低い</u>。
Ted and Kathy were talking about the **local** election. (センター試験)	テッドとキャシーは<u>地方</u>選挙について話していた。

Section 1 形容詞編 副詞・その他編

patient
[péɪʃənt] 93

(…に)**我慢強い** (with) (⇔ impátient 我慢できない)
- 名 患者
- □ patience [péɪʃəns] 名 忍耐

serious
[síəriəs] 94

真剣な；深刻な；まじめな
- serious illness 重病
- □ sériously 副 まじめに；ひどく

副詞・その他編

therefore
[ðéərfɔːr] 95

したがって，その結果
- ▶ so より堅い語。
- ▶ I think ; therefore I am. 我思う，故に我あり。(デカルトの言葉)

thus
[ðʌs] 96

したがって (≒ thérefore)**；このように** (≒ in this way)
- ▶ thus far これまでのところ (≒ until now, so far)

rather
[ræðər] 97

(…よりも)**むしろ** (than)**；かなり**；いくぶん
- 熟 would rather do 「むしろ〜したい」

instead
[ɪnstéd] 98

その代わりに；そうではなくて
- ▶ 普通，文頭か文末で使う。
- ▶ instead of ... …の代わりに；…ではなく

perhaps
[pərhæps] 99

もしかすると
- ▶ 確信度は probably より低く，maybe と同程度。

unlike
[ʌnláɪk] 100

…と違って
- ▶ 否定文の場合，unlike を含む句は否定語よりも前に置く。
- □ unlíkely 形 ありそうもない

Teachers have to be **patient** with their students.	教師は生徒に我慢強く接しなければならない。
I am giving your offer **serious** thought. This could lead to a **serious** crisis. (センター試験)	あなたの申し出を真剣に考えています。 これは深刻な危機につながるかもしれない。
There is still much to talk about. We will, **therefore**, hold another meeting.	話し合うことはまだ多い。したがって我々はもう一度会議を開く予定だ。
He is the eldest son; **thus**, he takes over his father's position.	彼は長男である。それゆえ父の地位を引き継ぐことになる。
I would **rather** stay home than go out. He seemed **rather** pleased with our reaction. (センター試験)	外出するよりむしろ家にいたい。 彼は私たちの反応にかなり喜んでいるようだった。
Rice burgers are sold out. Why not try the teriyaki burger, **instead**?	ライスバーガーは売り切れです。代わりにテリヤキバーガーをいかがですか。
Perhaps you don't understand what she means.	ひょっとするとあなたは彼女の言いたいことを理解していないのかもしれない。
Unlike me, he didn't seem to care about his mistakes.	私と違って彼は自分のミスを気にしないようだった。

Part 1 これだけは覚えたい600語
Section 2
単語番号 101〜200

動詞編

agree [əgríː] □□ 101
(…に)**賛成する**(with); (提案などに)同意する(to)
(⇔ dìsagrée 不賛成である)
🆎 **agree with A**「A(人)に賛成する」
▶ I couldn't agree more. 大賛成だ。
□ agréement 名 合意;一致;協定
□ agréeable 形 感じのよい;同意する

accept [əksépt] □□ 102
を受け入れる(⇔ refúse → 320, rejéct → 522);
を受け取る
□ accéptable 形 満足な;受け入れられる
□ accéptance 名 受け入れ

adapt [ədǽpt] □□ 103
(…に)**順応する**(to); を(…に)適合させる(to)
□ àdaptátion 名 適応

avoid [əvɔ́id] □□ 104
(〜すること)**を避ける**(doing)
▶ avoid to do とは言わない。
□ avóidance 名 回避

notice [nóutəs] □□ 105
(に)**気づく**; (に)注目する
名 注目;通知;掲示
▶ take notice 気づく;気にかける
□ nóticeable 形 人目を引く

wonder [wʌ́ndər] □□ 106
(…だろうか)**と思う**(if 節 / wh- 節); (…に)驚く(at)
名 驚異
▶ no wonder that ... …は当然だ

realize [ríːəlàiz] □□ 107
(…ということ; …か)**を(はっきりと)理解する**
(that 節; wh- 節); を実現する
□ réal 形 現実の;本当の
□ réally 副 本当に;実は
□ rèalizátion 名 理解;実現

▶動詞編 p.42	▶形容詞編 p.60
▶名詞編 p.52	▶副詞編 p.64

If anyone **agrees** with me, I would like them to raise their hand.	私に賛成してくださる方は、手を挙げていただければと思います。
We are glad to hear that you have **accepted** our offer.	私たちの申し出を受けてくださったと聞き、喜んでおります。
A large company can be slow to **adapt** to change.	大企業は変化に順応するのに時間がかかることがある。
It is difficult to **avoid** making mistakes when you speak a foreign language.	外国語を話すとき間違いを犯すことを避けるのは難しい。
He did not **notice** that there was a vase behind that box. (センター試験)	彼はその箱の後ろに花瓶があることに気づかなかった。
I **wonder** if it will rain tomorrow.	明日は雨が降るのだろうか。
I **realize** how important it is to learn a foreign language.	私は外国語を学ぶことがいかに重要かを理解している。

Section 2 動詞編

wish
[wɪʃ]
108

(…であればいいのに)と思う(that 節)；(できたら)(〜し)たいと思う(to do)；願う
▶ that 節内は仮定法を使う。
名 願い

demand
[dɪmǽnd]
109

を要求する；を必要とする
🔟 demand A of B 「B(人)にA(事)を要求する」
名 要求；需要(⇔ supply 供給)

claim
[kleɪm]
110

を主張する；を要求する；を(自分のものだと)言い張る
🔟 claim that ... 「…であると主張する」
名 主張；要求
▶「クレームをつける」は make a complaint。

argue
[ɑ́ːrgjuː]
111

(…だ)と主張する(that 節)；を論じる；(…と)言い争う(with)
▶ argue for [against]... …に賛成の[反対の]主張をする
□ árgument 名 議論；口論

encourage
[ɪnkɚ́ːrɪdʒ]
112

を励ます(⇔ discóurage → 934)
🔟 encourage A to do 「A(人)を〜するよう励ます」
□ encóuragement 名 激励

force
[fɔːrs]
113

(人)に無理やり(〜)させる(to do)；を(…に)押しつける(on)
名 力；軍隊；暴力

compare
[kəmpéər]
114

を比べる；を(…に)例える(to)
🔟 compare A with B 「AをBと比べる」
▶ (as) compared with [to].... …と比べて
□ compárison 名 比較

imagine
[ɪmǽdʒɪn]
115

を想像する
□ imàginátion 名 想像；想像力
□ imáginative 形 想像力に富んだ
□ imáginàry 形 想像上の

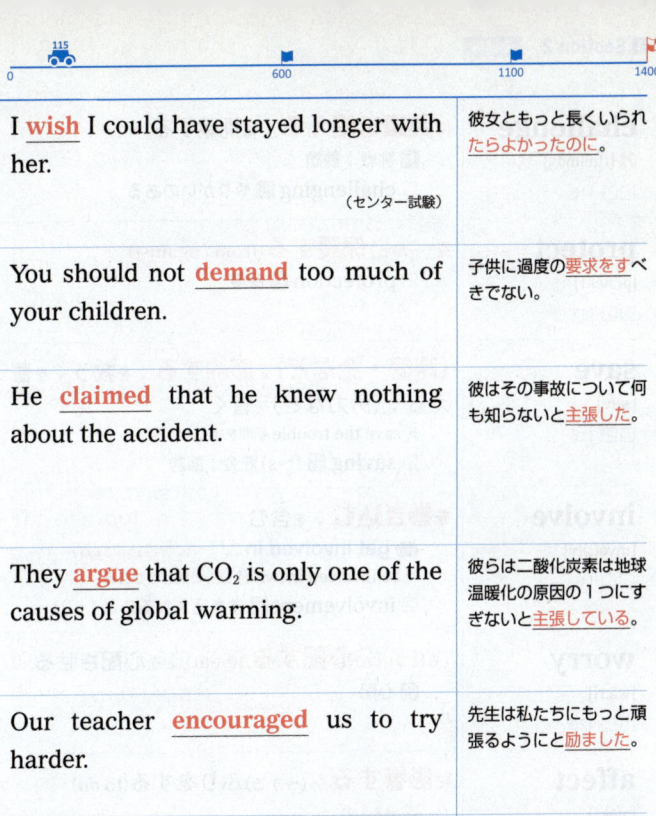

I <u>wish</u> I could have stayed longer with her. (センター試験)	彼女ともっと長くいられ<u>たらよかったのに</u>。
You should not <u>demand</u> too much of your children.	子供に過度の<u>要求をすべ</u>きでない。
He <u>claimed</u> that he knew nothing about the accident.	彼はその事故について何も知らないと<u>主張した</u>。
They <u>argue</u> that CO_2 is only one of the causes of global warming.	彼らは二酸化炭素は地球温暖化の原因の1つにすぎないと<u>主張している</u>。
Our teacher <u>encouraged</u> us to try harder.	先生は私たちにもっと頑張るようにと<u>励ました</u>。
They <u>forced</u> him to participate in those activities. (センター試験)	彼らは，<u>無理やり</u>彼をそれらの活動に参加<u>させた</u>。
You cannot <u>compare</u> your happiness with anyone else's.	自分の幸福をほかの誰かの幸福と<u>比べる</u>ことはできない。
Can you <u>imagine</u> what was going on during the war?	戦争中に何が起きていたのか<u>想像する</u>ことができますか。

■ Section 2 動詞編

challenge
⑦ [tʃǽlɪndʒ]
116
に異議を唱える；に挑戦する
 图 挑戦；課題
 □ chállenging 形 やりがいのある

protect
[prətékt]
117
を(…から)保護する(from / against)
 □ protéction 图 保護

save
[seɪv]
118
(時間・金など)を節約する；を救う；を蓄える；(労力など)を省く
 ▶ save the trouble 手間を省く
 □ sáving 图 (〜s)貯金；節約

involve
[ɪnvá(:)lv]
119
を巻き込む；を含む
 🆃 **get involved in ...**「…に巻き込まれる」
 ▶ be involved in [with] ... …と関わりがある
 □ invólvement 图 巻き込まれること

worry
[wə́ːri]
120
(…について)心配する(about)；を心配させる
 图 心配

affect
[əfékt]
121
に影響する；(〜する)ふりをする(to do)
 (≒ pretend)
 □ afféction 图 愛情
 □ afféctèd 形 影響を受けた；気取った

pick
[pɪk]
122
を選び取る；を摘む
 🆃 **pick up ...**「…を選び取る」
 ▶「(人)を車に乗せる」の意味もある。

relate
[rɪléɪt]
123
を(…と)関連づける(to)
 🆃 **be related to ...**「…と関係がある」
 □ relátion 图 関係；関連
 □ relátionshìp 图 関係；間柄
 □ relative [rélətɪv] 形 相対的な(⇔ ábsolùte)；関連した → 480 图 親類；同類

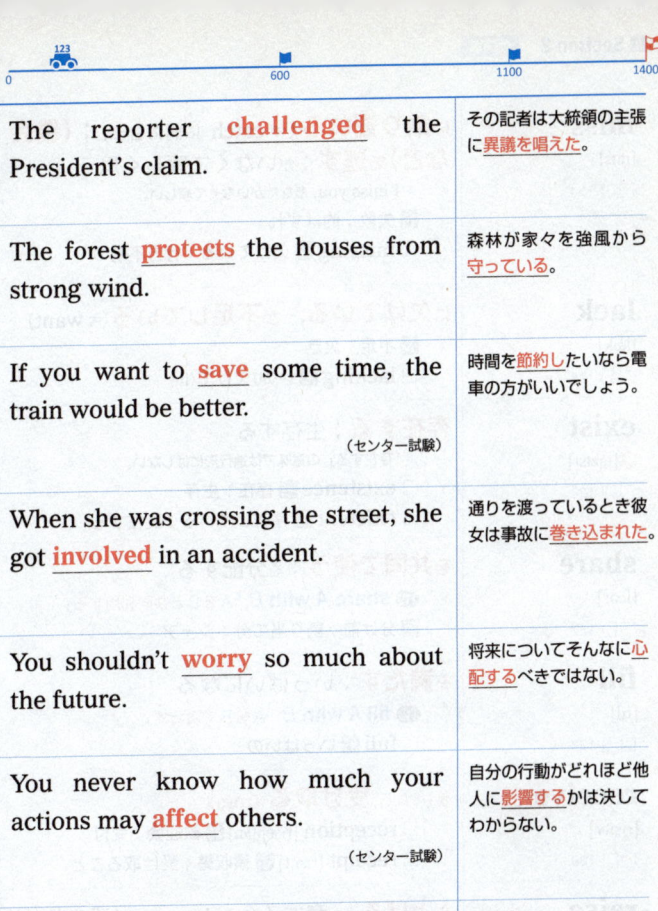

The reporter **challenged** the President's claim.	その記者は大統領の主張に異議を唱えた。
The forest **protects** the houses from strong wind.	森林が家々を強風から守っている。
If you want to **save** some time, the train would be better. （センター試験）	時間を節約したいなら電車の方がいいでしょう。
When she was crossing the street, she got **involved** in an accident.	通りを渡っているとき彼女は事故に巻き込まれた。
You shouldn't **worry** so much about the future.	将来についてそんなに心配するべきではない。
You never know how much your actions may **affect** others. （センター試験）	自分の行動がどれほど他人に影響するかは決してわからない。
Pick up a dictionary, and look up the word. （センター試験）	辞書を取って、その単語を調べてみなさい。
I don't believe that personality is **related** to blood type.	性格が血液型と関係しているとは思わない。

Section 2 動詞編

miss
[mɪs] 124

に乗り遅れる(⇔ catch に間に合う)；**(機会など)を逃す**；がいなくて寂しく思う
▶ I miss you. あなたがいなくて寂しい。
图 失敗；的はずれ
□ míssing 形 欠けている；行方不明の

lack
[læk] 125

に欠けている，が不足している(≒ want)
图 不足，欠乏
□ lácking 形 (…が)欠けて(in)

exist
[ɪgzíst] 126

存在する；生存する
▶「存在する」の意味では進行形にはしない。
□ exístence 图 存在；生存
□ exístent 形 存在している；実在する

share
[ʃeər] 127

を共同で使う；を分配する
⓽ **share A with B**「AをBと共同利用する」
图 分け前；割り当て分；シェア

fill
[fɪl] 128

を満たす；いっぱいになる
⓽ **fill A with B**「AをBで満たす」
□ full 形 いっぱいの

receive
[rɪsíːv] 129

を(…から)受け取る(from)
□ recéption [rɪsépʃən] 图 歓迎会；受付
□ recéipt [rɪsíːt] 图 領収書；受け取ること

raise
[reɪz] 130

を上げる；を育てる(≒ bring up)；(資金など)を集める
图 上げること；丽 昇給(英 rise)

add
[æd] 131

を(…に)加える(to)；を増やす
□ addítion 图 追加；足し算
▶ in addition to ... …に加えて

reduce
[rɪdjúːs] 132

を減らす
□ redúction [rɪdʌkʃən] 图 減少；削減；割引
(≒ díscount)

If I <u>miss</u> the last train, I will have to take a taxi.	最終電車に<u>乗り遅れ</u>たらタクシーに乗らなければならない。
If you like action movies, you shouldn't <u>miss</u> this one.	アクション映画が好きなら，この映画を<u>見逃す</u>べきではない。
What happens when you <u>lack</u> this essential vitamin? （センター試験）	この必須ビタミンが<u>不足する</u>とどうなるのだろうか。
In the 1970s, humanlike robots <u>existed</u> only in comics.	1970年代には人間型ロボットは漫画の中にしか<u>存在して</u>いなかった。
I will <u>share</u> the room with my little sister.	その部屋を妹と<u>共同使用する</u>つもりだ。
She <u>filled</u> the glass with water for me.	彼女は私のためにコップに水を<u>満たして</u>くれた。
When you <u>receive</u> an e-mail from a perfect stranger, don't open it.	全く知らない人からEメールを<u>受け取った</u>ら開いてはいけない。
The government has decided to <u>raise</u> taxes. （センター試験）	政府は税金を<u>上げる</u>ことを決定した。
She advised me to <u>add</u> a little salt to the dressing.	彼女は私にドレッシングに少し塩を<u>加えて</u>みてはどうかと言った。
The company closed the factory to <u>reduce</u> costs. （センター試験）	その会社は経費を<u>減らす</u>ために工場を閉鎖した。

Section 2 動詞編

deal
[di:l] 133
(deal with で)に対処する, を扱う
▶ 活用: deal - dealt [delt] - dealt
名 取引
□ déaler 名 (取扱)業者

describe
[dɪskráɪb] 134
の特徴を述べる; を(…と)言う(as)
□ description [dɪskrípʃən] 名 説明; 描写

enter
[éntər] 135
に入る
□ entrance [éntrəns] 名 入口(⇔ éxit); 入ること; 入学
□ entry [éntri] 名 入ること; 参加(者)

design
[dɪzáɪn] 136
を設計する
🆃🅶 be designed to do 「〜するように設計されている」
名 デザイン; 設計(図)

complete
[kəmplí:t] 137
を終わらせる, を完全なものにする
形 完全な; 完成した
□ complétion 名 完成; 修了

depend
[dɪpénd] 138
依存する; 頼る; (…に)左右される(on)
🆃🅶 depend on A for B 「BをAに依存する」
□ depéndent 形 (…に)依存している(on)
□ depéndence 名 依存

surprise
[sərpráɪz] 139
を驚かせる
🆃🅶 be surprised to do 「〜して驚く」
名 驚き

refer
[rɪfə́:r] 140
(…に)言及する(to); (…を)参照する(to)
□ reference [réfərəns] 名 言及; 参照; 参考文献

fail
[feɪl] 141
(〜し)損なう(to do); 失敗する(⇔ succéed → 335); (試験など)に落ちる
□ failure [féɪljər] 名 失敗(者); 落第(者)

The counselor taught him how to **deal** with stress. (センター試験)	そのカウンセラーはストレスに対処する方法を彼に教えた。
Can you **describe** the man you saw in detail?	あなたが見た男性の特徴を詳しく述べてもらえますか。
American students usually **enter** college in September.	アメリカの学生はたいてい9月に大学に入る。
The stadium is **designed** to seat 50,000 people.	その競技場は5万人収容できるように設計されている。
Since I have **completed** the task, I can enjoy the holiday.	私は課題を終えたので、休日を楽しむことができる。
Japan **depends** on the Middle East for oil.	日本は石油を中東に依存している。
She was **surprised** to see the taxi door open automatically.	彼女はタクシーのドアが自動的に開くのを見て驚いた。
He **referred** to the report on environmental problems in his speech.	彼は講演の中で環境問題に関するレポートに言及した。
She promised to come at five, but she **failed** to arrive on time.	彼女は5時に来ると約束したが、時刻どおりに来なかった。

Section 2 動詞編 名詞編

spread
[spred] 142
広がる；を広げる
▶ 活用：spread - spread - spread
图 広まり

measure
[méʒər] 143
を測る
图 (しばしば〜s)措置；寸法；基準
□ méasurement 图 測定；(〜s)寸法

名詞編

plant
[plænt] 144
植物；(樹木に対して)草；工場(≒ fáctory)
動 を植える；をしっかりと据える

nature
[néɪtʃər] 145
自然；性質
□ nátural 形 自然の；当然の；生まれつきの
□ náturally 副 自然に；当然；生まれつき (≒ by nature)

climate
[kláɪmət] 146
(長期的な)気候；風潮
🆃🅶 climate change「気候変動」

condition
[kəndíʃən] 147
(〜s)状況；状態；条件
▶ on condition that ... …という条件で
動 の調子を整える；を条件づける
□ condítional 形 条件つきの

sentence
[séntəns] 148
文；**(宣告された)刑**；判決
動 に判決を下す

issue
[íʃuː] 149
問題；発行；(雑誌などの)号
▶ current issues 時事問題
動 を発行する

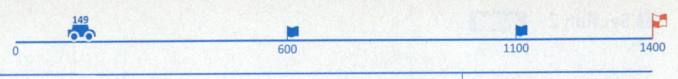

Bird flu has <u>spread</u> to other parts of the country.	鳥インフルエンザは国内の別の地域へ<u>広がった</u>。
How can you <u>measure</u> success and failure?	どうすれば成功と失敗を<u>測る</u>ことができるのか。
Black tea is made from the same <u>plant</u> as green tea. (センター試験)	紅茶は緑茶と同じ<u>植物</u>から作られる。
Nothing can make up for the loss of <u>nature</u>.	どんなものも<u>自然</u>の損失を埋め合わせることはできない。
We must minimize damage from <u>climate</u> change.	<u>気候</u>変動による被害を最小限に食い止めなければならない。
As a result, the cocoa producers often live in very poor <u>conditions</u>. (センター試験)	その結果、ココアの生産者は非常に貧しい<u>状況</u>の下で生活することが多い。
The final <u>sentence</u> of the passage is the author's point of view.	文章の最終<u>文</u>は筆者の見解だ。
He received a two-year prison <u>sentence</u>.	彼は懲役2年の<u>刑</u>を受けた。
Today, we're going to talk about the <u>issue</u> of friendship. (センター試験)	本日は友情の<u>問題</u>について話し合うことにしよう。

Section 2 名詞編

subject
[sʌ́bdʒekt]
150

科目；（研究・物語などの）主題
- 形 (…を)受けやすい(to)
- 動 [səbdʒékt] にさらす；を従属させる
- □ subjéctive 形 主観的な (⇔ objéctive 客観的な)

source
[sɔːrs]
151

源；(～s)(…の)出所(of)
- 🆎 a ... source of *A* 「Aの…な源」

practice
[prǽktɪs]
152

練習；（意識的な）習慣；実行 (⇔ théory → 763)
- ▶ in practice 実際(に)は
- 動 (を)練習する；(を)実践する
- □ práctical 形 実際的な；実用的な

experiment
[ɪkspérəmənt]
153

実験
- 動 [ɪkspérəmènt] (…の)実験をする(on)
- □ expèriméntal 形 実験的な

evidence
[évɪdəns]
154

証拠(≒ proof)；証言
- □ évident 形 明白な

account
[əkáʊnt]
155

説明；記事；口座
- ▶ take ... into account …を考慮に入れる
- ▶ account for ... …を説明する；（割合など）を占める

influence
[ínfluəns]
156

(…への)影響(on)；影響力のある人
- 🆎 have a ... influence on *A* 「Aに…な影響を及ぼす」
- 動 に影響を及ぼす
- □ ìnfluéntial 形 影響力を及ぼす

benefit
[bénɪfɪt]
157

（物質的・精神的）利益
- 動 に利益を与える；(…から)利益を得る(from / by)
- □ bènefícial 形 有益な

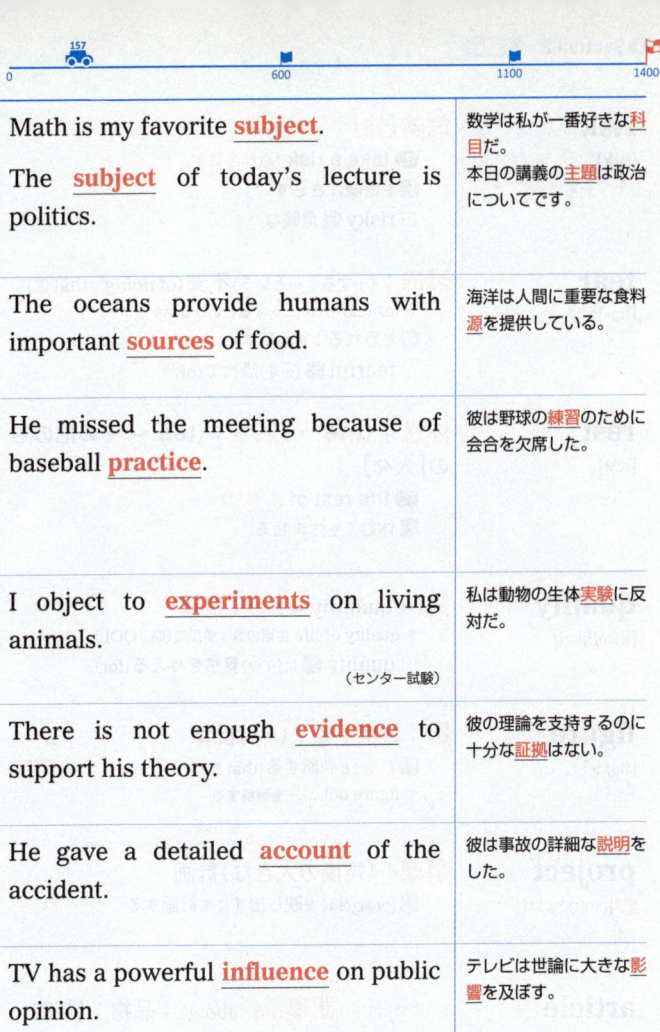

Math is my favorite **subject**.	数学は私が一番好きな科目だ。
The **subject** of today's lecture is politics.	本日の講義の主題は政治についてです。
The oceans provide humans with important **sources** of food.	海洋は人間に重要な食料源を提供している。
He missed the meeting because of baseball **practice**.	彼は野球の練習のために会合を欠席した。
I object to **experiments** on living animals. (センター試験)	私は動物の生体実験に反対だ。
There is not enough **evidence** to support his theory.	彼の理論を支持するのに十分な証拠はない。
He gave a detailed **account** of the accident.	彼は事故の詳細な説明をした。
TV has a powerful **influence** on public opinion.	テレビは世論に大きな影響を及ぼす。
They say that drinking green tea provides health **benefits**.	緑茶を飲むのは健康に有益だという。

Section 2 名詞編

risk
[rɪsk] 158

危険(性)
- **take a risk**「危険を冒す」
- 動 を危険にさらす
- □ rísky 形 危険な

fear
[fɪər] 159

恐怖;(…する;…という)**不安**(of *doing*; that 節)
- ▶ for fear that ... …するといけないから
- 動 を恐れる;を心配する
- □ féarful 形 (…を)恐れて(of)

rest
[rest] 160

休息;**(the ~)残り**;(the ~)その他のもの[人々]
- **the rest of ...**「残りの…」
- 動 休む;を休ませる

quality
[kwá(:)ləti] 161

質(⇔ quántity → 752);良質
- ▶ quality of life 生活の質;満足度(略: QOL)
- □ quálify 動 に(…の)資格を与える(for)

figure
[fígjər] 162

図;数字;姿;(~s)計算
- 動 (…だ)と判断する(that 節)
- ▶ figure out ... …を理解する

project
[prá(:)dʒekt] 163

事業;(規模の大きな)計画
- 動 [prədʒékt] を映し出す;を計画する

article
[áːrtɪkl] 164

(…についての)**記事**(on / about);品物;(契約・憲法などの)条項

professor
[prəfésər] 165

教授

I don't want you to take any **risks** for me.	私のためにあなたにどんな危険も冒してほしくない。
He has a **fear** of heights.	彼は高所恐怖症だ。
I worked for thirteen hours today! I need a **rest**.	今日は13時間も働いた。休息が必要だ。
I'll do the **rest** of my work tomorrow.	残りの仕事は明日やります。
I am willing to pay for high **quality**. (センター試験)	私は高い品質に対してお金を出すのはかまわない。
The percentage of population increase is shown in the **figure** above. (センター試験)	上の図には人口増加の割合が示されている。
She has helped countless people through various medical **projects**. (センター試験)	彼女はさまざまな医療事業を通じて数え切れない人々を助けてきた。
This **article** on education is worth reading.	教育についてのこの記事は読む価値がある。
Professor Smith is amazingly good at speaking Chinese.	スミス教授は中国語を話すのが驚くほどうまい。

1 Section 2　名詞編

effort
[éfərt]
166

努力
▶ make an effort to *do* 〜する努力をする

knowledge
[ná(:)lɪdʒ]
167

知識
□ acknówledge 動 を認める；に礼を言う → 1101

memory
[méməri]
168

記憶(力)；思い出
🆃🅲 have a good memory「記憶力がよい」
□ mémorize 動 を記憶[暗記]する
□ memórial 名 記念(物)　形 記念の

role
[roʊl]
169

役割；(俳優などの)役
🆃🅲 play a ... role in *A*
「*A*において…の役割を果たす」

movement
[múːvmənt]
170

(政治的な)運動；動き
□ move 動 動く；引っ越す；を動かす；を感動させる
□ mótion 名 動き；動作

opportunity
[à(:)pərtjúːnəti]
171

(…の；…する)機会(for；to *do*)
▶ equality of opportunity 機会均等

disease
[dɪzíːz]
172

病気(≒ íllness, síckness)
▶ 病名には illness ではなく，disease を使う。

medicine
[médəsən]
173

薬；医学
▶ take (a) medicine 薬を飲む
□ médical [médɪkəl] 形 医学の

species
[spíːʃiːz]
174

(生物の)種(しゅ)；(the 〜)人類
▶ 単数も複数も species。

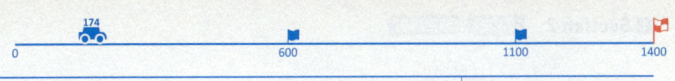

My failure was caused by lack of skill and **effort**. (センター試験)	私の失敗は技術と努力が不足していたせいで生じた。
Computer programmers need a good **knowledge** of English.	コンピュータープログラマーは十分な英語の知識を必要とする。
You have a very good **memory**! This song brings back **memories** of my childhood.	あなたはずいぶん記憶力がいいですね。 この歌を聞くと子供のころの思い出がよみがえる。
The media play an important **role** in influencing people.	人々に影響を与えるという点でマスメディアは重要な役割を担う。
They wanted to become involved in the fair-trade **movement**. (センター試験)	彼らはフェアトレード運動に関わりたいと思った。
We have more **opportunities** to learn about other cultures.	私たちはほかの文化について学ぶ機会が増えている。
Regular exercise can reduce the risk of heart **disease**.	定期的な運動で心臓病の危険性を減少させられるかもしれない。
I'll give you some **medicine** that will make you feel better.	具合がよくなる薬を出しましょう。
There's a possibility that this **species** of fish will disappear.	この種の魚はいなくなる可能性がある。

Section 2 　名詞編　形容詞編

death
[deθ]
175

死
- die [daɪ] 動 死ぬ
- dead 形 死んだ

industry
⑦ [índəstri]
176

産業；勤勉
- indústrial 形 産業の
- indústrious 形 勤勉な(≒ díligent)

customer
[kʌ́stəmər]
177

顧客

形容詞編

likely
[láɪkli]
178

ありそうな(⇔ unlíkely ありそうもない)
- **TG** **It is likely that A ...**「Aは…しそうだ」
▶ A is likely to do と書き換えられる。
- líkelihòod 名 見込み

whole
[houl]
179

全体の；全部の
- 名 (the ~) 全体
▶ as a whole 全体として(の)

native
[néɪtɪv]
180

生まれた土地の；その土地[国]固有の
- **TG** *one's* **native language**「母語」
- 名 その土地[国]に生まれた人

various
発 [véəriəs]
181

さまざまな
- variety [vəráɪəti] 名 多様(性)；種類
- vary [véəri] 動 異なる(≒ díffer)
- variation [vèəriéɪʃən] 名 変化(したもの)

general
[dʒénərəl]
182

一般的な(⇔ specífic → 289)；全体の
- 名 将軍；大将
- génerally 副 概して(≒ in general)

physical
[fízɪkəl]
183

身体の(⇔ méntal → 294)；物理的な；物質の
▶ a physical examination 健康診断
- phýsics 名 物理学

The cause of his **death** is still not known.	彼の死因はまだわかっていない。
The country is highly dependent on the tourist **industry**.	その国は観光産業に大きく依存している。
We must meet our **customers**' needs.	私たちは顧客の要望に応えなければならない。
It's **likely** that the cold front will move past this area by noon. （センター試験）	寒冷前線は正午までにこの地域を通過しそうだ。
The **whole** town is looking forward to the festival.	町全体がその祭りを楽しみにしている。
Her **native** language is Japanese, but she speaks perfect English.	彼女の母語は日本語だが、完ぺきな英語を話す。
There are **various** ways of doing this job.	この仕事をするのにさまざまなやり方がある。
The word "eco" has come into **general** use.	「エコ」という言葉が一般に使われるようになった。
The program that includes **physical** exercise is effective for weight loss. （センター試験）	身体運動を含むそのプログラムは体重を減らすのに効果がある。

■ Section 2 形容詞編

available
[əvéɪləbl]
184

(…にとって)**利用できる，入手できる**(for)；
(人が)手が空いている
- avàilabílity 图 利用できること；有用性

expensive
[ɪkspénsɪv]
185

高価な(⇔ ìnexpénsive, cheap 安い)
- expénse 图 費用；(~s) 経費；犠牲
▶ at the expense of ... …の費用で；…を犠牲にして

political
[pəlítɪkəl]
186

政治の
- pólitics 图 政治
- politician [pɑ̀(ː)lətíʃən] 图 政治家

safe
[seɪf]
187

安全な；**差し支えない**
TO It is safe to say that ...
　「…だと言って差し支えない」
图 金庫
- sáfety 图 安全 (⇔ dánger 危険)

ancient
[éɪnʃənt]
188

古代の；昔からの

due
[djuː]
189

(~する)**予定で**(to do)；**締め切りの**
▶ the due date 締切日；支払期日
▶ due to ... …のために，…のせいで (≒ owing to)

appropriate
[əpróupriət]
190

(…に)**適切な**(for / to)
▶ ある目的や状況などに「ふさわしい」ということ。
- ìnapprópriate 形 不適切な

correct
[kərékt]
191

正しい (≒ right) (⇔ ìncorréct 間違った)
動 を訂正する
- corréction 图 訂正

62

This service is not **available** on the Internet.	このサービスはインターネットではご利用できません。
He always wears **expensive** clothes.	彼はいつも高価な服を身に付けている。
We need a new **political** party.	私たちは新しい政党が必要だ。
The water here is **safe** to drink.	この水は飲んでも安全だ。
It is **safe** to say that he is the best soccer player in the world.	彼が世界最高のサッカー選手と言って差し支えない。
I want to visit the temples of **ancient** Egypt.	私は古代エジプトの神殿を訪ねてみたい。
Our train is **due** to arrive at Kyoto Station soon.	我々の電車はじきに京都駅に着く予定だ。
Our English assignment is **due** next Friday.	私たちの英語の課題は次の金曜日が締め切りだ。
Which of the following is the most **appropriate** for the blank?	次のうち，空所に入れるのに最も適切なものはどれか。
Choose the **correct** answer for each question.	それぞれの質問に対して正しい答えを選びなさい。

Section 2 形容詞編 副詞編

complex [kɑ(:)mpléks] 192	**複雑な**(⇔ símple 簡単な); 複合の 名 [kɑ́(:)mplèks] 複合体
blank [blæŋk] 193	**空白の** 名 空白 ▶ fill in the blanks 空所に記入する
mobile ⑦ [móʊbəl] 194	**(物が) 可動 [移動] 式の**; (人が) 動き回れる ⑰ **a mobile phone**「英 携帯電話」 ▶ 米 では a cell phone と言う。
significant [sɪgnífɪkənt] 195	**重要な**; 意義深い □ significance 名 重要性 (≒ impórtance); 意義

副詞編

eventually [ɪvéntʃuəli] 196	**ついに(は)**; 結局(は) ▶ 否定文では使わない。
nearly [níərli] 197	**もう少しで**; ほとんど (≒ álmost)
mostly [móʊstli] 198	**たいてい**; 主として
otherwise [ʌ́ðərwàɪz] 199	**そうでなければ** (≒ or else)
indeed [ɪndí:d] 200	**実に**; 間違いなく; 実は (≒ in fact) ▶ Very good, indeed! 実にすばらしい！

Learning a language is a very **complex** process.	言語の学習はとても複雑な過程だ。
Please write your name in the **blank** space at the top of the page.	ページの最上部の空欄に名前をお書きください。
You cannot use your **mobile** phone while driving.	運転中は携帯電話を使ってはいけない。
There is no **significant** difference between the two political parties.	両政党間に重要な違いはない。
The movement **eventually** spread to other parts of the world. (センター試験)	その運動はついには世界のほかの地域へと広がった。
A bicycle **nearly** hit her when she was crossing the street.	彼女が道路を横断していたとき、自転車がもう少しで彼女にぶつかりそうになった。
Winter in Tokyo is **mostly** cold and dry.	東京の冬はたいてい寒くて乾燥している。
Talk louder; **otherwise**, people will not be able to hear you.	もっと大きい声で話しなさい。そうしないと君の声は人に聞こえないだろう。
That's a very good suggestion, **indeed**.	それは実にいい提案だ。

Part 1 これだけは覚えたい600語
Section 3
単語番号 201 ～ 300

動詞編

express
[ɪksprés]
201

を表現する
- 形 急行の；急ぎの
- 名 急行列車[バス]
- □ expréssion 名 表現
- □ expréssive 形 表現[表情]に富む

communicate
[kəmjúːnɪkèɪt]
202

(…と)意思を通じ合う (with)
- □ commùnicátion 名 伝達；意思の疎通

suppose
[səpóʊz]
203

(…だ)と思う (that 節) (≒ think)；(文頭で接続詞的に) もし(…)ならば (that 節) (≒ if)；と仮定する
- ▶ be supposed to do ～することになっている；(否定文で)～してはいけない

recognize
[rékəgnàɪz]
204

をそれとわかる；を認める
- □ rècognítion 名 それとわかること；承認

respect
[rɪspékt]
205

を(…の点で)尊敬する (for)；を尊重する
- 名 尊敬；尊重；点
- □ respéctable 形 ちゃんとした；立派な
- □ respéctful 敬意を表する
- □ respéctive 形 それぞれの

regard
[rɪgáːrd]
206

を(…と)見なす (as)；をじっと見る
- 名 配慮；敬意
- □ regárdless 形 (…に)注意を払わない (of)
- ▶ regardless of ... …に(も)関わらず

mention
[ménʃən]
207

に言及する
- ▶ not to mention ... …は言うまでもなく
- ▶ Don't mention it. どういたしまして。
- 名 言及

| ▶動詞編 p.66 ▶形容詞編 p.84 |
| ▶名詞編 p.76 ▶副詞編 p.88 |

I believe that students can <u>express</u> themselves with their clothing. (センター試験)	私は,生徒たちが服装で自己表現することができると考える。
We can <u>communicate</u> with others on the Internet.	インターネット上で他人と意思の疎通を図ることができる。
What do you <u>suppose</u> they're doing? <u>Suppose</u> we try Mike's plan, what do you think will happen?	彼らは何をしていると思いますか。 マイクの計画を試すなら,何が起こると思いますか。
He had grown so tall that I hardly <u>recognized</u> him.	彼はとても背が高くなっていて,私は彼と気づかないくらいだった。
I <u>respect</u> him for his charity work.	私は彼の慈善活動を尊敬している。
He <u>regards</u> studying English as a hobby.	彼は英語を勉強することは趣味だと思っている。
She <u>mentioned</u> one negative aspect of video games. (センター試験)	彼女はテレビゲームの1つの否定的な側面に触れた。

Section 3 動詞編

bite
[baɪt] 208

にかみつく
▶ 活用:bite - bit [bɪt] - bitten [bítən], 图 bit
图 かむこと；一口

prefer
[prɪfə́ːr] 209

の方を好む
🔟 **prefer A to B**「BよりもAの方を好む」
□ preferable [préfərəbl] 形 好ましい
□ preference [préfərəns] 图 好み

determine
[dɪtə́ːrmɪn] 210

を決定する；を突き止める
□ detérmined 形 決定した
▶ be determined to do 〜することを決意している

contact
[ká(ː)ntækt] 211

と連絡を取る
图 連絡；接触

approach
[əpróʊtʃ] 212

(に)近づく
▶ approach to ... とは言わない。
图 取り組み方；接近

apply
[əpláɪ] 213

(…に；…を求めて)申し込む(to；for)；を(…に)適用する(to)；(…に)当てはまる(to)
□ applíed 形 応用の
□ àpplicátion 图 申込(書)；適用
□ ápplicant 图 応募者

introduce
[ìntrədjúːs] 214

を紹介する；を導入する
🔟 **introduce A to B**「AをBに紹介する」
□ ìntrodúction 图 紹介；導入；序文

establish
[ɪstǽblɪʃ] 215

を設立する；(理論・地位)を確立する
□ estáblished 形 確立した
□ estáblishment 图 設立；確立

Don't approach the dog, because it may **bite** you.	その犬に近づくな。かみつくかもしれないから。
I **prefer** bread to rice for breakfast.	朝食はご飯よりもパンの方が好きだ。
Once I see all the options, I will **determine** our next step.	すべての選択肢がわかりさえすれば，次の対策を決めるつもりだ。
I **determined** that the problem was caused by a mouse.	その問題はネズミによって引き起こされたことを突き止めた。
I will **contact** you as soon as possible.	できるだけ早くあなたに連絡します。
The airplane is **approaching** the runway to take off.	飛行機が離陸するために滑走路に近づいている。
He advised me to **apply** to the university.	彼は私にその大学に出願するように助言してくれた。
Let me **introduce** my son to you.	息子を君に紹介しよう。
It was Alfred Nobel that **established** the Nobel Prize.	ノーベル賞を設立したのはアルフレッド・ノーベルだった。

1 Section 3 動詞編

attend
[əténd] 216

に**出席する**；(…の)世話をする(to)
- atténdance 图 出席(者)
- atténdant 图 付添い人；係員
- atténtion 图 注目；注意
▶ pay attention to ... …に注意を払う

serve
[sə:rv] 217

役立つ；の役に立つ；に食事を出す；に奉仕する
- **serve as [for]** ...「…の代わりとして役立つ」
- sérvant 图 使用人
- sérvice 图 応対；給仕；奉仕

treat
[tri:t] 218

を**扱う**；におごる；を治療する
- **treat A like B**「A を B のように扱う」
- 图 ごちそう，楽しみ；(one's ~)おごり
- tréatment 图 取り扱い；(…の)治療(for)

maintain
[meɪntéɪn] 219

を**維持する**；を主張する
- máintenance [méɪntənəns] 图 維持；保守

contain
[kəntéɪn] 220

を**含む**
- contáiner 图 容器；コンテナ
- cóntent 图 内容；(~s)目次；(~s)中身 → 347

join
[dʒɔɪn] 221

に**参加する**(≒ join in)；をつなぐ
- joint 图 関節；つなぎ目 形 共同の
▶ joint venture 合弁事業

perform
[pərfɔ́:rm] 222

を**行う**；を果たす；を演じる
- perfórmance 图 演技；実行；性能

marry
[mǽri] 223

と**結婚する**(≒ get married to)
▶ marry with A(人)，marry to A(人)とは言わない。
- márriage 图 結婚

70

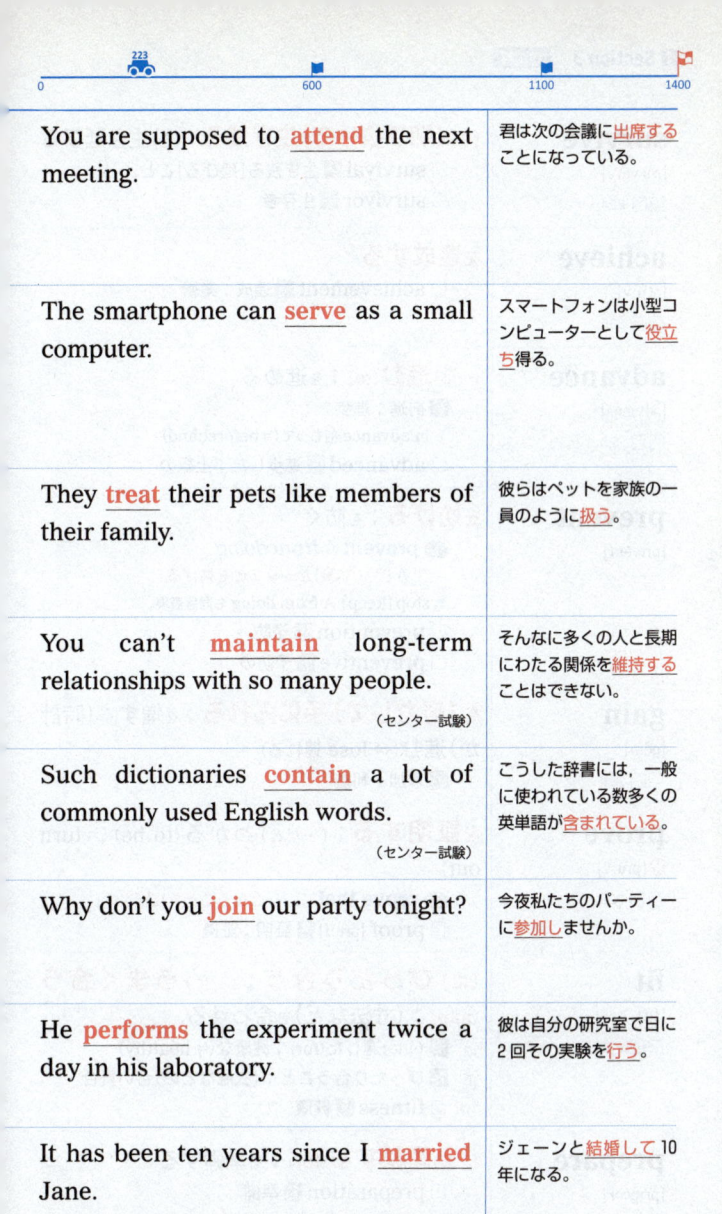

You are supposed to <u>attend</u> the next meeting.	君は次の会議に<u>出席する</u>ことになっている。
The smartphone can <u>serve</u> as a small computer.	スマートフォンは小型コンピューターとして<u>役立ち</u>得る。
They <u>treat</u> their pets like members of their family.	彼らはペットを家族の一員のように<u>扱う</u>。
You can't <u>maintain</u> long-term relationships with so many people. (センター試験)	そんなに多くの人と長期にわたる関係を<u>維持する</u>ことはできない。
Such dictionaries <u>contain</u> a lot of commonly used English words. (センター試験)	こうした辞書には、一般に使われている数多くの英単語が<u>含まれている</u>。
Why don't you <u>join</u> our party tonight?	今夜私たちのパーティーに<u>参加し</u>ませんか。
He <u>performs</u> the experiment twice a day in his laboratory.	彼は自分の研究室で日に2回その実験を<u>行う</u>。
It has been ten years since I <u>married</u> Jane.	ジェーンと<u>結婚して</u>10年になる。

71

Section 3 動詞編

survive [sərváiv] 224
(を)(切り抜けて)生き残る；(を)生き延びる
- survival 名 生き残る[延びる]こと
- survivor 名 生存者

achieve [ətʃíːv] 225
を達成する
- achievement 名 達成；業績

advance [ədvǽns] 226
(…に)進む(to)；を進める
名 前進；進歩
▶ in advance 前もって(≒ beforehand)
- advanced 形 進歩した；上級の

prevent [privént] 227
を妨げる；を防ぐ
🆃🅒 **prevent** *A* **from** *doing*
「A(人・物事)が〜するのを妨げる」
▶ stop [keep] *A* from *doing* も同意表現。
- prevention 名 予防
- preventive 形 予防の

gain [geɪn] 228
を(努力して)手に入れる；を増す；(時計が)進む(⇔ lose 遅れる)
名 増加；利益

prove [pruːv] 229
を証明する；(…だと)わかる(to be)(≒ turn out)
🆃🅒 **prove that ...** 「…ということを立証する」
- proof [pruːf] 名 証明；証拠

fit [fɪt] 230
(に)ぴったり合う；(…に)うまく合う(into)；(寸法など)を合わせる
形 (…に)適した(for)；健康な(≒ healthy)
名 ぴったり合うこと；(衣服などの)合い具合
- fitness 名 健康

prepare [pripéər] 231
(…を)準備する(for)；を準備する
- preparation 名 準備

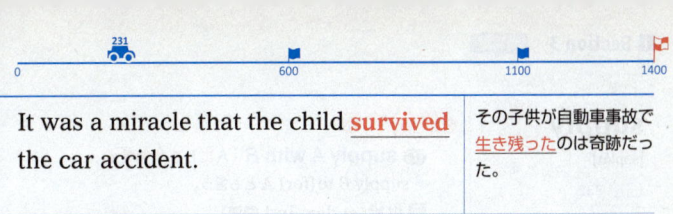

It was a miracle that the child **survived** the car accident.	その子供が自動車事故で生き残ったのは奇跡だった。
You should try to **achieve** the goal you have set for yourself.	自分で立てた目標を達成するように努力すべきだ。
Most learners of English want to **advance** to a higher level.	英語を学ぶ人のほとんどはより高いレベルに進みたいと考える。
Nothing **prevents** you from advancing to the goal.	あなたが目標に向かって進むのを妨げるものは何もない。
The party **gained** only 20 percent of the vote.	その党は全投票数の20パーセントしか獲得しなかった。
Scientists must **prove** that their theories are correct.	科学者は自分の理論が正しいことを証明しなければならない。
My jeans don't **fit** me because I gained weight.	体重が増えたので、ジーンズが合わない。
She says she can't **fit** into Japanese life.	彼女は日本の生活になじめないと言っている。
She **prepared** for her job search. （センター試験）	彼女は仕事探しの準備をした。

73

Section 3 動詞編

supply
[səpláı] 232
を供給する
- **supply A with B**「AにBを供給する」
- ▶ supply B to [for] A とも言う。
- 名 供給(⇔ demánd 需要)

mark
[mɑːrk] 233
(印など)を(…に)つける(on);に印をつける
- 名 印;記号;(米)(成績などの)点

solve
[sɑ(ː)lv] 234
を解決する;を解く
- □ solution [səlúːʃən] 名 解決(法);解答

occur
[əkə́ːr] 235
(事が)起こる;(考えが)(人の)心に浮かぶ(to)
- ▶ It occurred to me that ... …という考えが浮かんだ。
- □ occúrrence 名 出来事

object
[əbdʒékt] 236
(…に)反対する(to)(≒ oppóse)
- 名 [ɑ́(ː)bdʒekt] 物体;目的;対象
- □ objéctive 形 客観的な(⇔ subjéctive 主観的な)
- □ objéction 名 反対;異議

damage
[dǽmɪdʒ] 237
(物・体の一部)に損害を与える
- 名 損害

discuss
[dɪskʌ́s] 238
について議論する
- ▶ discuss about ... とは言わない。
- □ discússion 名 討議

represent
[rèprɪzént] 239
を象徴する;を表現する;を代表する
- □ rèpresentátion 名 表現;表示;代表
- □ rèpreséntative 名 代表(者);議員

attack
[ətǽk] 240
を襲う,攻撃する;を非難する
- 名 攻撃;非難

The government decided to **supply** the country with extra food.	政府はその国に追加の食料を供給することに決めた。
She **marked** dots on the paper with her pencil. (センター試験)	彼女は鉛筆で紙の上に点をつけた。
He told me to **solve** the problem by myself.	彼は私にその問題を自分で解決するように言った。
The accident **occurred** in front of my house.	その事故は私の家の前で起こった。
Some countries **object** to the use of nuclear power.	原子力の使用に反対する国もある。
Certain drugs can **damage** the brain.	ある種の薬は脳に損傷を与えることがある。
Discussing the problem won't help us solve it.	その問題について議論することは私たちがそれを解決する助けにはならないだろう。
Dreams can **represent** our fears and desires.	夢が私たちの不安や願望を表すことがある。
Sometimes crows **attack** people.	カラスが人間を襲うこともある。

Section 3 動詞編 名詞編

waste
[weɪst]
241

を(…に)**浪費する**(on)
名 (…の)無駄(of);(〜s)廃棄物

bear
[beər]
242

を**我慢する**(≒ stand);を(心に)抱く;(子)を産む

- **cannot bear ...**「…に耐えられない」
▶ 活用:bear - bore [bɔːr] - born(e) [bɔːrn]
▶「生まれた」の意味では過去分詞形 born を使う。
▶ bear ... in mind …を心に留めておく

名詞編

material
[mətíəriəl]
243

材料, 原料;資料;生地
形 物質の;物質的な
- **raw material(s)**「原料」

moment
[móʊmənt]
244

瞬間;(特定の)時点
▶ in a moment すぐに
▶ at the moment (現在時制の文で用いて)今のところ
□ mómentàry 形 瞬時の

crime
[kraɪm]
245

犯罪
▶ commit a crime 罪を犯す
□ críminal 名 犯罪者;犯人 形 犯罪の

trouble
[trʌ́bl]
246

苦労;面倒;(機械などの)故障
- **have trouble** *doing*「〜するのに苦労する」
動 を悩ます;に迷惑をかける
□ tróublesome 形 面倒な

loss
[lɔ(ː)s]
247

損害(額);**失うこと**;敗北
▶ be at a loss 途方に暮れている
□ lose 動 を失う;をなくす;で負ける(⇔ win → 1)

factor
[fæktər]
248

要因, 要素

You shouldn't **waste** so much money on comics.	漫画にそんなにたくさんのお金を<u>浪費す</u>べきでない。
I can't **bear** the noise any longer.	もうこれ以上あの騒音には<u>我慢</u>できない。

The company supplies factories with raw **materials**.	その会社は工場に<u>原料</u>を供給する。
She sat on the bed for a **moment**, wondering what she should do. (センター試験)	彼女はどうすべきかを考えながら,<u>少しの間</u>ベッドに腰掛けた。
The **crime** rate has fallen significantly since last year.	<u>犯罪</u>率が昨年から大きく下がった。
I'm having **trouble** reading this English book.	私はこの英語の本を読むのに<u>苦労</u>している。
Losses from the forest fire amounted to 520 million yen.	山火事の<u>損害額</u>は5億2千万円に達した。
The **loss** of a pet can be very painful.	ペットを<u>失うこと</u>は,とてもつらいこともある。
What is the most important **factor** for success?	成功の最も重要な<u>要因</u>は何か。

77

Section 3 名詞編

resource
[ríːsɔːrs]
249

資源；資金

cell
[sel]
250

細胞；(cell phone で)携帯電話；小個室

- a cell phone「携帯電話」
▶ 英では a mobile phone と言う。
□ céllular 形 細胞の；小区画の

bill
[bɪl]
251

請求書, 勘定(書)；米 紙幣(英 note)；法案
▶ a ten-dollar bill 10ドル紙幣

range
[reɪndʒ]
252

範囲；並び；(同種のものの)集まり
- a wide range of ...「幅広い範囲の…」
▶ a mountain range 山脈

medium
[míːdiəm]
253

(伝達などの)媒体；手段；中間
▶「媒体」の意味の複数形は普通 media [míːdiə] を使う。
形 中間の

generation
[dʒènəréɪʃən]
254

世代；発生；生産
□ génerate 動 を生み出す；を発生させる
□ génerator 名 発電機

purpose
[pə́ːrpəs]
255

目的 (≒ aim)
▶ on purpose わざと

planet
[plǽnɪt]
256

惑星
▶ star は「恒星」, satellite [sǽtəlàɪt] は「衛星」。

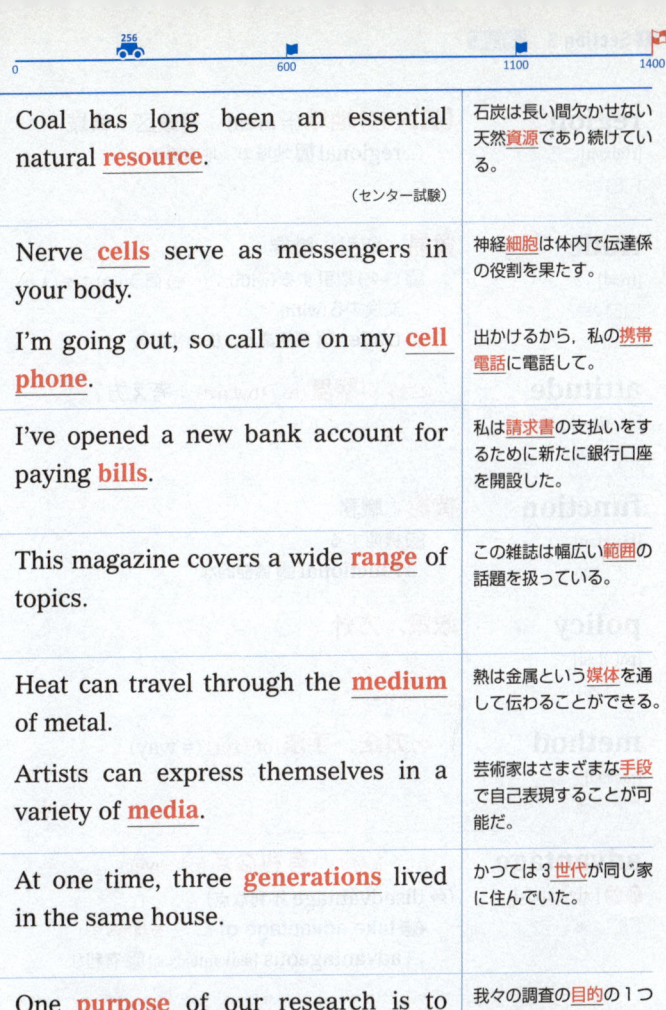

Coal has long been an essential natural <u>resource</u>. (センター試験)	石炭は長い間欠かせない天然資源であり続けている。
Nerve <u>cells</u> serve as messengers in your body.	神経細胞は体内で伝達係の役割を果たす。
I'm going out, so call me on my <u>cell phone</u>.	出かけるから,私の携帯電話に電話して。
I've opened a new bank account for paying <u>bills</u>.	私は請求書の支払いをするために新たに銀行口座を開設した。
This magazine covers a wide <u>range</u> of topics.	この雑誌は幅広い範囲の話題を扱っている。
Heat can travel through the <u>medium</u> of metal.	熱は金属という媒体を通して伝わることができる。
Artists can express themselves in a variety of <u>media</u>.	芸術家はさまざまな手段で自己表現することが可能だ。
At one time, three <u>generations</u> lived in the same house.	かつては3世代が同じ家に住んでいた。
One <u>purpose</u> of our research is to study eating habits. (センター試験)	我々の調査の目的の1つは食習慣を調べることだ。
The fourth <u>planet</u> from the sun is Mars.	太陽から4番目にある惑星は火星だ。

1 Section 3 名詞編

region [ríːdʒən] 257	**(広大な)地域** (≒ área);行政区;領域 □ régional 形 地域の,地方の
trade [treɪd] 258	**貿易**;取引;職業 動 (…と) 取引する (with);(…を) 商う (in);を (人と) 交換する (with) □ tráder 名 貿易業者;株の仲買人
attitude [ǽtətjùːd] 259	(…に対する) **態度** (to / toward);考え方
function [fʌ́ŋkʃən] 260	**機能**;職務 動 機能する □ fúnctional 形 機能的な
policy [pá(ː)ləsi] 261	**政策,方針**
method [méθəd] 262	(…の) **方法,手法** (of / for) (≒ way)
advantage [ədvǽntɪdʒ] 263	(…の;…に対する) **有利な点** (of; over) (⇔ dìsadvántage 不利な点) **take advantage of ...** 「…を利用する」 □ advantageous [ædvəntéɪdʒəs] 形 有利な
character [kǽrəktər] 264	**性格** (≒ pèrsonálity);登場人物;文字 ▶ Chinese characters 漢字 □ chàracterístic 形 特有の 名 特徴
task [tæsk] 265	**(学習の)課題**;(割り当てられた)仕事 (≒ job, work)

80

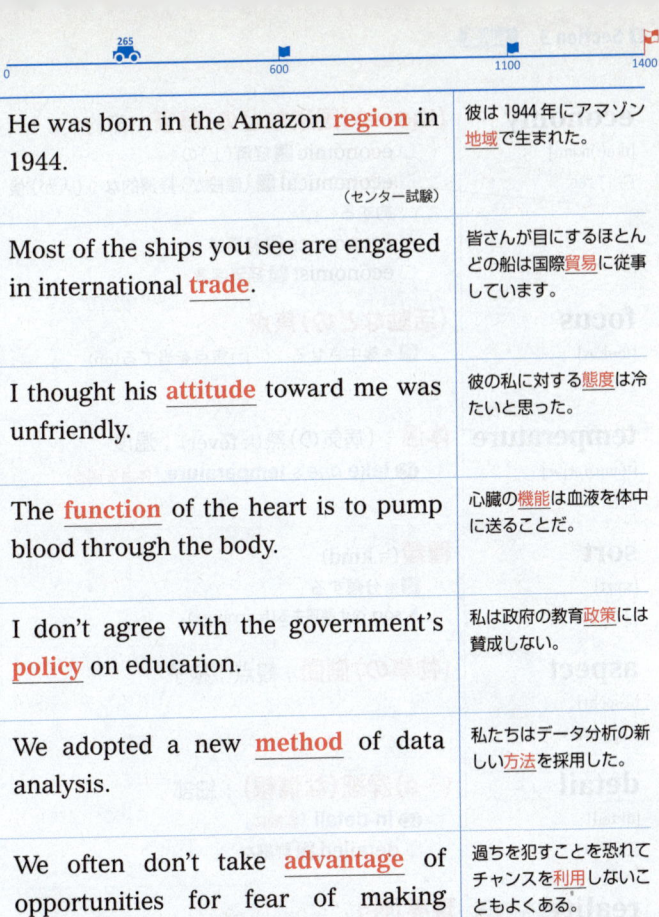

He was born in the Amazon **region** in 1944. (センター試験)	彼は1944年にアマゾン地域で生まれた。
Most of the ships you see are engaged in international **trade**.	皆さんが目にするほとんどの船は国際貿易に従事しています。
I thought his **attitude** toward me was unfriendly.	彼の私に対する態度は冷たいと思った。
The **function** of the heart is to pump blood through the body.	心臓の機能は血液を体中に送ることだ。
I don't agree with the government's **policy** on education.	私は政府の教育政策には賛成しない。
We adopted a new **method** of data analysis.	私たちはデータ分析の新しい方法を採用した。
We often don't take **advantage** of opportunities for fear of making mistakes. (センター試験)	過ちを犯すことを恐れてチャンスを利用しないこともよくある。
He finally showed his true **character**.	ついに彼は本性(= 本当の性格)を現した。
The **task** our teacher gave us was nearly impossible to do.	先生が私たちに与えた課題はほとんど実行不可能だった。

81

1 Section 3 名詞編

economy
[ɪkά(:)nəmi]
266

(the ~)(国家などの)経済；節約
- èconómic 形 経済(上)の
- èconómical 形 (値段が)経済的な；(人が)倹約する
- èconómics 名 経済学
- ecónomist 名 経済学者

focus
[fóʊkəs]
267

(活動などの)焦点
- 動 を集中させる；(…に)焦点を当てる(on)

temperature
[témpərətʃər]
268

体温；(病気の)熱(≒ féver)；温度
- 熟 take *one's* temperature「体温を測る」

sort
[sɔːrt]
269

種類(≒ kind)
- 動 を分類する
- ▶ sort out 整理する(≒ arránge)

aspect
[ǽspèkt]
270

(物事の)側面；観点；様子

detail
[díːteɪl]
271

(~s)詳細(な情報)；細部
- 熟 in detail「詳細に」
- détailed 形 詳細な

reality
[riǽləti]
272

現実(性)
- réal 形 現実の；本当の
- réally 副 本当に；実は

decade
[dékeɪd]
273

10年間(= ten years)
- ▶ for decades 数十年間

feature
[fíːtʃər]
274

特徴；(~s)顔つき；特集記事[番組]
- 動 を呼び物にする；を主演させる；を特集する

The **economy** of this region is slowly improving.	この地域の経済はゆっくりと改善しつつある。
The **focus** of my paper is the economy of the Meiji era.	私の論文の焦点は明治時代の経済についてである。
You look sick. Why don't you take your **temperature**?	具合が悪そうだね。体温を測ったらどう?
What **sort** of music do you like?	どんな種類の音楽が好きですか。
Let's discuss the practical **aspects** of the issue.	その問題の実際的な側面について話し合おう。
He answered all the child's questions in great **detail**. (センター試験)	彼はその子供の質問すべてに、非常に詳しく答えた。
It is time to face **reality** and accept the facts.	そろそろ現実を直視し、事実を受け入れるべきだ。
Great advances have been achieved in medicine in the last **decade**.	過去10年間で医学において大きな進歩が達成された。
An interesting **feature** of the town is its colorful buildings.	その町の興味深い特徴は色とりどりの建物だ。

Section 3 名詞編 形容詞編

emotion
[ɪmóʊʃən]
275

(喜怒哀楽の)**感情**(≒ féeling)；感動
- emótional 形 感情的な；感動的な

charge
[tʃɑːrdʒ]
276

管理；(サービスに対する)**料金**；非難
- **in charge of ...**「...を担当して」
▶ free of charge 無料で
動 を請求する；を非難する；を充電する

形容詞編

male
[meɪl]
277

男性の(⇔ fémale 女性の)
名 男性(⇔ fémale 女性)

wild
[waɪld]
278

野生の；乱暴な；熱狂した
▶ wild animals [plants] 野生動物[植物]

urban
[ə́ːrbən]
279

都市の(⇔ rúral → 486)

huge
[hjuːdʒ]
280

巨大な；莫大な
▶ a huge amount of money 莫大な金額

private
[práɪvət]
281

個人的な(⇔ públic 公の)；私有の；私立の
- prívacy 名 私生活

worth
[wəːrθ]
282

価値のある
- **worth** *doing*「～する価値がある」
名 価値
- worthy [wə́ːrði] 形 (...に)値する(of)

essential
[ɪsénʃəl]
283

(...に)**必要不可欠な**(to / for)；本質的な
名 (普通～s)本質的要素；必須事項
- esséntially 副 本質的に(は)

He showed no **emotions** when I told him the sad news.	悲しい知らせを伝えたとき，彼は何の感情も示さなかった。
Mr. Tanaka is in **charge** of the class. Electricity **charges** will increase again this summer.	田中先生がそのクラスの担任だ。電気料金はこの夏にまた上がる。
The company has an equal number of **male** and female workers.	その会社には同数の男性社員と女性社員がいる。
Wild pineapple plants can still be found in Central America.	野生のパイナップルは今でも中米で見られる。
More and more people are moving to **urban** areas.	ますます多くの人が都市部に移っている。
There was a **huge** vase of roses on the dining table. (センター試験)	食卓の上にバラを生けた大きな花瓶があった。
I decided to take **private** lessons with a voice trainer.	私はボイストレーナーのもとで個人レッスンを受けることにした。
That museum is **worth** visiting at least once.	その美術館は少なくとも一度は訪れる価値がある。
Good communication is **essential** to making new friends.	良好なコミュニケーションは新しい友人を作るのに欠かせない。

Section 3 形容詞編

positive
[pá(:)zətɪv] 284

積極的な (⇔ négative → 285);(…を)確信している (of / about) (≒ sure);肯定的な

negative
[négətɪv] 285

否定的な;消極的な (⇔ pósitive → 284)
图 否定(表現)

chemical
[kémɪkəl] 286

化学(上)の
图 化学製品[薬品]
□ chémistry 图 化学
□ chémist 图 化学者

ordinary
[ɔ́:rdəneri] 287

普通の (⇔ extraórdinàry → 790);並の
▶「正常な;標準の」の意味では normal (→ 381) を使う。
□ òrdinárily 圓 普通は

unique
[juní:k] 288

(…に)特有の (to);唯一の

specific
[spəsífɪk] 289

明確な;特定の (⇔ géneral → 182)
□ specify [spésəfàɪ] 動 を具体的に述べる
□ specification [spèsəfɪkéɪʃən] 图 明記;(~s)仕様書

central
[séntrəl] 290

中心的な
□ cénter 图 中心

direct
[dərékt] 291

直接の (⇔ ìndiréct 間接の);率直な
動 を指揮する;を(…に)向ける (to)
□ diréction 图 方向;(~s)指示
□ diréctor 图 指導者;重役

She has a very **positive** attitude toward everything.	彼女はあらゆることに対してとても積極的な姿勢だ。
There are positive and **negative** sides to the policy.	その政策には肯定的な面と否定的な面がある。
Chemical experiments are done under controlled conditions.	化学実験は管理された条件下で行われる。
Ordinary office workers take several days off in August.	一般の会社員は8月に数日間の休暇を取る。
Every country has its **unique** characteristics.	どの国にもそれぞれ特有の性質がある。
Use more **specific** examples to support your opinion.	自分の意見を支えるのにもっと明確な事例を使いなさい。
The **central** government should do more to help those people.	そうした人々を助けるために中央政府はもっと多くのことをすべきだ。
The typhoon had a **direct** effect on food prices.	台風は食料品の価格に直接的な影響を与えた。

1 Section 3　形容詞編　副詞編

current
[kə́:rənt]
292

現在の (≒ présent)
名 (水・空気などの)流れ；電流；風潮
- cúrrently 副 現在(は)
- cúrrency 名 通貨

official
[əfíʃəl]
293

公式の；公の
名 公務員(≒ public servant)；職員

mental
[méntəl]
294

精神の (⇔ phýsical → 183)；知能の
- méntally 副 精神的に

aware
[əwéər]
295

(…に)気づいて (of / that 節) (⇔ ùnawáre 気づかないで)
- **be aware of ...**「…に気づいている」
- awáreness 名 自覚

副詞編

necessarily
[nèsəsérəli]
296

(否定文で)必ずしも(…でない)；必然的に
- nécessàry 形 必要な；必然の
- necéssity 名 必要(性)；必要なもの

merely
[míərli]
297

単に (≒ ónly)
- mere 形 単なる

unfortunately
[ʌnfɔ́:rtʃənətli]
298

残念なことに
- ùnfórtunate 形 不幸な

moreover
[mɔ:róuvər]
299

その上，さらに (≒ besídes, fúrthermòre)

besides
[bisáidz]
300

しかも (≒ moreóver, fúrthermòre)
副 …に加えて
▶ 前置詞の beside「…のそばに」との違いに注意。

She seems happy with her **current** position.	彼女は現在の立場に満足しているようだ。
Some people want to make English Japan's second **official** language.	英語を日本の第2公用語にしたがっている人もいる。
Physical exercise is good for **mental** health.	身体の運動は精神衛生によい。
We need to be **aware** of the importance of the forests.	私たちは森林の重要性に気づく必要がある。
New PCs are not **necessarily** easy to use.	新しいパソコンが必ずしも使いやすいとは限らない。
The strange noise we heard was **merely** the wind.	私たちが聞いた奇妙な音は単に風だった。
Unfortunately, I can't meet you at the airport.	残念なことに、空港であなたを出迎えることができません。
I saw him at the party; **moreover**, I had a chance to talk to him.	私は彼をパーティーで見かけた。その上、彼と話す機会もあった。
I'm too busy to go shopping. **Besides**, I have no money.	私は忙しすぎて買い物に行けない。しかも、お金がない。

Part 1 これだけは覚えたい600語
Section 4
単語番号 301 〜 400

動詞編

seek
[siːk]
301

(〜しよう)と**努める**(to do);を探し求める
▶ 活用：seek - sought [sɔːt] - sought

search
熟 [səːrtʃ]
302

を(…を求めて)**検索する**(for);(…を)探し求める(for);を捜索する
▶ 「search +場所」、「search for +探し求める物」となる。
名 検索；捜索

observe
[əbzə́ːrv]
303

を**観察する**；に**気づく**；と述べる；(規則など)を守る
□ observation [ɑ(ː)bzərvéɪʃən] 名 観察；察知
□ obsérvance (規則などを)守ること

survey
ア [sərvéɪ]
304

を(質問して)**調査する**；を概観する
名 [sə́ːrveɪ] (意識)調査；概観；測量
▶ conduct [do] a survey 調査を行う

connect
[kənékt]
305

を(…と)**つなぐ**(to / with);を関連させる
TC be connected to … 「…とつながっている」
□ connéction 接続；関係

separate
ア [sépərèɪt]
306

を(…から)**分離する**(from)(≒ divide);分かれる
形 [sépərət] 分離した；別個の
□ sèparátion 名 分離；離別
□ séparately 副 別々に；独立して

divide
[dɪváɪd]
307

を**分割する**；を分類する；を分配する
TC divide A into B 「AをBに分ける」
名 (意見などの)相違；境界線
□ division [dɪvíʒən] 名 分割；部門；仕切り

▶動詞編　p.90　　▶形容詞編　p.108
▶名詞編　p.100　　▶副詞編　p.112

These organizations **seek** to achieve world peace.	これらの組織は世界平和を達成しようと努めている。
I **searched** the Web for the necessary data.	必要なデータを求めて，ウェブ上を検索した。
The scientist is **observing** how the brain works.	その科学者は脳がどのように働くかを観察している。
She **observed** a change in her son's behavior.	彼女は息子の振る舞いの変化に気づいた。
They are **surveying** the damage caused by yesterday's fire.	彼らは昨日の火事による損害を調査している。
All the computers in this room are **connected** to the Internet.	この部屋のコンピューターはすべてインターネットにつながっている。
You need to **separate** fact from fiction.	事実と作り話を分ける必要がある。
The teacher **divided** the students into four groups.	教師は生徒を4つのグループに分けた。

Section 4 動詞編

replace
[rɪpléɪs]
308

を(…と)**取り替える**(with / by);に取って代わる

□ replácement 名 交替;交換;代替者[物]

hide
[haɪd]
309

を**隠す**(≒ concéal);隠れる
▶ 活用:hide - hid [hɪd] - hidden [hídən]
🆃🅲 **hide A from B**「AをBから隠す」

exchange
[ɪkstʃéɪndʒ]
310

(を)**交換する**
🆃🅲 **exchange A for B**「AをBと交換する」
名 交換;両替

respond
[rɪspá(:)nd]
311

(…に)**応答する**(to);(…に)反応する(to)
□ respónse 名 対応;応答
▶ in response to ... …に応えて

publish
[pʌ́blɪʃ]
312

を**出版する**;を正式に発表する
□ pùblicátion 名 出版(物)
□ públisher 名 出版社

associate
[əsóʊʃièɪt]
313

を**連想する**;(…と)付き合う(with)
🆃🅲 **associate A with B**
「AをBと結びつけて考える」
□ assòciátion 名 連想;協会;交際

guess
熟 [ges]
314

を**推測する**;(…だ)と思う(that 節)
名 推測

assume
[əsjú:m]
315

当然(…だ)**と思う**(that 節);(…だ)と仮定する(that 節);(責任)を引き受ける
□ assumption [əsʌ́mpʃən] 名 想定, 仮定

reflect
[rɪflékt]
316

を**反映する**;を**反射する**;(…について)熟考する(on)
▶ be reflected in ... …に反映される
□ refléction 名 反映;反射;映った姿

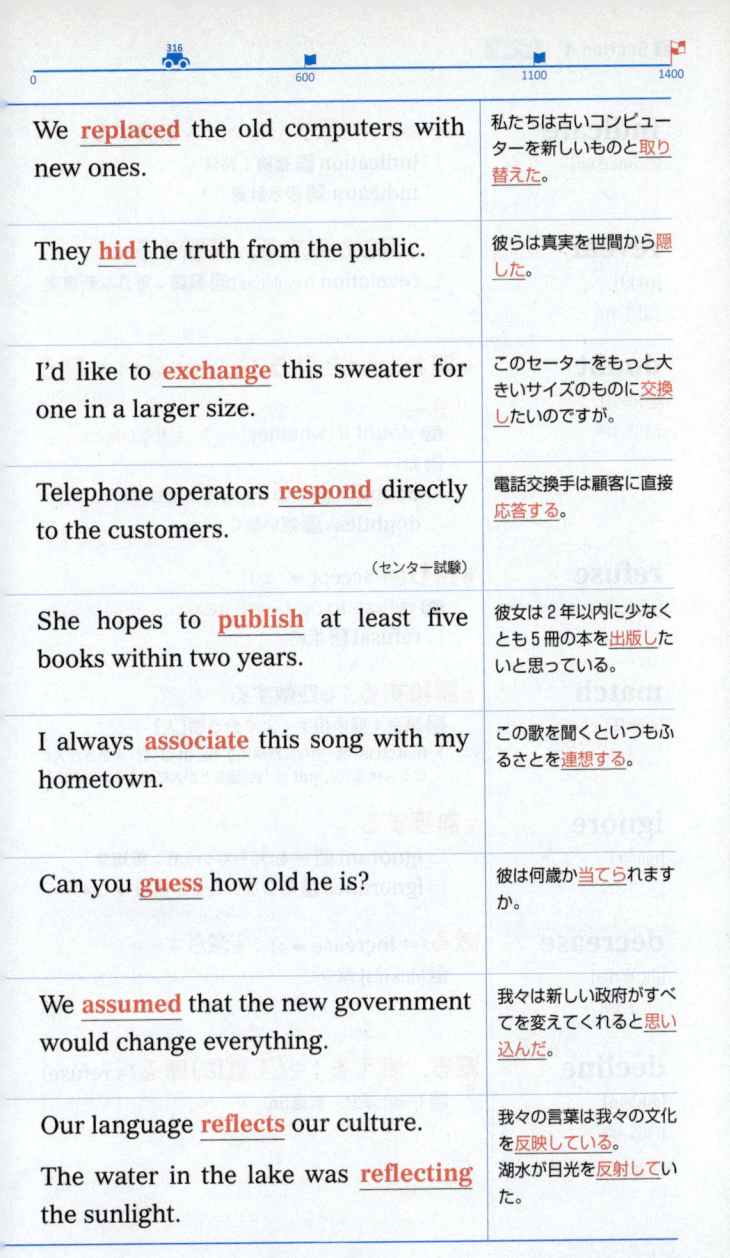

We <u>replaced</u> the old computers with new ones.	私たちは古いコンピューターを新しいものと<u>取り替えた</u>。
They <u>hid</u> the truth from the public.	彼らは真実を世間から<u>隠した</u>。
I'd like to <u>exchange</u> this sweater for one in a larger size.	このセーターをもっと大きいサイズのものに<u>交換し</u>たいのですが。
Telephone operators <u>respond</u> directly to the customers. (センター試験)	電話交換手は顧客に直接<u>応答する</u>。
She hopes to <u>publish</u> at least five books within two years.	彼女は2年以内に少なくとも5冊の本を<u>出版し</u>たいと思っている。
I always <u>associate</u> this song with my hometown.	この歌を聞くといつもふるさとを<u>連想する</u>。
Can you <u>guess</u> how old he is?	彼は何歳か<u>当て</u>られますか。
We <u>assumed</u> that the new government would change everything.	我々は新しい政府がすべてを変えてくれると<u>思い込んだ</u>。
Our language <u>reflects</u> our culture. The water in the lake was <u>reflecting</u> the sunlight.	我々の言葉は我々の文化を<u>反映している</u>。 湖水が日光を<u>反射してい</u>た。

1 Section 4 動詞編

indicate
[índɪkèɪt]
317

(…ということ)を示す (that 節) ; を指摘する
- ìndicátion 图 指摘；兆候
- índicàtor 图 表示計器

reveal
[rɪvíːl]
318

を(…に)明らかにする, 暴露する (to)
- revelation [rèvəléɪʃən] 图 暴露；意外な新事実

doubt
[daʊt]
319

を疑わしいと思う；(…では)ないと思う (that 節)
- TG **doubt if [whether] ...**「…かどうか疑わしい」
- 图 疑い
- dóubtful 形 疑わしく思う；疑わしい
- dóubtless 副 疑いなく

refuse
[rɪfjúːz]
320

を拒む (⇔ accépt → 102)
- TG **refuse to** *do* 「〜するのを拒む」
- refúsal 图 拒絶

match
[mætʃ]
321

と調和する；に匹敵する
- 图 試合；競争相手；よく合う物[人]
- ▶ match は「色・柄などが調和する」, fit は「型・大きさが人に合う」(→ 230), suit は「色・服などが人に似合う」(→ 431)

ignore
[ɪgnɔ́ːr]
322

を無視する
- ígnorant 形 (…を)知らない (of)；無知な
- ígnorance 图 知らないこと；無知 → 1249

decrease
[dì(ː)kríːs]
323

減る (⇔ incréase → 4)；を減らす
- 图 [díːkriːs] 減少

decline
[dɪkláɪn]
324

減る, 衰える；を(丁重に)断る (≒ refúse)
- 图 (…の)減少, 衰退 (in)

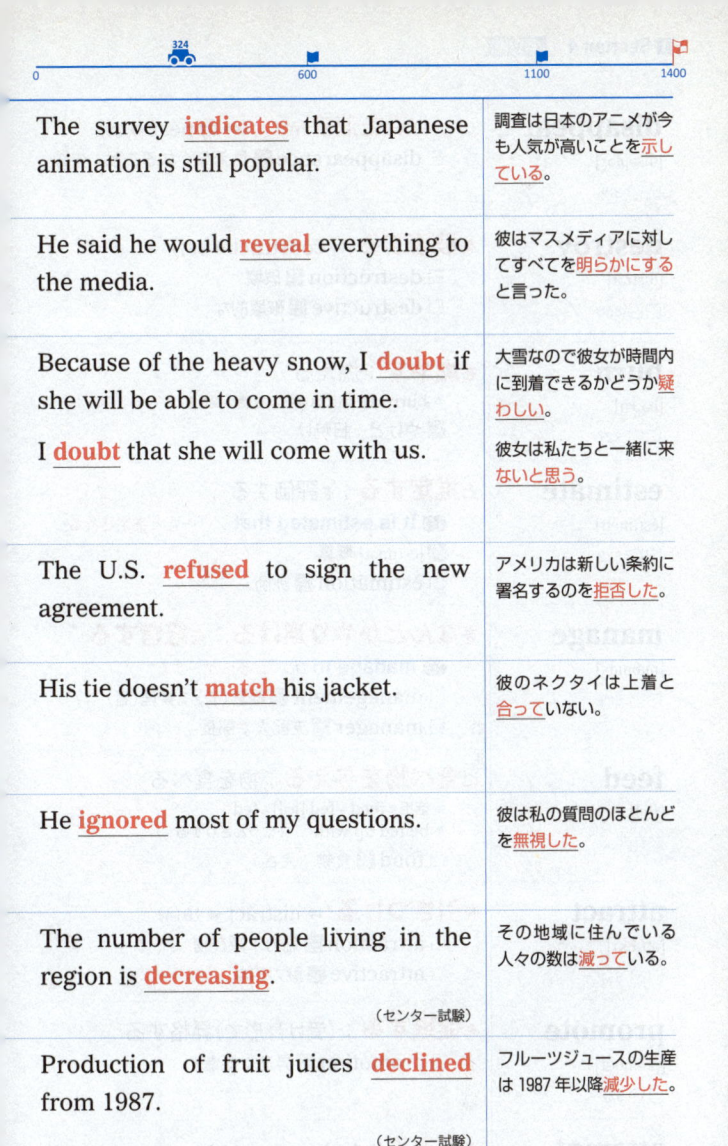

The survey **indicates** that Japanese animation is still popular.	調査は日本のアニメが今も人気が高いことを示している。
He said he would **reveal** everything to the media.	彼はマスメディアに対してすべてを明らかにすると言った。
Because of the heavy snow, I **doubt** if she will be able to come in time.	大雪なので彼女が時間内に到着できるかどうか疑わしい。
I **doubt** that she will come with us.	彼女は私たちと一緒に来ないと思う。
The U.S. **refused** to sign the new agreement.	アメリカは新しい条約に署名するのを拒否した。
His tie doesn't **match** his jacket.	彼のネクタイは上着と合っていない。
He **ignored** most of my questions.	彼は私の質問のほとんどを無視した。
The number of people living in the region is **decreasing**. (センター試験)	その地域に住んでいる人々の数は減っている。
Production of fruit juices **declined** from 1987. (センター試験)	フルーツジュースの生産は1987年以降減少した。
I will **decline** their offer next time.	次回は彼らの申し出を断るつもりだ。

Section 4 動詞編

disappear
[dìsəpíər]
325

(…から)**姿を消す** (from) (⇔ appéar → 28)
□ dìsappéarance 名 見えなくなること；失踪

destroy
[dɪstrɔ́ɪ]
326

を破壊する (⇔ constrúct → 631)
□ destrúction 名 破壊
□ destrúctive 形 破壊的な

burn
[bəːrn]
327

を燃やす；燃える
▶ burn out 燃え尽きる；を使い果たす
名 やけど；日焼け

estimate
[éstɪmèɪt]
328

と推定する；を評価する
🆃🅲 It is estimated that ... 「…だと推定される」
名 [éstɪmət] 概算
□ èstimátion 名 評価

manage
[mǽnɪdʒ]
329

をなんとかやり遂げる；を経営する
🆃🅲 manage to do 「どうにか〜する」
□ mánagement 名 経営(者)；管理(者)
□ mánager 名 支配人；部長

feed
[fiːd]
330

に食べ物を与える；物を食べる
▶ 活用：feed - fed [fed] - fed
▶ be fed up with … …にうんざりする
□ food 名 食物；えさ

attract
[ətrǽkt]
331

を引きつける (⇔ distráct → 1014)
□ attráction 名 魅力；呼び物
□ attráctive 形 魅力的な

promote
[prəmóʊt]
332

を促進する；(受け身形で)昇格する
□ promótion 名 昇進；促進

attempt
[ətémpt]
333

を試みる (≒ try)
🆃🅲 attempt to do 「〜しようと試みる」
名 試み；企て

The train left the station and **disappeared** from view.	列車は駅を出発し，視界から消えた。
Rainforests are **destroyed** so that companies can sell wood. （センター試験）	熱帯森林は企業が木材を売るために破壊されている。
We **burn** fossil fuels to produce electricity.	我々は電気を生み出すために化石燃料を燃やす。
It is **estimated** that there are 2,500 to 3,000 giant pandas in the wild.	2,500頭から3,000頭の野生のジャイアントパンダがいると推定されている。
I **managed** to catch the last train. We have great difficulty **managing** our family business.	どうにか最終列車に乗ることができた。 私たちは家業を経営するのにとても苦労している。
I have to go home to **feed** my dog.	私は犬にえさをやるために帰らなくてはならない。
That beautiful garden **attracts** many visitors throughout the year.	あの美しい庭園は一年を通して多くの観光客を引きつけている。
A campaign will be held to **promote** world peace.	世界平和を促進するためにキャンペーンが行われる。
They **attempted** to escape from jail.	彼らは脱獄しようと試みた。

Section 4 動詞編

contribute
[kəntríbjət]
334

(…に)**貢献する**(to); を寄付する
- còntribútion 名 貢献; 寄付

succeed
[səksíːd]
335

成功する(⇔ fail → 141); (の)跡を継ぐ
- **succeed in** doing「〜することに成功する」
- succéss 名 成功
- succéssful 形 成功した
- succéssion 名 継承; 連続
- succéssive 形 連続した

desire
[dɪzáɪər]
336

を強く望む
- **desire to** do「〜することを強く望む」
- 名 (…への)欲望(for)
- desírable 形 望ましい

earn
[əːrn]
337

を稼ぐ
- ▶ earn one's living 生計を立てる
- éarnings 名 収入

satisfy
[sǽtɪsfàɪ]
338

を満足させる
- **be satisfied with** …「…に満足している」
- satisfaction [sæ̀tɪsfǽkʃən] 名 満足
- satisfactory [sæ̀tɪsfǽktəri] 形 満足のいく

identify
[aɪdéntəfàɪ]
339

を(…だと)**特定する**(as); を(…と)同一のものと見なす(with)
- idéntity 名 同一性; 身元
- idèntificátion 名 同一物[人]であることの確認; 身分証明書
- idéntical 形 同一の(≒ same); 非常によく似た

collect
[kəlékt]
340

を集める(≒ gáther)
- colléction 名 収集(品)
- colléctive 形 集団(として)の

Her knowledge and experience **contributed** to the success of the project.	彼女の知識と経験がその事業の成功に貢献した。
He **succeeded** in winning the title on his first attempt.	彼は最初の挑戦でタイトルの獲得に成功した。
He **succeeded** his father as King.	彼は王として父の跡を継いだ。
A lot of high school students **desire** to enter that university.	多くの高校生がその大学に入学することを強く望んでいる。
I **earn** 900 yen an hour at that job.	私はその仕事で時給900円稼いでいる。
I was **satisfied** with his explanation.	私は彼の説明に満足した。
The scientist **identified** the strange animal as a new species.	科学者はその奇妙な動物を新しい種だと特定した。
Students use the Internet to **collect** information about universities.	生徒たちはインターネットを使って大学に関する情報を収集する。

1 Section 4　動詞編　名詞編

invite [ɪnváɪt] 341	を(…に)**招待する**(to)；(よくない事態)を引き起こす □ invitátion 名 招待
taste [teɪst] 342	**…の味がする**；の味をみる 名 味；味覚；好み □ tásty 形 味のよい(≒ delícious)

名詞編

structure [stráktʃər] 343	**構造** □ strúctural 形 構造(上)の
surface [sə́ːrfəs] 344	**表面**；(the 〜)外見 ▶ on the surface 表面上は
degree [dɪgríː] 345	**程度**；(温度などの)度；(大学の)学位 TC to some degree「ある程度」 ▶ by degrees 徐々に(≒ gráduallly)
site [saɪt] 346	**用地，場所**；遺跡 ▶ wébsite 名 ウェブサイト ▶ on site 現場で
content [ká(ː)ntent] 347	**(表現される)内容**；(〜s)目次；(〜s)中身 形 [kəntént] (…に)満足して(with) 動 [kəntént] を満足させる(≒ sátisfy)
profit [prá(ː)fət] 348	**収益**；(しばしば〜s)利益 TC **make a profit**「収益を上げる」 動 利益を得る □ prófitable 形 もうかる
income [ínkʌ̀m] 349	**(定期)収入**(⇔ expénse, óutgò 支出) ▶ 収入の多少は low / high または small / large で表す。

My grandparents usually **invite** me to their house on weekends.	祖父母はたいてい週末に私を自宅に招待してくれる。
The coffee you make **tastes** really good.	あなたのいれるコーヒーは本当においしいですね (= よい味がします)。
The **structure** of society has changed rapidly over the past 40 years.	社会構造はこの40年で急速に変化した。
Once, rainforests covered 60 million square kilometers of the Earth's **surface**. (センター試験)	かつて熱帯雨林は地表の6千万平方キロを覆っていた。
This problem is my fault to some **degree**.	この問題はある程度私に責任がある。
This is the construction **site** for the new shopping center.	ここが新しいショッピングセンターの建設現場だ。
Parents should check the **content** of video games before buying them. (センター試験)	親はテレビゲームを買う前に内容を確認すべきだ。
Companies are expected to make a **profit**.	企業は収益を上げることを求められている。
She has to feed a large family on her small **income**.	彼女は少ない収入で大家族を養わなければならない。

Section 4 名詞編

career
[kəríər]
350

(…としての)**経歴**(as); (生涯の)職業
▶ a career path 職業の進路

electricity
[ɪlèktrísəti]
351

電気
- eléctric 形 電気の; 電気を使う
- eléctrical 形 電気の; 電気を扱う
- electronic [ɪlèktrá(:)nɪk] 形 電子(工学)の

fuel
[fjúːəl]
352

燃料
- 🆃 fossil fuels「化石燃料」
▶ 石油や石炭など。

household
[háʊshòʊld]
353

世帯; 家族
形 家庭の

convenience
[kənvíːniəns]
354

便利(な物), 便宜 (⇔ incónvénience 不便)
- 🆃 for *A*'s convenience「Aの便宜のために」
- convénient 形 (…にとって)便利な(for)

principle
[prínsəpəl]
355

原理; 主義
▶ in principle 原則的に(は)

atmosphere
[ǽtməsfìər]
356

雰囲気; (the ~)大気
- àtmosphéric 形 大気(中)の

difficulty
[dífɪkəlti]
357

困難, 苦労
- 🆃 have difficulty *doing*「~するのに苦労する」
- dífficult 形 困難な (≒ hard) (⇔ éasy 容易な)

conflict
[ká(:)nflɪkt]
358

(…との; …間の)**争い**(with; between); (利害の)衝突
動 [kənflíkt] (…と)対立する(with)

102

His <u>career</u> as an actor started in New York.	彼の役者としての<u>経歴</u>はニューヨークで始まった。
We have been without <u>electricity</u> since this morning.	今朝から<u>電気</u>が来ていない。
Fossil <u>fuels</u> are limited in supply.	化石<u>燃料</u>は供給が限られている。
The wind-power plant can supply electricity to 5,000 <u>households</u>.	その風力発電所は5,000<u>世帯</u>に電気を供給することができる。
For your <u>convenience</u>, we accept payments by credit card.	お客様の<u>便宜</u>を図るため，当店はクレジットカードでのお支払いを承っております。
It is rather difficult to explain the <u>principle</u> of democracy.	民主主義の<u>原理</u>を説明するのはかなり難しい。
The restaurant has a relaxed <u>atmosphere</u>.	そのレストランにはくつろげる<u>雰囲気</u>がある。
They will have <u>difficulty</u> finding a site for a new factory.	彼らは新しい工場の用地を見つけるのに<u>苦労</u>するだろう。
The <u>conflict</u> has spread into neighboring countries.	<u>紛争</u>は近隣諸国に広がった。

1 Section 4 名詞編

contrast
[ká(:)ntræst]
359

(…との)**対照**(to / with)
- **in contrast to [with]** ... 「…と対照的に」
- 動 [kəntrǽst] を(…と)対比させる(with); 対照をなす

poverty
[pá(:)vərti]
360

貧困
- □ poor 形 貧しい(⇔ rich 裕福な); 下手な(⇔ good 上手な); かわいそうな

ancestor
[ǽnsèstər]
361

祖先(⇔ descéndant 子孫)

birth
[bə:rθ]
362

出産; 誕生
- **give birth to** ... 「…を産む」

race
[reɪs]
363

民族, 人種; 競走
- □ rácial 形 人種[民族]の

origin
[ɔ́(:)rɪdʒɪn]
364

起源
- □ original [ərídʒənəl] 形 最初の; 創造[独創]的な 名 原物
- □ originate [ərídʒənèɪt] 動 生じる

tradition
[trədíʃən]
365

伝統; 伝承
- □ tradítional 形 伝統的な

immigrant
[ímɪɡrənt]
366

(外国からの)移民
- □ ímmigràte 動 (外国から)移住する; を移住させる
- □ ìmmigrátion 名 (外国からの)移住

access
[ǽkses]
367

(…の)**入手**(to); (…への)接近(to)
- **have access to** ... 「…を入手できる」
- 動 に接続する; に近づく
- □ accéssible 形 近づきやすい; 入手できる

In <u>contrast</u> to Western medicine, Chinese medicine has a different view of the body.	西洋医学とは<u>対照</u>的に，漢方医学は体に対して異なる見方をしている。
In this region, nearly 40 million people live in <u>poverty</u>.	この地域では4千万人近くの人々が<u>貧困</u>生活を送っている。
Those two species share a common <u>ancestor</u>.	その2つの生物種は共通の<u>祖先</u>を持っている。
My sister gave <u>birth</u> to a boy last month.	姉が先月男の子を<u>出産</u>した。
The different <u>races</u> lived in harmony in the country.	その国では異なる<u>人種</u>が仲良く生活していた。
Many English words have Latin <u>origins</u>.	英単語の多くはラテン語が<u>起源</u>である。
The <u>traditions</u> have been handed down from generation to generation.	<u>伝統</u>は代々引き継がれてきた。
The <u>immigrants</u> found that life in the new land was difficult.	<u>移民たち</u>は新しい土地での生活が容易でないことがわかった。
Patients should have <u>access</u> to the same information as doctors.	患者が医師と同じ情報を<u>入手</u>できるようにすべきだ。

1 Section 4　名詞編

crowd
[kraʊd]
368

群衆；観衆
動 (に)群がる
□ crówded 形 混雑した

crop
[krɑ(ː)p]
369

(しばしば〜s)(農)作物；収穫(高)
▶ grow crops 作物を栽培する

carbon
[kάːrbən]
370

炭素
▶ carbon dioxide 二酸化炭素

device
[dɪváɪs]
371

(…の)装置(for)；工夫
□ devise [dɪváɪz] 動 を工夫する

creature
発 [kríːtʃər]
372

生き物
□ creáte 動 を創造する → 6
□ creátion 名 創造；創作
□ creátive 形 独創[創造]的な

insect
ア [ínsekt]
373

昆虫

habit
[hǽbɪt]
374

(個人的な)習慣；癖
□ habitual [həbítʃuəl] 形 習慣的な；常習的な

audience
[ɔ́ːdiəns]
375

観衆, 聴衆；(映画などの)観客
▶「大観衆」は a *large* audience とし，*many* audience とは言わない。

interview
[íntərvjùː]
376

面接；(公式)会見
動 と面接[面談]する
□ ínterviewer 名 面接する人
□ ìnterviewée 名 面接される人

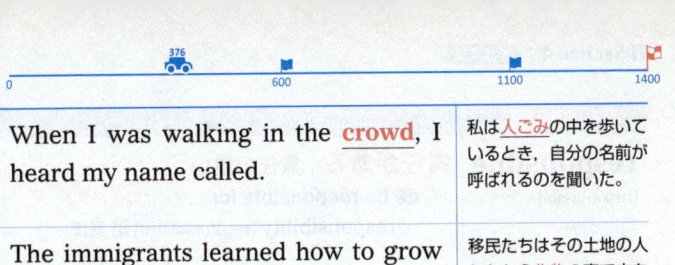

When I was walking in the **crowd**, I heard my name called.	私は<u>人ごみ</u>の中を歩いているとき，自分の名前が呼ばれるのを聞いた。
The immigrants learned how to grow **crops** from the natives.	移民たちはその土地の人たちから<u>作物</u>の育て方を学んだ。
The amount of **carbon** dioxide in the atmosphere has greatly increased.	大気中の二酸化<u>炭素</u>の量が大きく増加した。
Electronic **devices** such as cell phones must be turned off during class.	携帯電話などの電子<u>機器</u>は授業中切っておかなくてはならない。
All living **creatures** need air and water.	すべての<u>生物</u>に空気と水が必要だ。
Even this small area contains about five million species of **insects**. (センター試験)	この小さな地域の中でさえおよそ500万種の<u>昆虫</u>がいる。
You should develop well-balanced eating **habits**. (センター試験)	バランスの取れた食<u>習慣</u>を身につけるべきだ。
The soccer game was shown on a big screen in front of a large **audience**. (センター試験)	そのサッカーの試合は大<u>観衆</u>の前の大画面に映し出された。
I have an important job **interview** tomorrow.	明日は大事な就職<u>面接</u>がある。

1 Section 4 形容詞編

形容詞編

responsible [rɪspá(:)nsəbl] 377
責任がある; 責任の重い
- 🆃🅶 **be responsible for ...**「…に責任がある」
- responsibility [rɪspà(:)nsəbíləti] 名 責任

financial [fənǽnʃəl] 378
財政(上)の
- fináncially 副 財政的に(は)
- fínance 名 財政, (〜s)財源

independent [ìndɪpéndənt] 379
(人が)(…から)自立した(of); (…から)独立した(of / from)
- ìndepéndence 名 独立

familiar [fəmíljər] 380
(…を)よく知っている(with); (…に)よく知られている(to)
- familiarity [fəmìljǽrəti] 名 よく知っていること; 親しさ

normal [nɔ́ːrməl] 381
普通の, 正常な(⇔ abnórmal 異常な); 標準の
- nórmally 副 普通は

regular [régjulər] 382
定期的な; 規則正しい(⇔ irrégular 不規則な); 通常の; 正規の
- 名 (普通 〜s)常連(客); 正選手
- régularly 副 規則正しく; 定期的に
- régulàte 動 を規制する
- règulátion 名 (普通 〜s)規則; 規制 → 1149

comfortable ⑦ [kʌ́mfərtəbl] 383
快適な(⇔ ùncómfortable 不快に感じる)
- cómfort 名 快適さ; 慰め 動 を慰める

obvious [á(:)bviəs] 384
明らかな(≒ clear)
- 🆃🅶 **It is obvious that ...**
  「…だということは明らかだ」
- óbviously 副 言うまでもなく; 明らかに

People are free, and therefore they are **responsible** for their actions.	人は自由である。それゆえ，行動には責任がある。
The city is facing a **financial** crisis.	その市は財政危機に直面している。
You should be financially **independent** of your parents now.	あなたはもう両親から経済的に自立するべきだ。
I'm not **familiar** with the story of this opera.	私はこのオペラの筋をよくは知らない。
The nurse helped the patient return to a **normal** life.	その看護師は患者がふだんの生活に戻れるよう支援した。
Regular exercise is good not only for your body but for your brain.	定期的な運動は体だけでなく頭脳にもよい。
Wear **comfortable** shoes for hiking. （センター試験）	ハイキングには快適な靴を履きなさい。
It was **obvious** that she was angry with me.	彼女が私に腹を立てているのは明らかだった。

Section 4 形容詞編

active [æktɪv] 385	**積極的な** (⇔ pássive → 1082)；活動的な □ act 動 行動する；(を)演じる □ actívity 名 活動；活気
potential [pəténʃəl] 386	**潜在的な** 名 潜在能力；可能性
legal [líːgəl] 387	**法律(上)の**；合法的な (⇔ illégal 非合法の) □ law [lɔː] 名 法律；法則
entire [ɪntáɪər] 388	**全体の** (≒ whole) □ entírely 副 全く (≒ complétely) ▶ not entirely 全く…というわけではない(部分否定)
quiet [kwáɪət] 389	**静かな** (⇔ nóisy 騒々しい) 名 静けさ □ quíetly 副 静かに
terrible [térəbl] 390	**ひどい**；恐ろしい □ térribly 副 とても □ térror 名 恐怖；テロ(行為) □ térrify 動 を怖がらせる
tiny [táɪni] 391	**とても小さな** (≒ líttle)
careful [kéərfəl] 392	**注意深い** (⇔ cáreless 不注意な) 🅣🅖 **be careful about ...** 「…に気をつける」 □ care 名 世話；注意；心配 動 を気にかける □ cárefully 副 注意して；念入りに

Parents should take an **active** role in determining what sports their children play. (センター試験)	親は子供がどのスポーツをするかを決めることに<u>積極的な</u>役割を担うべきだ。
This picture illustrates a defensive response against a **potential** enemy. (センター試験)	この図は<u>潜在的な</u>敵に対する防御反応を示している。
The country needs a sound **legal** system.	その国は健全な<u>法</u>制度を必要としている。
NASA collected weather data from the **entire** world.	NASA は<u>全</u>世界から気象データを集めた。
He asked them to be **quiet** several times.	彼は彼らに<u>静か</u>にするよう数回頼んだ。
I've had a **terrible** headache since this morning.	今朝から<u>ひどい</u>頭痛がしている。
I found a **tiny** insect on the table.	テーブルの上に<u>とても小さな</u>虫を見つけた。
You should be **careful** about what you eat. (センター試験)	食べる物に<u>気をつける</u>べきだ。

Section 4 形容詞編 / 副詞編

vast
[væst] 393
膨大な，莫大(ばくだい)な；広大な
- a vast amount of ... 「膨大な量の…」

equal
[íːkwəl] 394
等しい；平等な
- be equal to ... 「…に等しい」
- 動 に等しい；に匹敵する
- equality [ɪkwá(ː)ləti] 名 平等

fair
[feər] 395
公正な (⇔ ùnfáir 不公平な)；(数量などが) かなりの
- 副 公正に
- fáirly 副 かなり；まずまず

副詞編

seldom
[séldəm] 396
めったに…ない (≒ rárely)
▶ seldom, if ever ... (あったにしても)めったに…ない

somehow
[sʌ́mhàu] 397
どういうわけか；どうにかして
▶ 時に somehow or other の形になる。

altogether
[ɔ̀ːltəɡéðər] 398
全く (≒ complétely)；全部で (≒ in total)

lately
[léɪtli] 399
最近 (≒ récently)
▶ 普通，現在完了(進行)形の動詞とともに使う。

furthermore
[fə́ːrðərmɔ̀ːr] 400
その上 (≒ moreóver, besídes)

There is a **vast** amount of information on the Internet.	インターネット上には<u>膨大な</u>量の情報がある。
One liter is **equal** to one thousand cubic centimeters.	1リットルは1,000立方センチメートルに<u>等しい</u>。
The judge's decision on the case was **fair**.	その事件に対する裁判官の判決は<u>公正</u>だった。
There were a **fair** number of people at the party.	そのパーティーには<u>かなりの</u>数の人がいた。
She is so careful that she **seldom** makes mistakes.	彼女はとても注意深いので<u>めったに</u>ミスを<u>しない</u>。
Somehow she knew exactly what I needed.	<u>どういうわけか</u>，彼女はまさに私が必要としているものを知っていた。
He quit smoking **altogether**.	彼は<u>完全に</u>タバコをやめた。
I have been studying mathematics very hard **lately**.	<u>最近</u>私は数学をとても一生懸命勉強している。
She passed the entrance exam and, **furthermore**, got a scholarship.	彼女は入学試験に合格し，<u>その上</u>奨学金を得た。

Part 1 これだけは覚えたい600語
Section 5 単語番号 401〜500

動詞編

engage
[ɪngéɪdʒ]
401
を(…に)**従事させる**(in)；を(…に)引き入れる(in)；(〜すること)を約束する(to do)
🆂 **be engaged in ...**「…に従事する」
▶ engage A in B A をBに引き込む
□ engágement 图 約束；婚約

adopt
[ədá(:)pt]
402
(考え・方針)を採用する；を養子にする
▶ an adopted child 養子
□ adóption 图 採用；養子縁組

acquire
[əkwáɪər]
403
(習慣など)を身につける；を獲得する
□ acquisition [æ̀kwɪzíʃən] 图 習得；買収

expand
[ɪkspǽnd]
404
を拡大する；広がる
□ expánse 图 広がり
□ expánsion 图 拡大；膨張

admit
[ədmít]
405
(…ということ)を**(事実と)認める**(that 節)
(⇔ deny ➡ 523)；(入場・入学)を認める
□ admíssion 图 容認；入学[入会]許可
▶ an admission fee 入場料

appreciate
[əprí:ʃièɪt]
406
をありがたく思う；を正しく認識[評価]**する**；を鑑賞する
🆂 **I would appreciate it if you ...**
「…していただけるとありがたいのですが」
□ apprèciátion 图 感謝；評価；認識；鑑賞

examine
[ɪgzǽmɪn]
407
を調べる
□ exàminátion 图 調査；試験

▶動詞編 p.114　　▶形容詞編 p.132
▶名詞編 p.124

He is <u>engaged</u> in field work involving the environment.	彼は環境に関わる現地調査に<u>従事している</u>。
We <u>adopted</u> a policy to save more energy.	我々はさらに多くのエネルギーを節約する方策を<u>採用した</u>。
Many people <u>acquire</u> knowledge through books.	多くの人が書物を通して知識を<u>身につける</u>。
Our company plans to <u>expand</u> its business in Asia.	我が社はアジアで事業を<u>拡大する</u>計画だ。
He <u>admitted</u> that he had stolen the bike.	彼はその自転車を盗んだことを<u>認めた</u>。
I would <u>appreciate</u> it if you could assist us.　　　　（センター試験）	私たちを援助していただければ<u>ありがたく思います</u>。
I hope my boss <u>appreciates</u> my work.	上司が私の仕事を<u>正しく評価して</u>くれるといいが。
We must <u>examine</u> the causes of our failure carefully.	我々は失敗の原因を入念に<u>調べ</u>なければならない。

Section 5 動詞編

judge
[dʒʌdʒ] 408

を判断する；を審査する
- judge A by B 「AをBで判断する」
▶ judging from ... …から判断すると
- 名 裁判官；目利き
- □ júdgment 名 判断；判決

remove
[rɪmúːv] 409

を(…から)取り去る(from)
- □ remóval 名 除去

combine
[kəmbáɪn] 410

を組み合わせる(≒ connéct)
- combine A and [with] B
「AとBを組み合わせる」
- □ còmbinátion 名 結合(体)

tie
[taɪ] 411

を(…に)結び付ける(to)
▶ 現在分詞・動名詞は tying [táɪɪŋ] となる。
- 名 結び付き；同点；ネクタイ(≒ néck tie)

define
[dɪfáɪn] 412

を定義する
- define A as B 「AをBと定義する」
- □ definition [dèfənɪ́ʃən] 名 定義
- □ definite [défənət] 形 はっきりとした → 1290

invent
[ɪnvént] 413

を発明する
- □ invéntion 名 発明(品)
- □ invéntive 形 発明の才のある
- □ invéntor 名 発明者[家]

preserve
[prɪzə́ːrv] 414

を保存する；を(…から)保護する(from / against)
- □ preservation [prèzərvéɪʃən] 名 保存；保護

fix
[fɪks] 415

を修理する(≒ repáir, mend)；を固定する；(日時・視線など)を定める
▶ fix one's eyes on ... …をじっと見る

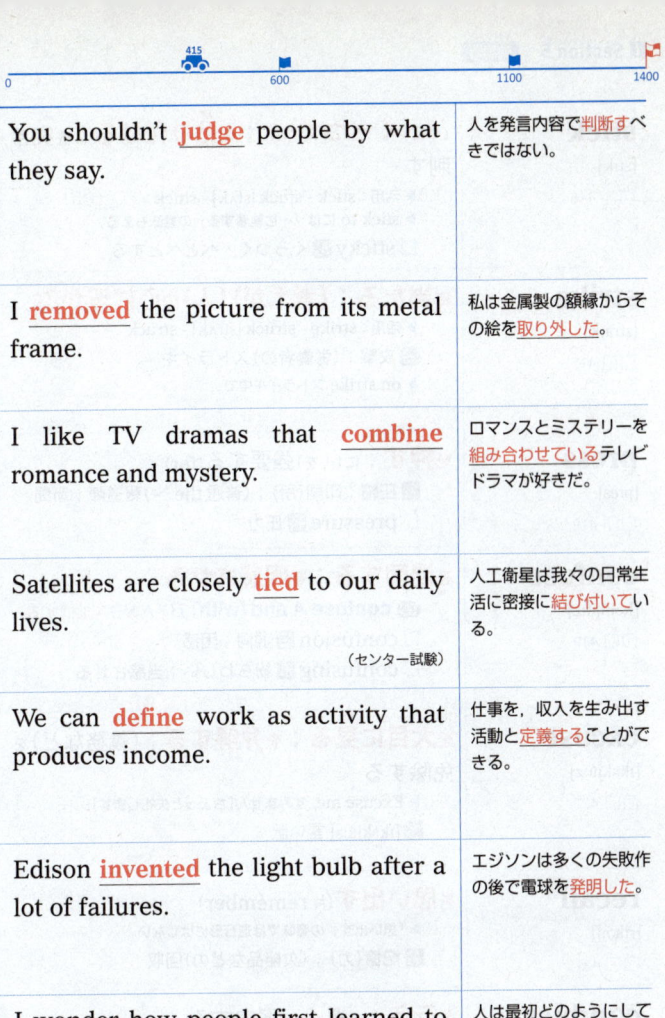

You shouldn't **judge** people by what they say.	人を発言内容で判断すべきではない。
I **removed** the picture from its metal frame.	私は金属製の額縁からその絵を取り外した。
I like TV dramas that **combine** romance and mystery.	ロマンスとミステリーを組み合わせているテレビドラマが好きだ。
Satellites are closely **tied** to our daily lives. （センター試験）	人工衛星は我々の日常生活に密接に結び付いている。
We can **define** work as activity that produces income.	仕事を，収入を生み出す活動と定義することができる。
Edison **invented** the light bulb after a lot of failures.	エジソンは多くの失敗作の後で電球を発明した。
I wonder how people first learned to **preserve** food.	人は最初どのようにして食料を保存する方法を知ったのだろうか。
It cost me 50,000 yen to **fix** my car. （センター試験）	車を修理するのに5万円かかった。

117

1 Section 5 動詞編

stick [stɪk] □□ 416	**(…に)くっつく(to)；を貼り付ける；を突き刺す** ▶ 活用：stick - stuck [stʌk] - stuck ▶ stick to には「…に執着する」の意味もある。 □ stícky 形 くっつく，べとべとする
strike [straɪk] □□ 417	**に当たる；(考えが)(人)の心に浮かぶ** ▶ 活用：strike - struck [strʌk] - struck 名 攻撃；(労働者の)ストライキ ▶ on strike ストライキ中で
press [pres] □□ 418	**を押す；に(…を)強要する(for)** 名 圧縮；印刷(所)；(普通 the 〜)報道陣；新聞 □ préssure 名 圧力
confuse [kənfjúːz] □□ 419	**を混同する；を困惑させる** 🆃🅶 confuse A and [with] B「AとBを混同する」 □ confúsion 名 混同；困惑 □ confúsing 形 紛らわしい；当惑させる
excuse [ɪkskjúːz] □□ 420	**を大目に見る；を弁解する；(義務など)を免除する** ▶ Excuse me. すみません[ちょっと失礼します]。 名 [ɪkskjúːs] 言い訳
recall [rɪkɔ́ːl] □□ 421	**を思い出す(≒ remémber)** ▶「思い出す」の意味では進行形にはしない。 名 記憶(力)；(欠陥品などの)回収
conduct 🅟 [kəndʌ́kt] □□ 422	**を行う；を導く，案内する** 名 [kɑ́(ː)ndʌkt] 行動；指導 □ condúctor 名 (楽団の)指揮者；車掌
behave [bɪhéɪv] □□ 423	**振る舞う；行儀よくする** 🆃🅶 behave as if ...「まるで…のように振る舞う」 ▶ behave *oneself* 行儀よく振る舞う □ behávior 名 振る舞い；行動

I removed the mud that <u>stuck</u> to my shoes.	靴に<u>くっついた</u>泥を取り除いた。
<u>Stick</u> this stamp on the envelope.	この切手を封筒に<u>貼り</u>なさい。
What happens when lightning <u>strikes</u> an airplane?	飛行機に雷が<u>当たる</u>とどうなりますか。
A wonderful idea <u>struck</u> me suddenly.	突然すばらしい考えが私の<u>心に浮かんだ</u>。
Put the coins in the slot, and then <u>press</u> the button.	投入口に硬貨を入れて，次にボタンを<u>押し</u>なさい。
I always <u>confuse</u> John and his brother Robert.	私はジョンと彼の兄のロバートをいつも<u>混同する</u>。
I was <u>confused</u> by what my friend said.	友人が言ったことに<u>困惑した</u>。
I won't <u>excuse</u> his carelessness anymore.	もう彼の不注意を<u>大目に見る</u>ことはしないぞ。
I <u>excused</u> myself for being so late.	私はひどく遅刻したことを<u>弁解した</u>。
When I saw the photos, I <u>recalled</u> those happy days.	これらの写真を見てあの楽しかった日々を<u>思い出した</u>。
We <u>conducted</u> experiments to test this theory.	私たちはこの理論を検証するために実験を<u>行った</u>。
He <u>behaved</u> as if he were a child.	彼はまるで子供のように<u>振る舞った</u>。

Section 5 動詞編

trust
[trʌst] 424
を信頼する
图 信頼；委託
□ trústwòrthy 形 信頼[信用]できる

rely
[rɪláɪ] 425
(…に)頼る (on)
🆃🅖 rely on *A* for *B*「AにBを頼る」
□ reliánce 图 頼ること
□ relíable 形 頼りになる

count
[kaʊnt] 426
を数える；重要である (≒ mátter)；**を勘定に入れる**
▶ count on ... …を当てにする (≒ rely on)
图 数えること；総数

predict
[prɪdíkt] 427
を予測する
□ predíction 图 予測
□ predíctable 形 予測できる

aid
[eɪd] 428
を援助する (≒ help)
图 援助；救援
▶ first aid 応急手当

pull
[pʊl] 429
を引いて動かす；を引く (⇔ push を押す)
▶ pull over[up] (車)を止める
图 引くこと

tear
発 [teər] 430
を引き裂く
▶ 活用：tear - tore [tɔːr] - torn [tɔːrn]
▶ tear [tɪər]「涙」と区別のこと。

suit
[suːt] 431
に(色・服などが)似合う；に都合がよい；を(…に)適合させる (to)
图 スーツ；訴訟 (≒ láwsùit)
□ súitable 形 (…に)適した (for) (≒ fit)

steal
[stiːl] 432
を盗む
🆃🅖 have *A* stolen「Aを盗まれる」
▶ 活用：steal - stole [stoʊl] - stolen [stóʊlən]

I <u>trust</u> him, and I can tell he <u>trusts</u> me.	私は彼を<u>信頼している</u>し、彼が私を<u>信頼して</u>くれていることもわかる。
I have two good friends, and I can <u>rely</u> on them for anything. （センター試験）	私には2人の親友がいて、彼らに何でも<u>頼る</u>ことができる。
The teacher <u>counted</u> the students to see if everyone was present.	教師は皆がそろっているかどうか生徒を<u>数えた</u>。
Accuracy <u>counts</u> more than speed.	正確さの方が速さよりも<u>重要である</u>。
She <u>predicts</u> that this trend will continue.	彼女はこの傾向は続いていくと<u>予測している</u>。
We should <u>aid</u> developing countries in need.	我々は困っている開発途上国を<u>援助す</u>べきだ。
She asked a question, <u>pulling</u> up a chair beside him. （センター試験）	彼女は彼の横にいすを<u>引き寄せて</u>質問をした。
She <u>tore</u> a few pages out of the magazine.	彼女は雑誌から数ページ<u>引きちぎった</u>。
Your new haircut <u>suits</u> you.	新しい髪型が<u>似合って</u>いますね。
Changing the time would <u>suit</u> me fine.	時間が変更になると私は<u>都合がいい</u>です。
I had my bicycle <u>stolen</u> in front of the library.	図書館の前で自転車を<u>盗まれて</u>しまった。

Section 5 動詞編

suffer
[sʌ́fər] 433
(…で)**苦しむ**(from)；(苦痛)を経験する
□ súffering 名 苦しみ；苦痛

complain
[kəmpléin] 434
不平を言う
🆃🅒 complain about [of] ...
「…について不平を言う」
□ compláint 名 不平

hurt
[hə́ːrt] 435
を痛める；痛む
▶ 活用：hurt - hurt - hurt
名 精神的苦痛；傷

address
⑦ [ədrés] 436
(人)に演説をする；(問題)に取り組む；にあて名を書く
名 住所；演説；(ネット上の)アドレス

enable
[inéibl] 437
(人)が(〜するの)を可能にする(to do)
□ áble 形 (be able to do で)(〜することが)できる (⇔ unáble)
□ ability 名 能力；(普通〜ties)才能 → 573

graduate
[grǽdʒuèit] 438
卒業する
🆃🅒 graduate from ... 「…を卒業する」
名 [grǽdʒuət] 卒業生(米 では「大学卒業生」)
□ gràduátion 名 卒業

flow
[flou] 439
(…へ；…から)**流れる**(into；from)
名 流れ
▶ flow chart (作業の手順を示す)流れ図

emerge
[imə́ːrdʒ] 440
(…として；…から)**現れる**(as；from)；明らかになる
□ emérgency 名 緊急(事態) → 675
▶ in an emergency 緊急の場合には

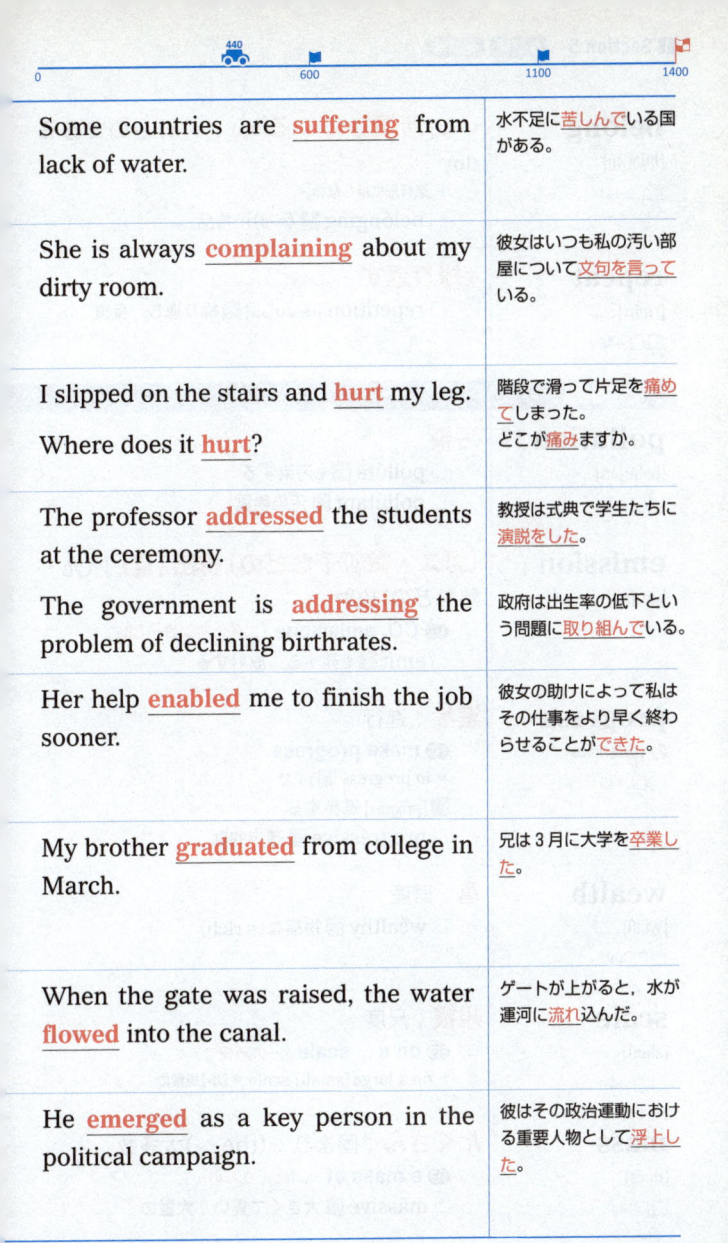

Some countries are **suffering** from lack of water.	水不足に苦しんでいる国がある。
She is always **complaining** about my dirty room.	彼女はいつも私の汚い部屋について文句を言っている。
I slipped on the stairs and **hurt** my leg. Where does it **hurt**?	階段で滑って片足を痛めてしまった。どこが痛みますか。
The professor **addressed** the students at the ceremony.	教授は式典で学生たちに演説をした。
The government is **addressing** the problem of declining birthrates.	政府は出生率の低下という問題に取り組んでいる。
Her help **enabled** me to finish the job sooner.	彼女の助けによって私はその仕事をより早く終わらせることができた。
My brother **graduated** from college in March.	兄は3月に大学を卒業した。
When the gate was raised, the water **flowed** into the canal.	ゲートが上がると、水が運河に流れ込んだ。
He **emerged** as a key person in the political campaign.	彼はその政治運動における重要人物として浮上した。

Section 5 動詞編 名詞編

belong
[bilɔ́(:)ŋ]
441

(…に)**所属している**(to)；(…の)ものである (to)
▶ 進行形にはしない。
□ belónging 名 (~s)所持品

repeat
[ripíːt]
442

を繰り返す
□ repetition [rèpətíʃən] 名 繰り返し，反復

名詞編

pollution
[pəlúːʃən]
443

汚染
□ pollúte 動 を汚染する
□ pollútant 名 汚染物質

emission
[imíʃən]
444

(ガス・微粒子などの)排出(量)；(光・熱などの)放射
🆃🅒 CO_2 emissions「二酸化炭素排出(量)」
□ emít 動 を発する，放射する

progress
⑦ [prá(ː)grəs]
445

進歩；進行
🆃🅒 make progress「進歩する」
▶ in progress 進行中で
動 [prəgrés] 進歩する
□ progréssive 形 進歩的な

wealth
[welθ]
446

富；財産
□ wéalthy 形 裕福な(≒ rich)

scale
[skeil]
447

規模；尺度
🆃🅒 on a … scale「…の規模で」
▶ on a large [small] scale 大[小]規模に

mass
[mæs]
448

たくさん；固まり；(the ~)大多数
🆃🅒 a mass of …「たくさんの…」
□ mássive 形 大きくて重い；大量の

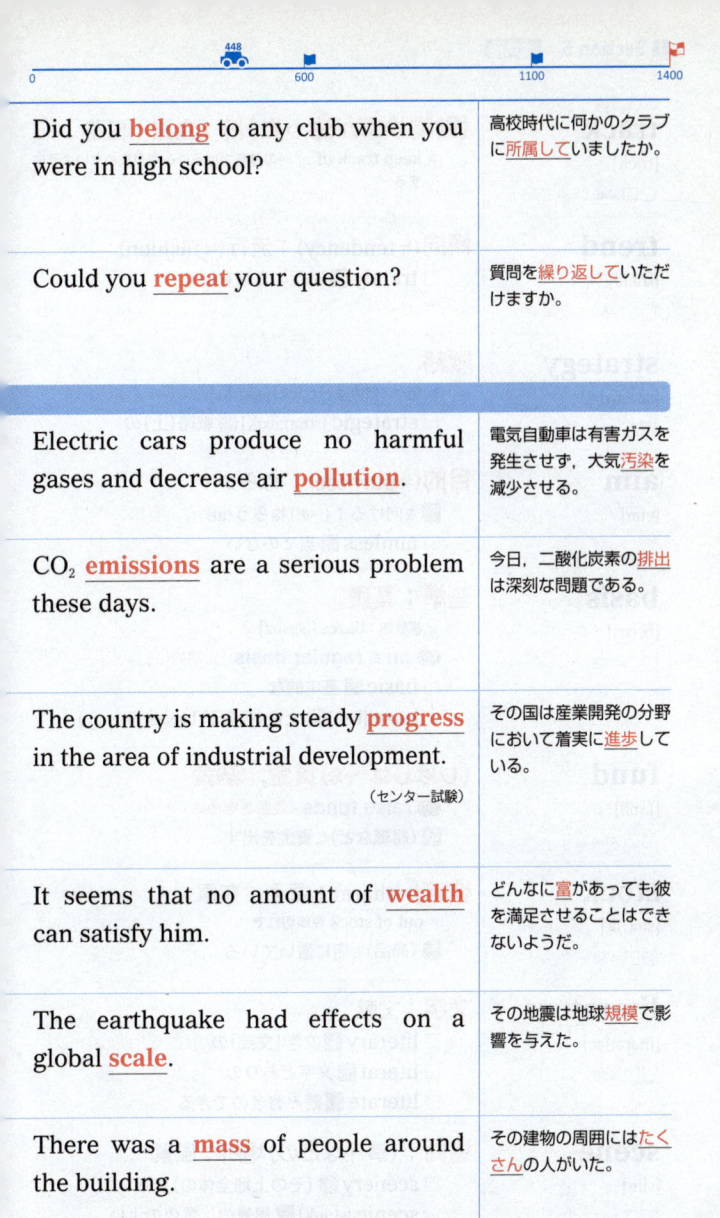

Did you **belong** to any club when you were in high school?	高校時代に何かのクラブに所属していましたか。
Could you **repeat** your question?	質問を繰り返していただけますか。
Electric cars produce no harmful gases and decrease air **pollution**.	電気自動車は有害ガスを発生させず、大気汚染を減少させる。
CO₂ **emissions** are a serious problem these days.	今日、二酸化炭素の排出は深刻な問題である。
The country is making steady **progress** in the area of industrial development. (センター試験)	その国は産業開発の分野において着実に進歩している。
It seems that no amount of **wealth** can satisfy him.	どんなに富があっても彼を満足させることはできないようだ。
The earthquake had effects on a global **scale**.	その地震は地球規模で影響を与えた。
There was a **mass** of people around the building.	その建物の周囲にはたくさんの人がいた。

125

Section 5 名詞編

track
[træk] 449

(動物や車が通った)跡；走路；線路
- keep track of ... …の跡をつける；…を見失わないようにする

trend
[trend] 450

傾向(≒ téndency)；流行(≒ fáshion)
- tréndy 形 流行の先端をいく

strategy
[strǽtədʒi] 451

戦略
- 個々の戦術は tactics [tǽktɪks]。
- stratégic [strətíːdʒɪk] 形 戦略(上)の

aim
[eɪm] 452

目的(≒ púrpose)；ねらい
- 動 を向ける；(…を)ねらう(at)
- áimless 形 当てのない

basis
[béɪsɪs] 453

基準；基礎
- 複数形：bases [béɪsiːz]
- 🆃🅖 on a regular basis「定期的に」
- básic 形 基本的な
- base [beɪs] 名 土台(複数形 bases [béɪsɪz])

fund
[fʌnd] 454

(しばしば～s)資金，基金
- 🆃🅖 raise funds「資金を集める」
- 動 (組織など)に資金を出す

stock
[stɑ(ː)k] 455

株式(≒ share)；蓄え；在庫
- out of stock 在庫切れで
- 動 (商品)を店に置いている

literature
[lítərətʃər] 456

文学；文献
- líterary 形 文学[文芸]の
- líteral 形 文字どおりの
- líterate 形 読み書きのできる

scene
[siːn] 457

場面；(事件などの)所；風景
- scénery 名 (その土地全体の)風景
- scénic [síːnɪk] 形 風景の；景色のよい

The hunters followed the **tracks** of deer into the forest.	ハンターたちはシカの足跡をたどって森へ入っていった。
If this **trend** continues, the unemployment rate will decline.	この傾向が続けば、失業率は下がるだろう。
The government is developing a long-term economic **strategy**.	政府は長期経済戦略を推し進めている。
The main **aim** of this course is to improve your reading skills.	この講座の主要な目的は読解力を高めることだ。
I try to get exercise on a regular **basis**.	私は定期的(= 一定間隔を基準)に運動するようにしている。
Honesty forms the **basis** of my philosophy of life.	正直が私の人生哲学の基礎を成している。
They are raising **funds** to help the poor.	彼らは貧しい人々を助けるために資金を集めている。
He sold all his **stocks** and made a profit.	彼は株をすべて売って利益を得た。
She told us to read one of the great works of **literature**.	彼女は私たちに優れた文学作品を1冊読むように言った。
This movie has some romantic **scenes**.	この映画にはロマンチックな場面がいくつかある。

Section 5 名詞編

traffic
[træfɪk] 458

交通(量)
- 「(交通量が)多い」は heavy,「少ない」は light で表す。
- traffic light(s) 交通信号

vehicle
発 [víːəkl] 459

乗り物，車

cancer
[kǽnsər] 460

癌(がん)

universe
ア [júːnivə̀ːrs] 461

(the 〜)宇宙；(the 〜)全世界
- ùnivérsal 形 普遍的な；共通の

authority
[əθɔ́ːrəti] 462

(普通 the 〜ties)当局；権威；権限
- áuthorìze 動 に権限を与える

institution
[ìnstɪtjúːʃən] 463

機関；施設；制度
- ínstitùte 動 を設ける 名 協会

colleague
ア [kɑ́(ː)liːg] 464

同僚(≒ cóworker)

resident
[rézɪdənt] 465

居住者，住人
- résidence 名 居住；邸宅

volunteer
ア [vɑ̀(ː)lantíər] 466

(…の；〜する)ボランティア(for；to do)**；志願者**
- 動 (…を；〜することを)進んで引き受ける(for；to do)
- vóluntàry 形 自発的な；無償の

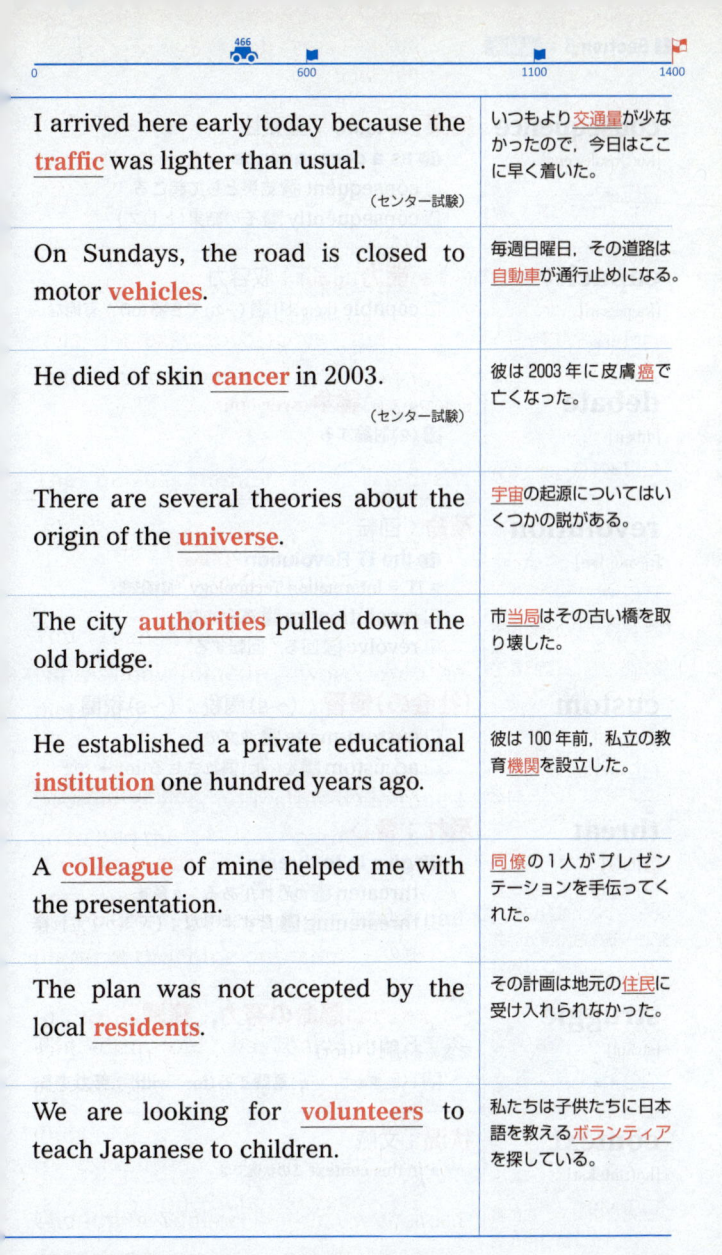

I arrived here early today because the **traffic** was lighter than usual. (センター試験)	いつもより交通量が少なかったので、今日はここに早く着いた。
On Sundays, the road is closed to motor **vehicles**.	毎週日曜日、その道路は自動車が通行止めになる。
He died of skin **cancer** in 2003. (センター試験)	彼は2003年に皮膚癌で亡くなった。
There are several theories about the origin of the **universe**.	宇宙の起源についてはいくつかの説がある。
The city **authorities** pulled down the old bridge.	市当局はその古い橋を取り壊した。
He established a private educational **institution** one hundred years ago.	彼は100年前、私立の教育機関を設立した。
A **colleague** of mine helped me with the presentation.	同僚の1人がプレゼンテーションを手伝ってくれた。
The plan was not accepted by the local **residents**.	その計画は地元の住民に受け入れられなかった。
We are looking for **volunteers** to teach Japanese to children.	私たちは子供たちに日本語を教えるボランティアを探している。

Section 5 名詞編

consequence [ká(:)nsəkwens] 467
結果(≒ result);重要性
- **as a consequence**「結果として」
- cónsequènt 形 結果として起こる
- cónsequèntly 副 その結果(として)

capacity [kæpæsəti] 468
(〜する)能力(to do);収容力
- capable [kéɪpəbl] 形 (…の)できる(of);有能な

debate [dɪbéɪt] 469
(…についての)論争(over / on)
- 動 (を)討論する

revolution [rèvəlúːʃən] 470
革命;回転
- **the IT Revolution**「IT革命」
- ▶ IT = Information Technology「情報技術」
- rèvolútionàry 形 革命的な
- revólve 動 回る, 回転する

custom [kʌ́stəm] 471
(社会の)慣習;(〜s)関税;(〜s)税関
- cùstom-máde 形 注文の
- accústom 動 を(…に)慣れさせる(to) → 702

threat [θret] 472
恐れ;脅し
- **give in to threats**「脅しに屈する」
- thréaten 動 の恐れがある;を脅す
- thréatening 形 脅すような;(天気が)荒れ模様の

struggle [strʌ́gl] 473
(〜しようとする)懸命の努力, 奮闘(to do);(…を求める)闘い(for)
- 動 (…を求めて;…と)奮闘する(for;with);努力する

context [ká(:)ntekst] 474
状況;文脈
- ▶ in this context この状況では

I was caught in a traffic jam and, as a **consequence**, missed the flight.	渋滞にはまり，その結果，飛行機に乗り遅れた。
Children have the **capacity** to acquire foreign languages easily.	子供には外国語を容易に習得する能力がある。
There has been a **debate** over the effects of global warming.	地球温暖化の影響に関してずっと論争がある。
The nature of work has changed as a result of the IT **Revolution**.	IT革命の結果，仕事の性質が変わった。
The people on this island do not want to imitate Western **customs**.	この島の人々は西洋の慣習をまねたいと思っていない。
The **threat** of losing their jobs worries them.	職を失う恐れが彼らを不安にしている。
He promised never to give in to **threats**.	彼は脅しには決して屈しないと約束した。
The long **struggle** to achieve racial equality has not ended.	人種的平等を獲得しようとする長い奮闘は終わっていない。
The same joke can work in one **context** and fail in another.	同じ冗談でもうまく通じる状況もあれば，通じない状況もある。

Section 5 名詞編 形容詞編

gene
[dʒiːn] 475
遺伝子
- genetic [dʒənétɪk] 形 遺伝(子)の
- genetically [dʒənétɪkəli] 副 遺伝(学)的に
▶ genetically modified foods 遺伝子組み換え食品

phenomenon
⑦ [fəná(ː)mənà(ː)n] 476
現象
▶ 複数形: phenomena [fəná(ː)mɪnə]

形容詞編

alternative
[ɔːltáːrnətɪv] 477
代替の；どちらか[どれか]1つの
名 (…に)代わるもの(to)；二者択一

previous
発 [príːviəs] 478
前の(⇔ fóllowing 次の)
- préviously 副 前に

former
[fɔ́ːrmər] 479
元の；(the 〜)前者の(⇔ the látter 後者の)
▶ the former Prime Minister 元[前]首相

relative
発 [rélətɪv] 480
相対的な(⇔ ábsolùte → 1177)**；関連した**
名 親類；同類
- reláte 動 を(…と)関連づける(to) → 123
- relátion 名 関係；関連
- relátionshìp 名 関係；間柄

primary
[práɪmèri] 481
最も重要な；最初の；初等の
▶ a primary school 英 小学校(米 an elementary school)
- primárily 副 本来は

extreme
[ɪkstríːm] 482
極端な
名 極端
▶ go to extremes 極端に走る
- extrémely 副 極端に, 非常に

It is not easy to discover the **genes** that influence personality.	人格に影響を与える<u>遺伝子</u>を見つけ出すのは容易でない。
The nuclear family is a relatively recent **phenomenon**.	核家族は比較的最近の<u>現象</u>だ。
You can find an **alternative** expression for the word in the dictionary. （センター試験）	その単語の<u>代替</u>表現は辞書で見つけることができる。
I get up at five, no matter what time I go to bed the **previous** night.	私は<u>前の</u>晩に何時に寝ようと、5時に起きる。
A **former** professional basketball player is coaching our team. （センター試験）	<u>元</u>プロバスケットボール選手が私たちのチームを指導している。
The term "old" has only a **relative** meaning.	「古い」という語には<u>相対的な</u>意味しかない。
The Prime Minister's **primary** concern was the welfare of the people.	首相の<u>最大の</u>関心事は国民の福祉だった。
In **extreme** cases, this can cause a serious disease.	<u>極端な</u>場合、これは深刻な病気を引き起こすことがある。

Section 5 形容詞編

complicated
[ká(:)mpləkèɪtɪd]
483
複雑な (≒ compléx)
- cómplicàte 動 を複雑にする
- còmplicátion 名 複雑化

accurate
[ǽkjərət]
484
正確な
- áccuracy 名 正確さ
- áccurately 副 正確に (≒ with accuracy)

typical
[típɪkəl]
485
典型的な；(…に)特有の (of)
- type 名 典型；型
- týpically 副 典型的に

rural
[rúərəl]
486
田園の，田舎の (⇔ úrban → 279)
- rústic 形 田舎の；素朴な；粗野な

commercial
[kəmə́ːrʃəl]
487
商業的な，営利的な；商業上の
名 (テレビなどの)コマーシャル
- cómmerce 名 商業

straight
[streɪt]
488
真っすぐな；直立した；率直な
副 真っすぐに；直立して
- stráighten 動 を真っすぐにする

efficient
[ɪfíʃənt]
489
効率のよい；有能な
- efficiency 名 能率；効率
▶ energy efficiency エネルギー効率

ideal
[aɪdíːəl]
490
(…にとって)理想的な (for)
名 理想
- idéally 副 理想的に(は)

actual
[ǽktʃuəl]
491
実際の
- áctually 副 実は；本当に

The manual is so **complicated** that I feel confused just reading it. (センター試験)	説明書はあまりにも複雑なので，読んだだけで混乱してしまう。
We cannot get **accurate** figures on population.	我々は人口に関する正確な数字は得られない。
This is a **typical** example of Japanese pop music.	これが日本のポップ・ミュージックの典型的な例です。
More than half of the population in India lives in **rural** areas.	インドでは人口の半数以上が田園地帯に住んでいる。
My company sells many kinds of **commercial** products.	私の会社は多くの種類の商品を販売している。
Draw two **straight** lines on the blackboard.	黒板に2本の直線を描きなさい。
What is the most **efficient** way to learn a foreign language?	外国語を学ぶのに最も効率的な方法は何か。
A role model is an **ideal** person whom we admire. (センター試験)	模範的人物とは，私たちが尊敬する理想的な人物のことである。
The **actual** situation was quite different from what we had expected.	実際の状況は予想していたものとは全く違っていた。

1 Section 5 形容詞編

false [fɔːls] 492	誤った(⇔ true 本当の)；うその；にせの ▶ a false diamond 人造ダイヤ □ fálsehòod 名 うそ；誤り	
intelligent [ɪntélɪdʒənt] 493	聡明な；知能の高い □ intélligence 名 知能 ▶ intelligence quotient 知能指数(略：IQ)	
intellectual ⑦ [ìntəléktʃuəl] 494	知的な；理知的な 名 知識人 □ íntellèct 名 知性	
willing [wílɪŋ] 495	(〜するの)をいとわない(to do)(≒ réady) □ will 名 意志；遺言(書)	
polite [pəláɪt] 496	丁寧な，礼儀正しい(⇔ ìmpolíte, rude → 796) □ polítely 副 丁寧に □ políteness 名 丁寧な言動	
formal [fɔ́ːrməl] 497	正規の；格式ばった(⇔ infórmal 略式の) □ fórmally 副 正式に	
senior [síːnjər] 498	高齢者の；(地位などが)上級の；年上の 🆃 a senior citizen「高齢者」 名 年長者；主に米 (大学・高校の)最上級生 ▶「年少の，年下の；(地位が)下の」は junior。主に米 では大学3年生，高校2年生を指すことが多い。	
violent [váɪələnt] 499	暴力的な；(自然現象などが)激しい □ víolence 名 (…への)暴力(against)；激しさ	
rare [reər] 500	珍しい；まれな □ rárely 副 めったに…(し)ない(≒ séldom)	

The **false** information spread quickly over the Internet.	誤った情報がインターネット上で急速に広がった。
I think he is a very **intelligent** person, but many people don't agree with me. (センター試験)	彼はとても聡明な人だと思うのだが，多くの人は同意してくれない。
The child has a high level of **intellectual** curiosity.	その子は高いレベルの知的好奇心を持っている。
We are **willing** to pay extra if the money is used to help poor people. (センター試験)	貧しい人々を助けるのにお金が使われるのなら，私たちは余分に支払うのをいとわない。
You should speak to your parents in a more **polite** manner.	両親にはもっと丁寧な話し方で話す方がよい。
She had little **formal** education but read many books.	彼女は正規の教育をほとんど受けていなかったが，本をたくさん読んだ。
Do you offer a discount for **senior** citizens?	高齢者に対して割引をしていますか。
I was promoted to **senior** manager.	私は上級管理者に昇格した。
The rate of **violent** crime has decreased over the last ten years.	暴力犯罪の発生率はこの10年で低くなってきている。
There are many **rare** species of wild animals on this island.	この島には多くの珍しい種の野生動物がいる。

Part 1 これだけは覚えたい600語
Section 6　　単語番号 501〜600

動詞編

purchase
発 ア [pə́ːrtʃəs]
501
を購入する (≒ buy)
名 購入(品)

afford
[əfɔ́ːrd]
502
を持つ余裕がある
TG **cannot afford to** *do*「〜する余裕がない」
▶ 普通，can とともに否定文・疑問文で使う。
□ affórdable 形 入手可能な

handle
[hǽndl]
503
を(手で)扱う；(問題など)を処理する
TG **handle** *A* **with care**「Aを注意して扱う」
名 取っ手

demonstrate
ア [démənstrèit]
504
(…ということ)を証明する (that 節)；を説明する；
デモをする
□ dèmonstrátion 名 実証；実演；デモ

consume
[kənsjúːm]
505
を消費する
□ consúmer 名 消費者
□ consumption [kənsʌ́mpʃən] 名 消費
▶ consumption tax 消費税

appeal
[əpíːl]
506
(…の)心に訴える (to)；(人に)懇願する (to)；
(力・手段に)訴える (to)
名 訴え
□ appéaling 形 魅力的な；哀願的な

display
ア [displéi]
507
を展示する；を示す
名 展示；発揮；(パソコンの)ディスプレイ

release
[rilíːs]
508
(ガスなど)を放出する；を解放する；を新発売する；(映画)を封切る
名 放出；解放；発表

▶動詞編 p.138　▶形容詞編 p.156
▶名詞編 p.148

These tickets can be **purchased** in advance.	これらのチケットは前もって購入することが可能だ。
We can't **afford** to purchase such an expensive car.	そんな高い車を購入する余裕はない。
These glasses can break easily, so **handle** them with care. (センター試験)	これらのグラスは割れやすいので，注意して扱いなさい。
The scientists **demonstrated** that their theory was right.	科学者たちは自分たちの理論が正しいことを証明した。
People **consume** a large amount of water on a daily basis.	人は日々大量の水を消費している。
More and more films are trying to **appeal** to audiences of all ages.	あらゆる年齢層の観客の心に訴えかけようとする映画がどんどん増えている。
She **displayed** her flower arrangement at the party.	彼女はパーティーで生け花を展示した。
This material **releases** harmful gases when burned.	この物質は燃やすと有害なガスを放出する。

Section 6 動詞編

locate
[lóʊkeɪt]
509

を(場所に)置く(in);(場所など)を突き止める
- **be located in ...**「…に位置している」
- locátion 名 場所(≒ place);ロケ現場

organize
[ɔ́ːrɡənàɪz]
510

を組織する;を準備する
- òrganizátion 名 組織(化)
- órganìzed 形 組織化された
- órganìzer 名 主催者

operate
[á(ː)pərèɪt]
511

を操作する;(…に)手術を行う(on);作動する
- òperátion 名 操作;手術
- óperàtor 名 (機械などの)運転者;電話交換手

advertise
[ǽdvərtàɪz]
512

を宣伝する
- advertisement [ædvərtáɪzmənt] 名 広告
  ▶ 短縮語は ad。
- ádvertìsing 名 広告すること

select
[səlékt]
513

を選び出す
  ▶ 2者からの選択には使わない。
- 形 選ばれた;高級な
- seléction 名 選択

compete
[kəmpíːt]
514

(…と;…を求めて)競う(with; for)
- competition [kà(ː)mpətíʃən] 名 競争;競技(会)
- competitive [kəmpétətɪv] 形 競争の;競争力のある

participate
[pɑːrtísɪpèɪt]
515

(…に)参加する(in) (≒ take part in)
- participation [pɑːrtìsɪpéɪʃən] 名 参加
- partícipant 名 参加者

conclude
[kənklúːd]
516

(…だ)と結論づける(that 節);を締めくくる
- conclúsion 名 結論
- conclúsive 形 決定的な

The studio is **located** in the area called Soho.	そのスタジオはソーホーと呼ばれる地域に位置している。
They **organized** a protest group to demonstrate against the company. (センター試験)	彼らはその会社に対するデモをするため、抗議団体を組織した。
The woman **operates** the elevator because it is not automatic.	自動ではないので、その女性がエレベーターを操作している。
The doctors **operated** on him for stomach cancer.	医師たちは彼に胃がんの手術を行った。
We now **advertise** our products on the Internet.	我々は現在インターネット上で自社製品を宣伝している。
Three judges **select** one winner from among the ten entries.	3人の審査員が10人の参加者の中から1人の優勝者を選び出す。
We **compete** with that company for customers.	我々はあの会社と顧客をめぐって競っている。
They **participated** in the international exchange program. (センター試験)	彼らは国際交流事業に参加した。
We **concluded** that no single method was effective. (センター試験)	我々は何一つ有効な方法はないと結論づけた。

Section 6 動詞編

mix [mɪks] 517
を(…と)**混ぜる**(and / with)；混ざる
▶ mix up A with B　AとBをごっちゃにする
名 混合(物)；(調合済みの)…の素
□ míxture 名 混合物

perceive [pərsíːv] 518
を**知覚する**；がわかる
□ perception [pərsépʃən] 名 知覚；認識
□ percéptive 形 直感の鋭い

smell [smel] 519
…**のにおいがする**；のにおいをかぐ
🆃🅒 **smell good**「いいにおいがする」
名 におい

blow [bloʊ] 520
(風が)吹く；を吹き飛ばす
▶ 活用：blow - blew [bluː] - blown [bloʊn]
▶ blow up 爆発する

hate [heɪt] 521
を**大変嫌う，憎む**
🆃🅒 **hate to** *do*「〜することを大変嫌う」
名 憎悪
□ hatred [héɪtrɪd] 名 憎しみ

reject [rɪdʒékt] 522
を**拒絶する**(⇔ accépt → 102)
🆃🅒 **reject** *A*'s **offer**「Aの申し出を拒絶する」
□ rejéction 名 拒絶

deny [dɪnáɪ] 523
を**否定する**(⇔ admít → 405)；を拒む
□ denial [dɪnáɪəl] 名 否定；拒否

escape [ɪskéɪp] 524
(…から)**免れる，脱出する**(from)；を逃れる
名 脱出；逃亡

blame [bleɪm] 525
のせいにする
🆃🅒 **blame** *A* **for** *B*「BをAのせいにする」
▶ be to blame (主語に)責任がある
名 責任；非難

When you **mix** blue and yellow, you get green.	青色と黄色を混ぜると緑色ができる。
Dogs can **perceive** sounds that humans cannot.	犬は人間が知覚できない音を知覚することができる。
I like this shampoo, because it **smells** good.	このシャンプーを気に入っている。いいにおいがするから。
Around here, the wind **blows** strongly at this time of year.	この辺りでは1年のこの時期に風が強く吹く。
I **hate** to take medicine of any kind.	私はどんな種類の薬でも飲むのが大嫌いだ。
I was surprised to hear that he **rejected** your offer.	私は彼があなたの申し出を拒絶したと聞いて驚いた。
The Prime Minister **denied** rumors that he would quit.	首相は自分が辞任するといううわさを否定した。
We want to help the people **escape** from poverty.	我々は,人々が貧困から脱する手助けをしたい。
He **blames** the government for everything that goes wrong.	彼はうまくいかないすべてのことを政府のせいにする。

1 Section 6 動詞編

remind
[rɪmáɪnd] 526

に思い出させる
- **remind A of B**「A(人)にBを思い出させる」
- remínder 名 気づかせるもの

amaze
[əméɪz] 527

を驚嘆させる (≒ astónish)
- **be amazed to do**「〜してひどく驚く」
- amázing 形 驚くべき
- amázement 名 驚嘆

bore
[bɔːr] 528

を退屈させる
- **be bored with ...**「…に退屈する」
- bóring 形 退屈な
- bóredom 名 退屈

convince
[kənvíns] 529

に(…を; …だと)納得[確信]させる (of ; that 節)
- convíction [kənvíkʃən] 名 (…という)確信 (that 節) ; 説得(力)
- convíncing 形 納得のいく

extend
[ɪksténd] 530

を延長する ; を広げる ; 広がる, 伸びる
- exténd 名 程度 ; 広さ
  ▶ to a certain extent ある程度まで
- exténsive 形 広大な ; 広範な
- exténsion 名 延長 ; 内線(番号)

intend
[ɪnténd] 531

(〜すること)を意図する, (〜する)つもりでいる (to do)
- inténtion 名 意図
- inténtional 形 意図的な

insist
[ɪnsíst] 532

要求する ; (…を)強く主張する (on)
- **insist on A's doing**「A(人)が〜するよう(強く)要求する」
- insístence 名 主張
- insístent 形 しつこい

reply
[rɪpláɪ] 533

(…に)返事を出す (to)
名 返事, 答え (≒ ánswer)

This song <u>reminds</u> me of my happy days in high school.	この歌を聞くと私は高校時代の楽しい日々を<u>思い出す</u>。
I was <u>amazed</u> to hear such beautiful sounds from the strange instrument. (センター試験)	その奇妙な楽器から生まれる美しい音色を聴いて私は<u>ひどく驚いた</u>。
I was <u>bored</u> with the lecture and fell asleep.	私はその講義に<u>退屈し</u>, 眠ってしまった。
My experiment <u>convinced</u> them that I was correct.	私の実験は私が正しいことを彼らに<u>納得させた</u>。
For greater convenience, we are going to <u>extend</u> our business hours.	さらにお役に立てるように, 当社は営業時間を<u>延長する</u>つもりです。
I <u>intend</u> to tell you the whole truth.	私はあなたに真実をすべて伝える<u>つもりだ</u>。
My sister <u>insisted</u> on my solving the problem by myself. (センター試験)	姉はその問題を私が自分で解決するよう<u>要求した</u>。
Don't <u>reply</u> to junk mail.	迷惑メールに<u>返事を出して</u>はいけない。

145

Section 6 動詞編

explore
[ɪksplɔ́ːr] 534

を**探検する**；を調査する
- exploration [èksplərέɪʃən] 名 探検；調査
- explórer 名 探検家；調査者

encounter
[ɪnkáʊntər] 535

に**直面する**；に(偶然)出会う
- 名 (…との)(偶然の)出会い(with)

settle
[sétl] 536

(…に)**定住する**(in)；**を決める**(≒ decíde)；を解決する
- ▶ settle down 落ち着く
- séttlement 名 入植(地)；解決

emphasize
[émfəsàɪz] 537

を**強調する**
- émphasis 名 (…の)強調(on)；重点
- emphatic [ɪmfǽtɪk] 形 強調された

evolve
[ɪvɑ́(ː)lv] 538

(…から)**発展する**(from)；を発展させる
- evolution [èvəlúːʃən] 名 進化
- èvolútionàry 形 進化の；発展的な

cure
[kjʊər] 539

を**治す**
- 🅣 **cure** *A* **of ...**「Aの…を治す」
- 名 治療(法)；回復

freeze
[friːz] 540

凍る；を凍らせる
- ▶ 活用：freeze - froze [froʊz] - frozen [fróʊzən]
- ▶ Freeze! 動くな！
- 名 凍結

repair
[rɪpéər] 541

を**修理する**(≒ fix)
- 🅣 **have** *A* **repaired**「Aを修理してもらう」
- 名 修理

We **explored** the lake by canoe.	我々はカヌーでその湖を探検した。
We have never **encountered** such a serious problem.	このような深刻な問題に直面したことはいまだかつてない。
It is believed that the Polynesians **settled** in Hawaii long ago. (センター試験)	ポリネシア人がずっと昔にハワイに住みついたと考えられている。
Let's **settle** the date for our next meeting.	次の会合の日付を決めましょう。
The report **emphasizes** the importance of technology in society.	その報告書は社会における科学技術の重要性を強調している。
Baseball **evolved** from various bat-and-ball games.	野球はバットとボールを使うさまざまなゲームから発展した。
The doctor was able to **cure** the patient of his disease.	医師はその患者の病気を治すことができた。
Those waterfalls **freeze** in winter.	それらの滝は冬には凍る。
I must have my car **repaired** by Wednesday.	私は水曜日までに車を修理してもらわなければならない。

1 Section 6 動詞編 名詞編

recommend
[rèkəménd]
542

を勧める
🆖 **recommend that** *A* **(should)** *do*
「Aに〜するよう勧める」
□ rècommendátion 名 推薦(状)

名詞編

disaster
[dɪzǽstər]
543

災害；災難
□ disastrous [dɪzǽstrəs] 形 悲惨な

flood
発 [flʌd]
544

洪水；(…の)殺到(of)
動 を氾濫させる；に殺到する；(川が)氾濫する

soil
[sɔɪl]
545

土壌，土

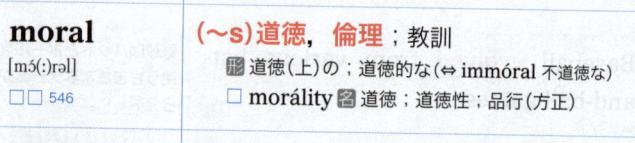

moral
[mɔ́(ː)rəl]
546

(〜s)道徳，倫理；教訓
形 道徳(上)の；道徳的な(⇔ immóral 不道徳な)
□ morálity 名 道徳；道徳性；品行(方正)

religion
[rɪlídʒən]
547

宗教
□ relígious 形 宗教(上)の；信仰が厚い

reward
[rɪwɔ́ːrd]
548

褒美；報酬；報奨金
🆖 **give** *A* **a reward for** *B*
「AにBに対する褒美を与える」
動 に褒美を与える；に報いる
□ rewárding 形 満足[利益]が得られる

element
[élɪmənt]
549

要素
□ elementary [èlɪméntəri] 形 初等(教育)の；初歩の；基本の ➡ 681

I <u>recommend</u> that you obtain an English-English dictionary once you know basic vocabulary. (センター試験)	基本的な語彙(ごい)が備わったら英英辞典を手に入れることをお勧めします。
Is there a sufficient supply of food in case of an unexpected <u>disaster</u>?	予期せぬ災害の場合に十分な食料の備蓄はありますか。
The experts said those dams would prevent <u>floods</u>.	専門家は、それらのダムが洪水を防ぐだろうと言った。
These crops grow only in rich <u>soil</u>.	これらの作物は豊かな土壌でしか育たない。
No society can exist without <u>morals</u>.	どんな社会も道徳なしには存在し得ない。
The students stayed up discussing <u>religion</u> until after midnight.	生徒たちは宗教に関する議論をして夜中過ぎまで起きていた。
Parents often give their children <u>rewards</u> for getting high grades.	親は子供がよい成績を取るとしばしば褒美を与える。
Hard work was the essential <u>element</u> of her success.	猛勉強が彼女の成功に欠かせない要素だった。

1 Section 6 名詞編

perspective
[pərspéktɪv]
550

観点(≒ víewpòint)；見通し
from a ... perspective「…の観点から」

civilization
[sìvələzéɪʃən]
551

文明
- civilize [sívəlàɪz] 動 を文明化する
- cívil 形 市民の；民間の → 597

democracy
[dɪmá(:)krəsi]
552

民主主義
- democratic [dèməkrǽtɪk] 形 民主主義の
- ▶ the Democratic Party (米国の)民主党

foundation
[faʊndéɪʃən]
553

基盤；基金；設立
- found 動 を設立する
- ▶ find の過去形・過去分詞形の found と区別のこと。

capital
[kǽpətəl]
554

資本；首都；大文字(= capital letters)
形 資本の；主要な；大文字の
- cápitalìsm 名 資本主義
- cápitalìze 動 を大文字で書く

era
[íərə]
555

時代(≒ périod)
- ▶ 歴史的な出来事によって特徴づけられる時代。
- ▶ the Meiji era 明治時代

circumstance
[sə́:rkəmstæ̀ns]
556

(普通～s)状況；事情
- ▶ under [in] no circumstances 何があっても…ない

comment
[ká(:)mènt]
557

見解，論評
- ▶ No comment. (そのことについて)何も言うことはありません。
- 動 (…について)論評する(on)

campaign
[kæmpéɪn]
558

(政治的・社会的)運動
- ▶ a political campaign 政治運動
- 動 (政治などの)運動をする

You should look at the issue from a different **perspective**.	あなたはその問題を違う観点から見た方がよい。
Roman **civilization** still influences Western culture.	ローマ文明は今も西洋文化に影響を及ぼしている。
The word **democracy** comes from Greek, in which it means "people" and "rule."	民主主義という語はギリシャ語に由来し、「人々」と「統治」を意味する。
Modern schools are the **foundation** of democratic society.	現代の学校は民主社会の基盤である。
I'm looking for **capital** to start a new business.	私は新しい事業を開始するための資本を探している。
We live in an **era** of instant global communication.	我々は、瞬時に地球規模で通信できる時代に生きている。
Immigrants often have to survive in difficult **circumstances**.	移民はしばしば困難な状況の中で生き抜かなければならない。
Does anyone have any **comments** on this? (センター試験)	どなたかこの件に関して意見はありませんか。
I am involved in an election **campaign**.	私は選挙運動に関わっている。

1 Section 6 名詞編

symbol [símbəl] 559	(…の)**象徴**(of)；記号 □ symbólic 形 象徴的な
conference [ká(:)nfərəns] 560	**会議**；会合(≒ méeting) ▶ a press conference 記者会見
court [kɔːrt] 561	**法廷，裁判所**；(テニスなどの)コート TG **present** *oneself* **in court**「出廷する」
trial [tráɪəl] 562	**裁判**；(品質などの)試験 ▶ on trial 裁判にかけられて；試しに ▶ trial and error 試行錯誤 □ try 動 (を)試みる
hypothesis 発 [haɪpá(:)θəsɪs] 563	**仮説** ▶ 複数形：hypotheses [haɪpá(:)θəsìːz] □ hypothetical [hàɪpəθétɪkəl] 形 仮説の
statistics [stətístɪks] 564	**統計(資料)**；統計学 ▶「統計」は複数扱い、「統計学」は単数扱い。 □ statístical 形 統計(上)の
analysis [ənǽləsɪs] 565	**分析** ▶ 複数形：analyses [ənǽləsìːz] TG **make an analysis of ...**「…を分析する」 □ ánalỳze 動 を分析する □ ánalyst 名 分析者[家]
laboratory [lǽbərətɔ̀ːri] 566	**研究所，実験室**
organ [ɔ́ːrgən] 567	**臓器**；オルガン □ órganìsm 名 有機体 □ orgánic 形 有機(栽培)の；自然食品の

The building has become a **symbol** of Taipei's progress. (センター試験)	その建物は台北(たいぺい)の発展の象徴となった。
Representatives from fifty countries attended the international **conference**.	50カ国の代表がその国際会議に出席した。
He was ordered to present himself in **court**.	彼は法廷に出るよう命じられた。
He was asked to give evidence at the **trial**.	彼は裁判で証拠を提示することを求められた。
To test this **hypothesis**, the researchers carried out some experiments.	この仮説を検証するため，研究者たちはいくつかの実験を行った。
Statistics can be used in many different ways.	統計はさまざまな方法で利用することができる。
They made a close **analysis** of the economic crisis.	彼らはその経済危機の詳しい分析を行った。
The **laboratory** carries out research in a number of fields.	その研究所は多くの分野で研究を行っている。
The heart is one of the vital **organs**.	心臓は生命をつかさどる臓器の1つだ。

① Section 6 名詞編

fossil [fá(:)səl] □□ 568	化石
agriculture [ǽgrɪkʌ̀ltʃər] □□ 569	農業 **TG** organic agriculture「有機農業」 □ àgricúltural 形 農業の
property [prá(:)pərti] □□ 570	財産；不動産；(普通～ties)特性 **TG** intellectual property「知的財産」
square [skweər] □□ 571	正方形；広場 形 正方形の；平方の 副 公平に；直角に；まともに 動 を2乗する
client [kláɪənt] □□ 572	(弁護士などへの)依頼人；得意客 ▶ 商品を買う客は customer(→ 177)。
ability [əbíləti] □□ 573	(～する)能力(to do)；(普通～ties)(～の)才能(at / in) □ áble 形 (be able to do で)(～することが)できる (⇔ unáble)；有能な □ enáble 動 (人)が(～するの)を可能にする(to do)→ 437
anxiety [æŋzáɪəti] □□ 574	(…についての)不安，心配(about)；(～したいという)切望(to do) □ anxious [ǽŋkʃəs] 形 心配して；切望して→ 694
joke [dʒoʊk] □□ 575	冗談 **TG** as a joke「冗談のつもりで」 動 (…に；…について)冗談を言う(with；about) □ jókingly 副 冗談に，ふざけて

The Museum of Natural History has a large collection of **fossils**.	自然史博物館には大規模な化石のコレクションがある。
I want to be engaged in organic **agriculture**.	私は有機農業に従事したいと思っている。
We need to protect intellectual **property**.	我々は知的財産を守る必要がある。
Buildings are designated by blue **squares** on the map.	建物はその地図上では青い正方形で示されている。
I have an appointment with my **client** at three.	私は3時に依頼人と面会する予定がある。
She has the **ability** to adapt easily to a new environment.	彼女は新しい環境に容易に適応する能力がある。
She expressed **anxiety** about her future.	彼女は自分の将来について不安を口にした。
I meant it only as a **joke**.	それはほんの冗談のつもりだった。

1 Section 6 名詞編 形容詞編

delay
[dɪléɪ] 576
遅れ
▶ without delay 即座に
動 を遅らせる；を延期する

形容詞編

tough
[tʌf] 577
困難な；頑丈な；厳しい

severe
[sɪvíər] 578
(痛みなどが)ひどい；厳しい；深刻な
□ sevérely 副 厳しく；ひどく
□ severity [sɪvérəti] 名 厳しさ；つらさ

constant
[ká(:)nstənt] 579
絶え間ない；不変の
□ cónstantly 副 絶えず

sensitive
[sénsətɪv] 580
(…に)敏感な (to) (⇔ insénsitive 鈍感な)
□ sènsitívity 名 敏感さ
□ sénsible 形 賢明な；分別のある → 1089

nervous
[nə́ːrvəs] 581
緊張して；神経質な；神経の
🅒 feel nervous「緊張する」
▶ the nervous system 神経系統
□ nerve 名 神経；度胸；(~s)神経過敏

narrow
[nǽroʊ] 582
狭い (⇔ broad → 583, wide)；やっとの
動 を狭くする；狭くなる

broad
[brɔːd] 583
広範囲な；広い (⇔ nárrow → 582)
□ bróaden 動 を広げる；広くなる
□ breadth [bredθ] 名 広さ；幅

enormous
[ɪnɔ́ːrməs] 584
巨大な，莫大な
□ enórmously 副 莫大に；大いに

There were huge flight <u>delays</u> after the storm.	嵐の後、大幅な空の便の<u>遅れ</u>が出た。
It is a very <u>tough</u> question with no correct answer.	それは正解のないとても<u>難しい</u>質問だ。
He suffered from <u>severe</u> stress while working. (センター試験)	彼は仕事中に<u>ひどい</u>ストレスに苦しんだ。
<u>Constant</u> effort enabled the team to win the championship.	<u>絶え間ない</u>努力によってチームは優勝することができた。
You should be more <u>sensitive</u> to her feelings.	あなたは彼女の気持ちに対してもっと<u>敏感</u>になるべきだ。
She did not feel <u>nervous</u> because she had no pressure to win.	彼女には勝たなければという重圧がなかったので、<u>緊張し</u>なかった。
Be careful while driving through these <u>narrow</u> streets.	このような<u>狭い</u>道を車で通り抜けるときは注意しなさい。
Psychology covers a <u>broad</u> range of topics.	心理学は<u>幅広い</u>領域の題目を扱う。
Asia has experienced <u>enormous</u> changes in recent years.	アジアは近年、<u>非常に大きな</u>変化を経験した。

Section 6 形容詞編

thick [θɪk] 585	分厚い(⇔ thin → 698);濃い □ thicken [θíkən] 動 を厚く[太く]する;を濃くする
empty [émpti] 586	空(から)の(⇔ full いっぱいの);空いている 動 を空にする(⇔ fill → 128)
strict [strɪkt] 587	(人に;事柄に)厳しい(with;about);厳格な □ strictly 副 厳しく;厳密に
firm [fəːr m] 588	確固とした;(質が)堅い 名 (合資の)会社 □ firmly 副 断固として;堅く
fundamental [fʌ̀ndəméntəl] 589	基本の 名 (普通~s)基本 □ fùndaméntally 副 基本的に;根本的に
linguistic [lɪŋgwístɪk] 590	言語の □ linguistics 名 言語学 □ linguist [líŋgwɪst] 名 言語学者
conscious [ká(ː)nʃəs] 591	(…を)意識して(of);意識がある (⇔ unconscious 無意識の) □ consciously 副 意識して □ consciousness 名 意識;思想
alive [əláɪv] 592	生きている(⇔ dead 死んだ) ▶ 補語として使う。名詞を修飾する場合は live, living。 □ live [laɪv] 形 生きている;(放送などが)生の □ living 形 生きている □ lively [láɪvli] 形 元気な;活発な 副 元気に
excellent [éksələnt] 593	すばらしい □ excellence 名 優秀さ □ excel 動 秀でている;にまさる

The old man wore glasses with <u>thick</u> lenses.	その老人は<u>分厚い</u>レンズの眼鏡をかけていた。
Her pencil case was full of pencils, but mine was nearly <u>empty</u>. (センター試験)	彼女の筆箱は鉛筆でいっぱいだったが，私のはほとんど<u>空っぽ</u>だった。
There are <u>strict</u> rules about the use of chemicals in food.	食品への化学物質の使用に関して<u>厳しい</u>規則がある。
I am <u>firm</u> in my decision.	私は<u>確固たる</u>決意である。
Freedom of expression is a <u>fundamental</u> principle of democracy.	表現の自由は民主主義の<u>基本</u>原則だ。
<u>Linguistic</u> differences often reflect cultural differences.	<u>言語の</u>違いはしばしば文化の違いを反映している。
True scientists are always <u>conscious</u> of the possibility of error.	真の科学者は誤りの可能性を常に<u>意識して</u>いる。
We will do anything to stay <u>alive</u>.	我々は<u>生き</u>続けるためにどんなことでもするだろう。
Cathy can both speak and write <u>excellent</u> Japanese.	キャシーは<u>すばらしい</u>日本語を話すことも書くこともできる。

Section 6 形容詞編

calm
[kɑːm] 594

冷静な；穏やかな
- remain calm「平静を保つ」
- 图 平静 動 静まる；を静める
- ▶ Calm down. 落ち着きなさい。

rapid
[rǽpɪd] 595

急速な
- rápidly 副 急速に

military
[mílətèri] 596

軍(隊)の，軍事の
- military service「軍務，兵役」

civil
[sívəl] 597

市民の；民間の
- ▶ a civil servant 公務員
- civílian 图 一般市民

distant
[dístənt] 598

遠い；(…に)よそよそしい(with)
- dístance 图 距離；(the ～)遠方
- ▶ in the distance 遠くに

contrary
[ká(ː)ntrèri] 599

相反する
- contrary to ...「…に反して」
- 图 (the ～)(正)反対
- ▶ on the contrary それどころか；まるで反対で

remarkable
[rɪmɑ́ːrkəbl] 600

著しい，目立った
- remárkably 副 著しく，驚くほど
- remárk 動 (…である)と述べる(that節)；に気づく 图 意見 → 741

語根で記憶(1) -duc「導く」
- **ed**uc**ate** 才能を導き出す ➡ 動 を教育する
- **in**duce 導き入れる ➡ 動 を誘い込む；を誘発する
- **intro**duce 中に導き入れる ➡ 動 を導入する；を紹介する
- **pro**duce 前へ導く ➡ 動 を生産する；を製造する
- **re**duce 後ろへ導く ➡ 動 を減らす

The pilot told us to remain <u>calm</u>.	パイロットは私たちに<u>冷静で</u>いるようにと言った。
There has been a <u>rapid</u> increase in the number of smartphone users.	スマートフォンの使用者数に<u>急速な</u>増加が見られる。
He refused to do <u>military</u> service.	彼は<u>軍</u>務に服することを拒否した。
He was involved in the <u>civil</u> rights movement.	彼は<u>公民</u>権運動に関わっていた。
I saw the sun setting over the <u>distant</u> mountains.	<u>遠い</u>山々の向こうに太陽が沈んでいくのが見えた。
<u>Contrary</u> to popular belief, men like shopping as much as women do.	一般に信じられていることに<u>反して</u>，男性も女性と同じくらい買い物好きだ。
The last thirty years have seen a <u>remarkable</u> change in medical care.	過去30年で，医療において<u>著しい</u>変化が見られた。

語根で記憶(2)　-ject「投げる」
- **in**ject　投げ入れる ➡ 動 を注入する，注射する
- **ob**ject　…に対して投げる ➡ 動 反対する　名 物体，目的，対象
- **pro**ject　前方に投げる ➡ 動 を映し出す；を計画する　名 事業；計画
- **re**ject　（駄目だと言って）投げ返す ➡ 動 を拒絶する
- **sub**ject　…の下に投げる ➡ 動 にさらす；を従属させる　形 受けやすい
　　　　　　名 科目；主題

コラム① 似た意味を持つ単語 ～意味の違いを知っておこう～

「動作」を表す単語

とる
take	「手に取る」を表す一般的な語
catch	動いているものを止めてとらえる
pick	選び取る，摘み取る
snatch	さっとつかむ，ひったくる

つかむ
hold	「持つ，つかむ，抱える」を表す一般的な語
grab	不意にまたは乱暴につかむ
grasp	とらえて強くつかむ
grip	しっかりぎゅっと握って離さない
clasp	手または腕の中にしっかり持って離さない
seize	素早くぐいとつかむ

打つ
hit	ねらって打つ
strike	急に激しく打つ
punch	げんこつでなぐる
slap	平手で打つ
smack	音を立ててぴしゃりと打つ

たたく
bang	どんどんたたく
beat	続けて打つ
clap	手をたたく，拍手する
knock	とんとん音を立ててたたく
pat	軽くたたく[なでる]
tap	こつこつたたく

ぶつけて壊す
crash	大きな音を立てて激しく破損する
crush	強く押しつぶして壊す
clash	物が大きな音を立ててぶつかり合う
smash	激しい力で打ち砕いて壊す

Part 2

さらに実力を伸ばす

500

入試で狙われ，知っておかなければならならい単語が中心となる。センター試験をはじめ，入試対策には欠かせない単語ばかりなので，しっかり意味を覚えよう！

Section 7　164

Section 8　188

Section 9　212

Section 10　236

Section 11　260

Part 2 さらに実力を伸ばす 500 語
Section 7
単語番号 601 ～ 700

動詞編

reserve
[rɪzə́ːrv]
601

を予約する
- rèservátion 名 予約(≒ bóoking)
- ▶ make a reservation 予約する

deliver
[dɪlívər]
602

(を)(…に)配達する(to)
- delívery 名 配達

gather
[gǽðər]
603

を集める(≒ colléct), 拾い集める；集まる
- **TC** gather up ... 「…を寄せ集める」
- ▶ gather は「集める」の一般的な語。collect は目的を持って「集める」(→ 340)。
- gáthering 名 集まる[集める]こと；集会

import
[ímpɔːrt]
604

を輸入する(⇔ expórt → 810)
- **TC** import A from B 「A を B から輸入する」
- 名 [ímpɔːrt] 輸入(品)
- ìmportátion 名 輸入(品)

transport
[trænspɔ́ːrt]
605

を輸送する
- ▶ im- 中へ、ex- 外へ、trans- 向こうへ + port 運ぶ。
- 名 [trænspɔːrt] 主に英 輸送(機関)
- trànsportátion 名 輸送；輸送機関

transform
[trænsfɔ́ːrm]
606

を変える
- transformation [trænsfərméɪʃən] 名 変化

translate
[trǽnsleɪt]
607

を翻訳する
- **TC** be translated from A into B
「A から B に翻訳される」
- translátion 名 翻訳
- translátor 名 翻訳者

▶動詞編 p.164　▶形容詞編 p.182
▶名詞編 p.174

I'd like to <u>reserve</u> a single room.	シングルルームを予約したいのですが。
The letter was <u>delivered</u> to the wrong house.	その手紙は間違った家に配達された。
He <u>gathered</u> up his things and left the library.	彼は持ち物を集めて図書館を出た。
The papermaker <u>imports</u> raw materials from Europe.	その製紙会社はヨーロッパから原料を輸入している。
All supplies are <u>transported</u> by truck.	すべての供給品はトラックで輸送される。
The fast-food industry has <u>transformed</u> the American diet.	ファーストフード産業はアメリカ人の食生活を変えてしまった。
The Harry Potter series was <u>translated</u> from English into many languages.	ハリーポッターシリーズは英語から多くの言語に翻訳された。

Section 7 動詞編

interpret
[íntə:rprət] 608
を解釈する; を通訳する
- interpret A as B 「AをBと解釈する」
- intèrpretátion 名 解釈; 通訳
- intérpreter 名 通訳者

fascinate
[fǽsɪnèɪt] 609
を魅了する
- be fascinated by [with] ...
  「…に魅了される」
- fàscinátion 名 魅了(すること)

embarrass
[ɪmbǽrəs] 610
を当惑させる
- embárrassment 名 当惑
- embárrassing 形 (人を)当惑させるような

disappoint
[dìsəpɔ́ɪnt] 611
を失望させる
- dìsappóintment 名 失望
- dìsappóinted 形 がっかりした
- dìsappóinting 形 がっかりさせる(ような)

bother
[bá(:)ðər] 612
に迷惑をかける; (普通否定文で)わざわざ(〜する)(to do)
▶ I'm sorry to bother you, but ... すみませんが、…
名 面倒; 厄介なこと

oppose
[əpóʊz] 613
に反対する (⇔ suppórt → 9)
- oppósed 形 (…に)反対して(to)
- òpposítion 名 (…への)反対(to); 抵抗

ban
[bæn] 614
を(法的に)禁止する (≒ forbíd, prohíbit)
名 (法律による)(…の)禁止(on)

frighten
[fráɪtən] 615
を怖がらせる
- be frightened by [at] ... 「…を怖がる」
- fríghtened 形 怖がっている
- fright 名 (激しい)恐怖 (≒ fear)

I <u>interpreted</u> her smile as a sign of agreement.	私は彼女の微笑を同意のしるしと<u>解釈した</u>。
I was <u>fascinated</u> by her beautiful dance.	私は彼女の美しいダンスに<u>魅了された</u>。
He seemed to be <u>embarrassed</u> when his joke was taken seriously. (センター試験)	彼は冗談を本気に受け取られて<u>当惑している</u>ようだった。
I don't want to <u>disappoint</u> my parents.	私は両親を<u>失望させ</u>たくない。
It doesn't <u>bother</u> me at all.	私には全く<u>迷惑で</u>はありませんよ。
She organized a movement to <u>oppose</u> those harmful practices. (センター試験)	彼女はそれらの有害な慣行に<u>反対する</u>ため、運動を組織した。
Smoking should be <u>banned</u> in public places such as restaurants. (センター試験)	レストランのような公共の場での喫煙は<u>禁止す</u>べきだ。
The dog was <u>frightened</u> by the loud noise and ran away.	その犬は大きな音を<u>怖がって</u>、逃げてしまった。

Section 7 動詞編

regret [rɪgrét] 616	**を後悔する；を残念に思う** 🆃🄶 regret *doing*「～したことを後悔する」 图 後悔 □ regréttable 圈 (出来事などが)残念な
overcome [òʊvərkʌ́m] 617	**を克服する；に打ち勝つ** ▶ 活用：overcome - overcame [òʊvərkéɪm] - overcome
commit [kəmít] 618	**(受け身形で)(…に)深く関わる(to)；(罪)を犯す；を委託する** 🆃🄶 be committed to ...「…に専心する」 ▶ commit suicide 自殺する □ commítment 图 関わり；約束 □ commíssion 图 委員会；委任；任務；手数料
employ [ɪmplɔ́ɪ] 619	**を雇用する** □ emplóyment 图 職；雇用 □ emplóyer 图 雇い主 □ employee [ɪmplɔ́ɪíː] 图 従業員
obtain [əbtéɪn] 620	**を得る** (≒ get, gain, acquíre)
propose [prəpóʊz] 621	**を提案する；(…に)結婚を申し込む(to)** 🆃🄶 propose that *A* (should) *do* 「Aは～した方がよいと提案する」 □ propósal 图 提案；(結婚の)申し込み □ pròposítion 图 主張；提案
announce [ənáʊns] 622	**(…ということ)を発表する(that 節)** □ annóuncement 图 発表 □ annóuncer 图 アナウンサー
inspire [ɪnspáɪər] 623	**を奮起させる** 🆃🄶 inspire *A* to *do*「A(人)を～するよう奮起させる」 □ inspiration [ìnspəréɪʃən] 图 鼓舞；霊感

I <u>regret</u> saying such a thing to him.	彼にそんなことを言ってしまって<u>後悔している</u>。
I <u>regret</u> to say that I cannot attend the party.	<u>残念ながら</u>パーティーには出席できません。
He is confident in his ability to <u>overcome</u> his problems.	彼は課題を<u>克服</u>する自分の能力に自信を持っている。
They are <u>committed</u> to improving the world by helping others. (センター試験)	彼らは他人を助けることで世界をよくしていくことに<u>専心している</u>。
He was arrested for <u>committing</u> a terrible crime.	彼は恐ろしい罪を<u>犯した</u>ために逮捕された。
That company <u>employs</u> a large number of senior citizens.	その会社は多くの高齢者を<u>雇用している</u>。
He <u>obtained</u> the information on the Internet.	彼はインターネットでその情報を<u>得た</u>。
The politician <u>proposed</u> that taxes be cut.	その政治家は減税することを<u>提案した</u>。
The president <u>announced</u> that he would seek a second term.	大統領は2期目に立候補すると<u>発表した</u>。
A good leader <u>inspires</u> people to think positively.	優れたリーダーはプラス思考をするよう，人を<u>奮起させる</u>。

Section 7 動詞編

inform [ínfɔ́ːrm] 624	に(…を;…だと)**知らせる** (of, about; that 節) □ ìnformátion 名 情報 □ infórmed 形 情報に基づく ▶ informed consent インフォームド・コンセント(医師による十分な説明を受けた上での同意)
breathe [bríːð] 625	**呼吸する**;を吸う ▶ breathe in [out] 息を吸う[吐く] □ breath [breθ] 名 呼吸 ▶ hold *one's* breath 息を止める;息を殺す
borrow [bɔ́(ː)rou] 626	を(無料で)**借りる** (⇔ lend → 734)
invest [invést] 627	(を)(…に)**投資する** (in) □ invéstment 名 投資
grant [grænt] 628	を(求めに応じて)**与える**;と仮定する ▶ granted (that) ... 仮に…だとしても 名 助成金;奨学金
distinguish [distíŋgwiʃ] 629	**見分ける**;を(…と)区別する (from) 🆃🅶 **distinguish between ...** 「…の違いを見分ける」 □ distínguished 形 (…で)優れた (for)
differ [dífər] 630	(…と;…の点で)**異なる** (from; in, on, about) □ dífferent 形 異なった;さまざまな □ dífference 名 違い;差額
construct [kənstrʌ́kt] 631	を**建設する** (⇔ destróy → 326);を組み立てる □ constrúction 名 建設 □ constrúctive 形 建設的な
manufacture [mæ̀njufǽktʃər] 632	を(大量に)**製造する** 名 製造(業) □ mànufácturer 名 製造業者

I managed to **inform** him of the news in time.	私はどうにか間に合うように彼にそのニュースを知らせることができた。
Breathe deeply, and you can relax.	深呼吸をすれば落ち着くよ。
Can I **borrow** your pen for a second?	ちょっとペンを借りてもいいですか。
He **invested** a large sum of money in Japanese stocks.	彼は日本の株に多額のお金を投資した。
They **granted** her a scholarship to the university.	彼らは彼女に大学に進学する奨学金を与えた。
I can't **distinguish** between the twins.	私はその双子の見分けがつかない。
The new car **differs** greatly in design from the previous model.	その新しい車はデザインが前の型と大きく異なる。
The government plans to **construct** a new bridge across the river.	政府はその川に新しい橋を建設する計画を立てている。
This plant **manufactures** high-quality digital cameras.	この工場は高品質のデジタルカメラを製造している。

2 Section 7 動詞編

arise
[əráiz] 633
生じる
- 活用: arise - arose [əróuz] - arisen [ərízən]
- rise「上がる」と区別すること。

breed
[bríːd] 634
(動物が子)(を)産む；を繁殖させる
- 活用: breed - bred [bred] - bred
- □ bréeding 名 繁殖；品種改良

celebrate
[séləbrèit] 635
(行事など)を祝う
- 人を祝う場合は congratulate(→ 1331) を使う。
- □ célebràted 形 有名な
- □ cèlebrátion 名 祝賀(会)
- □ celebrity [səlébrəti] 名 有名人

react
[riækt] 636
(刺激・出来事などに)反応する(to)
- □ reáction 名 反応；反動

rush
[rʌʃ] 637
急いで行く
- 名 突進；混雑時

stare
[steər] 638
(…を)じっと見つめる(at)
- 名 じっと見つめること

consist
[kənsíst] 639
(…から)成る(of)；(…に)(本質が)ある(in)
- 普通，進行形にはしない。
- □ consístent 形 首尾一貫した

imply
[implái] 640
を暗に示す，(…と)それとなく言う(that 節)
- □ ìmplicátion 名 言外の意味，含意

Conflicts <u>arose</u> between them over land ownership.	彼らの間で土地の所有権をめぐって争いが<u>生じた</u>。
Emperor penguins <u>breed</u> during the Antarctic winter.	コウテイペンギンは南極の冬の間に<u>卵を産む</u>。
John and Yumi <u>celebrated</u> their tenth wedding anniversary.	ジョンとユミは結婚10周年を<u>祝った</u>。
Different people may <u>react</u> differently to the same situations.	人が違えば同じ状況でも違った<u>反応を示す</u>こともある。
When we finally arrived, I <u>rushed</u> to the restroom.	やっとのことで到着すると，私はトイレに<u>急いで行った</u>。
She <u>stared</u> at me and asked me what I was thinking.	彼女は私を<u>じっと見つめ</u>，何を考えているのかと尋ねた。
Feathers <u>consist</u> of material similar to nails. （センター試験）	羽は爪と似たような成分から<u>成っている</u>。
Education <u>consists</u> in developing children's strength.	教育の<u>本質は</u>子供たちの長所を伸ばすことに<u>ある</u>。
She <u>implied</u> that I was lying.	彼女は私がうそをついていると<u>それとなく言った</u>。

Section 7 動詞編 名詞編

melt [melt] 641
(熱で)溶ける；を溶かす
- melt away「(溶けて)徐々に消える」

warn [wɔːrn] 642
に(…を)警告する(of)
- warn A that ...「A(人)に…だということを警告する」
- wárning 名 警告

名詞編

youth [juːθ] 643
青年時代；若さ；若い人
- in one's youth「若いころに」
- yóuthful 形 若い；若々しい

gender [dʒéndər] 644
(男女の)性(≒ sex)
- gender roles「性別による役割」
▶ 社会的・文化的観点から見た性。

tribe [traɪb] 645
部族
- tríbal 形 部族の

army [áːrmi] 646
(普通 the ~)陸軍；軍隊
▶「空軍」は the air force,「海軍」は the navy (→ 1360)。
- arm 名 (普通~s)武器；兵器　動 を武装させる

minister [mínɪstər] 647
大臣；聖職者
- the Prime Minister「総理大臣, 首相」
- mínistry 名 (政府機関の)省

victim [víktɪm] 648
被害者, 犠牲者

harm [hɑːrm] 649
害
- do A harm「Aに害を及ぼす」
- 動 を傷つける
- hármful 形 有害な

The snow **melted** away during the day.	雪は昼の間に徐々に溶けて消えた。
I **warned** her that she was in danger.	私は彼女に危険な状況にあると警告した。
He lived in London in his **youth**.	彼は若いころロンドンに住んでいた。
Traditional **gender** roles still remain in these countries.	これらの国では伝統的な性別による役割が依然として残っている。
He belongs to a **tribe** living in the jungle.	彼はジャングルに住む部族に属している。
He joined the **army** and took part in the war.	彼は陸軍に入隊し、戦争に参加した。
The Prime **Minister** said that he had no plans to raise taxes.	総理大臣は増税する計画はないと言った。
We must do everything we can to support the flood **victims**.	洪水の被害者を支援するためできることはすべてしなければならない。
These books will do young people great **harm**.	これらの本は若者に大きな害を及ぼすだろう。

Section 7 名詞編

crisis
[kráɪsɪs] 650

危機
▶ 複数形：crises [kráɪsi:z]
- **economic crisis**「経済危機」
- □ critical [krítɪkəl] 形 危機的な；決定的な

hunger
[hʌ́ŋgər] 651

飢え；(…に対する)渇望(for)
- □ húngry 形 空腹な(⇔ full)

dozen
[dʌ́zən] 652

1ダース，12個
- **by the dozen**「1ダース単位で」
- ▶ dozens of ... 数十もの…

quarter
[kwɔ́ːrtər] 653

4分の1；15分；米 25セント(硬貨)
- ▶ at (a) quarter to ten 10時15分前に
- □ quárterly 形 年4回の 名 季刊誌

length
発 [leŋkθ] 654

(物や時間の)長さ
- **... in length**「長さが…」
- ▶ 横に対する"縦の寸法"についても言う。(⇔ width 横幅)
- □ long [lɔ(ː)ŋ] 形 長い
- □ léngthen 動 を長くする(⇔ shórten)

notion
[nóʊʃən] 655

考え；概念

criticism
[krítəsɪzm] 656

批判；批評
- □ crític 名 批評家
- □ crítical 形 批評の；(…に)批判的な(of)
- □ críticize 動 を批評[批判]する

review
[rɪvjúː] 657

批評；再検討；米 復習
動 を論評する；をよく調べる；を見直す
- □ revíewer 名 評論家

The economic **crisis** hit the country in the 1990s.	1990年代に経済危機がその国を襲った。
There are still so many people who suffer from **hunger**.	飢えに苦しむ人たちが今も非常に多くいる。
Eggs are usually sold by the **dozen**.	卵はふつう1ダース単位で売られている。
I save a **quarter** of my salary every month.	私は毎月給料の4分の1を貯金している。
The swimming pool is 50 meters in **length**.	そのプールは長さが50メートルある。
I have a **notion** that any problem can be solved.	私はどんな問題も解決できるという考えを持っている。
This policy has become a target of **criticism**.	この政策は批判の的になってきている。
His new movie met with bitter **criticism**.	彼の新作映画は手厳しい批評を受けた。
The critic has a favorable **review** of the book in today's paper.	その批評家は今日の新聞でその本に対して好意的な批評を行っている。

Section 7 　名詞編

confidence [ká(:)nfɪdəns] 658	(…に対する)**自信**(in)；信頼 □ cónfident 形 (…を)確信して(of)；自信に満ちた ▶ self-confident 形 自信のある
philosophy [fəlá(:)səfi] 659	**哲学** □ phìlosóphical 形 哲学的な(上の) □ philósopher 名 哲学者
broadcast ⑦ [brɔ́:dkæst] 660	**放送** 動 (を)放送する ▶ 活用：broadcast - broadcast(ed) - broadcast(ed)
occasion [əkéɪʒən] 661	**機会**；場合；行事 □ occásional 形 時々の □ occásionally 副 時々
code [koʊd] 662	**規範**；暗号 🆑 a dress code「服装規定」
dialect ⑦ [dáɪəlèkt] 663	**方言**
ritual [rítʃuəl] 664	**儀式；習慣的行為** 形 儀式の
substance [sʌ́bstəns] 665	**物質**；中身 □ substántial 形 実質的な；(数量が)かなりの
virus 発 [váɪərəs] 666	**ウイルス** ▶ a computer virus コンピューターウイルス

Because of his success, he's gained **confidence** in his ability.	彼は成功したことで自分の能力に自信を得た。
Many people think **philosophy** is too difficult to understand.	多くの人が哲学は難解すぎて理解できないと考えている。
The President will address the nation in a TV **broadcast** today.	大統領は今日テレビ放送で国民に向けて演説をする予定だ。
I'm looking for a suit for a special **occasion**.	私は特別な機会に着ていくスーツを探している。
I think there should be some kind of dress **code** at school. (センター試験)	私は学校には何らかの服装規定があるべきだと思う。
It is difficult for me to understand the local **dialect**.	私にはその土地の方言を理解するのは困難だ。
This **ritual** has a long religious tradition.	この儀式には長い宗教的伝統がある。
For most of us, brushing our teeth after meals is a **ritual**.	ほとんどの人にとって、食後に歯を磨くことは習慣である。
These **substances** have very similar chemical structures.	これらの物質はとてもよく似た化学構造をしている。
The flu **virus** is quite strong this year.	今年のインフルエンザウイルスはとても強力だ。

Section 7 名詞編

barrier
[bǽriər] 667
障壁
- bàrrier-frée 形 (段差などの)障害がない

diversity
[dəvə́ːrsəti] 668
多様性；差異
- ▶ bìodivérsity 名 生物多様性
- divért 動 をそらす
- divérsion そらす[それる]こと
- divérse 形 多様な (≒ várious)

corporation
[kɔ̀ːrpəréɪʃən] 669
(大)企業
- ▶ cooperation [kouɑ̀(ː)pəréɪʃən]「協力」と区別。
- córporate 形 企業の

facility
[fəsíləti] 670
(しばしば〜ties) 施設；才能

agency
[éɪdʒənsi] 671
主に米 (行政上の)機関, 庁, 局；代理店
- ágent 名 代理人；役人

instrument
[ínstrəmənt] 672
楽器；機器, 道具
- ìnstruméntal 形 楽器で演奏される

leisure
[líːʒər] 673
余暇
- léisurely 形 のんびりとした

vision
[víʒən] 674
(将来の)展望；(将来を)見通す力；視力 (≒ sight)
- vísible 形 (目に)見える (⇔ invísible 見えない)
- vísual 形 視覚の

emergency
[ɪmə́ːrdʒənsi] 675
緊急(事態)
- **in case of emergency**「緊急時には」
- ▶ emergency exit 非常口

We had difficulty overcoming the language **barrier**.	私たちは言葉の壁を乗り越えるのに苦労した。
The school curriculum takes account of racial and cultural **diversity**.	その学校のカリキュラムは人種と文化の多様性を考慮している。
International **corporations** need people with excellent language skills.	国際的な企業には優れた言語能力を持つ人材が必要だ。
This hotel has various excellent **facilities**.	このホテルにはさまざまなすばらしい施設がある。
That government **agency** was set up to promote renewable energy.	その政府機関は再生可能エネルギーを促進するために設置された。
She plays two musical **instruments** in the orchestra.	彼女はオーケストラで2つの楽器を演奏する。
I have little time for **leisure** activities.	私は余暇の活動に充てる時間がほとんどない。
A successful leader must have a long-term **vision**.	成功する指導者は長期的展望を持っているにちがいない。
In case of **emergency**, you must make a quick decision.	緊急時には即座に決断しなければならない。

Section 7 名詞編 形容詞編

glacier [gléɪʃər] 676	氷河

形容詞編

reasonable [ríːzənəbl] 677	道理にかなった；(値段などが)手ごろな □ réason 名 理由；理性 → 51
sufficient [səfíʃnt] 678	十分な (≒ enóugh) ▶ sufficient condition 十分条件 (⇔ necessary condition 必要条件) □ sufficiency 名 十分な数(量)
smart [smɑːrt] 679	頭のよい (≒ cléver)；(装いが)洗練された ▶「やせている」という意味はない。
pleasant 発 [plézənt] 680	(物事が)楽しい，快い；(人が)感じのよい □ please 動 を喜ばせる □ pleasure 名 喜び；娯楽
elementary [èləméntəri] 681	初等(教育)の；初歩の；基本の ▶ an elementary school 米 小学校 (英 a primary school)
proper [prá(ː)pər] 682	(…に)適切な (for / to) □ próperly 副 適切に
virtual [vɔ́ːrtʃuəl] 683	仮想の；事実上の TC **a virtual school** 「バーチャルスクール(仮想学校)」 ▶ virtual school はインターネットを利用して授業が受けられる学校。 ▶ virtual reality バーチャルリアリティー，仮想現実

A **glacier** can move even giant rocks.	氷河は巨大な岩をも動かすことがある。
It's **reasonable** to think he is telling the truth.	彼は真実を語っていると考えるのが道理にかなっている。
They sell computers for a **reasonable** price.	彼らは手ごろな値段でコンピューターを販売する。
We don't have **sufficient** time to deal with the problem.	我々にはその問題に対処するのに十分な時間がない。
John turned out to be a very **smart** student. (センター試験)	ジョンはとても頭のよい生徒だとわかった。
The train ride into town in the afternoon was **pleasant**. (センター試験)	午後，電車に乗って町まで行くのは楽しかった。
They talked about the importance of **elementary** education.	彼らは初等教育の大切さについて話した。
I managed to find a **proper** gift for her birthday.	私は彼女の誕生日にふさわしい贈り物をどうにか見つけることができた。
Virtual schools make it possible for students to learn anytime.	仮想学校では，生徒はいつでも学ぶことが可能である。

183

Section 7 形容詞編

sudden [sʌ́dən] 684	急な (⇔ grádual → 1282) ▶ all of a sudden 突然に (≒ súddenly) □ súddenly 副 急に
immediate [ımí:diət] 685	即座の；直接の □ immédiately 副 直ちに (≒ at once)
remote [rımóut] 686	遠く離れた ▶ distant (→ 598) と異なり，不便な場所であることを暗示する。
nuclear [n(j)ú:kliər] 687	原子力の，核の TG **a nuclear power plant**「原子力発電所」 ▶ a nuclear weapon 核兵器
aggressive [əgrésıv] 688	攻撃的な；積極的な □ aggréssion 名 侵略；侵害 (≒ invásion)
contemporary [kəntémpərèri] 689	現代の (≒ módern)；同時代の 名 (…と) 同時代の人 (of)
conventional [kənvénʃənəl] 690	従来の；ありきたりの ▶ conventional wisdom 社会通念 □ convéntion 名 慣習；(定期) 大会
asleep [əslí:p] 691	眠って TG **fall asleep**「寝入る」 ▶ 補語として使う。名詞を修飾する場合は sleeping。 □ sléepy 形 眠い；眠くなるような
minor [máınər] 692	重要でない；(数量などが) 小さい (⇔ május → 86) 名 未成年者 □ minórity [mənɔ́:rəti] 名 少数 (派) (⇔ majórity)

If the bear notices you, don't make any <u>sudden</u> movements.	クマがあなたに気づいても、急な動きをしてはいけない。
Thank you very much for your **immediate** reply.	即座のご返答、誠にありがとうございます。
You can reach the <u>remote</u> desert only by helicopter.	その離れた砂漠にはヘリコプターでしか到達できない。
People are arguing over the issue of building a <u>nuclear</u> power plant here. (センター試験)	人々は、この地に原子力発電所を建設する問題について議論している。
My dog often displays **aggressive** behavior to other dogs.	私の犬はしばしばほかの犬に対して攻撃的な態度を見せる。
This museum has an amazing display of <u>contemporary</u> art.	この美術館には現代芸術の見事な展示がある。
This new machine has several advantages over <u>conventional</u> machines.	この新しい機械には従来の機械よりも優れた点がいくつかある。
He fell <u>asleep</u> with the light on in his room. (センター試験)	彼は自分の部屋で明かりをつけたまま眠ってしまった。
You cannot treat this engine trouble as a <u>minor</u> problem.	このエンジントラブルをささいな問題として扱うことはできない。

Section 7 形容詞編

evil
[í:vəl] 693
邪悪な
- 名 悪 (⇔ good 善);害悪
- ▶ good and evil 善悪

anxious
[ǽŋkʃəs] 694
(…を)心配して(about);(…を)切望して(for)
- **be anxious to** *do*「ぜひ〜したいと思う」
- □ anxiety [æŋzáɪəti] 名 不安,心配;切望 → 574

domestic
[dəméstɪk] 695
国内の(⇔ fóreign);家庭内の
- ▶ domestic animals 家畜 (⇔ wild animals 野生動物)
- ▶ domestic violence 家庭内暴力(略:DV)
- □ domésticàte 動 を飼いならす

widespread
[wáɪdsprèd] 696
広範囲にわたる
- □ wide 形 (幅の)広い;広大な

verbal
[vɚ́ːrbəl] 697
言葉による(⇔ nònvérbal 言葉を用いない)

thin
[θɪn] 698
やせた;細い;薄い(⇔ thick → 585)
- 動 やせる;を薄くする

annual
[ǽnjuəl] 699
1 年間の;例年の
- **annual budget**「年間予算」
- □ ànnivérsary 名 記念日

crucial
[krúːʃəl] 700
重大な

Scientists must not use their knowledge for **evil** purposes.	科学者は自分の知識を邪悪な目的に使ってはならない。
She was **anxious** about the result of her job interview.	彼女は就職面接の結果が気がかりだった。
I am **anxious** to finish the report before my boss comes back. (センター試験)	上司が戻ってくる前に報告書をぜひ仕上げたい。
I try to choose **domestic** products when I shop.	私は買物をするときは国内の製品を選ぶようにしている。
There is a **widespread** use of English in the business world.	ビジネスの世界では英語が広範囲に使われている。
We use **verbal** and nonverbal communication at the same time.	我々は言葉によるコミュニケーションと言葉によらないコミュニケーションを同時に用いている。
She was **thin** and looked pale and uneasy. (センター試験)	彼女はやせていて顔色が悪く，不安そうだった。
Our company's **annual** budget is about one hundred million dollars.	我が社の年間予算は約1億ドルだ。
The president had to make a **crucial** decision during the crisis.	その危機の中で社長は重大な決断をしなければならなかった。

Part 2 さらに実力を伸ばす500語
Section 8
単語番号 701 〜 800

動詞編

adjust [ədʒʌ́st] 701
(…に)**順応する**(to)；を調節する
□ adjústment 名 適応；調整

accustom [əkʌ́stəm] 702
を(…に)**慣れさせる**(to)
🅣🅒 **be accustomed to** *doing*
「〜することに慣れている」
▶ be used to *doing* でも同じ意味になる。
□ accústomed 形 習慣的な

arrange [əréɪndʒ] 703
を(きちんと)**並べる**；(を)取り決める；(の)手はずを整える
□ arrángement 名 配置；取り決め；手配

absorb [əbzɔ́ːrb] 704
(人)を夢中にさせる；を吸収する
🅣🅒 **be absorbed in ...**「…に夢中になる」
□ absórption 名 熱中；吸収

abandon [əbǽndən] 705
を**捨てる**；を断念する(≒ give up)

recover [rɪkʌ́vər] 706
(…から)**回復する**(from)；を取り戻す
□ recóvery 名 回復；回収

guarantee ⑦ [ɡæ̀rəntíː] 707
を**保証する，確約する**
名 保証；保証書

confirm [kənfɜ́ːrm] 708
を**裏付ける，(本当だと)確認する**
□ cònfirmátion 名 確認

▶動詞編 p.188 ▶形容詞編 p.206
▶名詞編 p.198

It took me a while to **adjust** to the new environment.	私は新しい環境に適応するのにしばらく時間がかかった。
I am **accustomed** to living in a big city.	大都市で暮らすことには慣れている。
We have to **arrange** the tables for our meeting.	我々は会議のためにテーブルを並べる必要がある。
He was **absorbed** in a book and didn't seem to hear me.	彼は本に夢中になっていて、私の声が聞こえないようだった。
Many farmers **abandoned** their land and went to the cities to find work.	多くの農業従事者は自分の土地を捨て、仕事を見つけるために都市に向かった。
He still hasn't **recovered** from the cold he caught last week. （センター試験）	彼は先週引いた風邪からまだ回復していない。
We **guarantee** that all products will be repaired free of charge for one year.	当社はすべての製品を1年間無料で修理することを保証します。
Further studies are necessary to **confirm** our theory. （センター試験）	我々の理論を裏付けるためにさらなる研究が必要だ。

Section 8 動詞編

dominate
[dá(:)mɪnèɪt] 709
を支配する, 統治する
- dóminant 形 支配的な
- dóminance 名 優勢

secure
[sɪkjúər] 710
を確保する；を守る
形 安全な；確かな
- secúrity 名 安全；警備；保証

capture
[kǽptʃər] 711
を捕らえる
名 捕獲；捕虜
- cáptive 名 捕虜 形 捕虜になった
- cáptivàte 動 を魅了する

dig
[dɪg] 712
を掘る
- dig up ... 「…を掘り起こす」
▶ 活用：dig - dug [dʌg] - dug

transfer
[trænsfə́:r] 713
を(…から；…へ)移す(from; to)；移る；(電車などを)乗り換える
名 [trǽnsfə:r] 移転；乗り換え

alter
[ɔ́:ltər] 714
を変える(≒ change)；変わる
▶ 主に部分的に変えるときに使う。
- àlterátion 名 変更

apologize
[əpá(:)lədʒàɪz] 715
謝る
- apologize to A for B 「A(人)にBのことで謝る」
- apólogy 名 謝罪；弁明

advise
[ədváɪz] 716
に(…について)助言する(on / about)
- advise A to do 「A(人)に〜するよう勧める」
- advice [ədváɪs] 名 助言, 忠告

permit
[pərmít] 717
を許可する
- permit A to do 「A(人)に〜するのを許可する」
名 [pə́:rmɪt] 許可証
- permíssion 名 許可

Much of Africa was **dominated** by European powers at that time.	当時アフリカの多くはヨーロッパの列強に支配されていた。
We've **secured** good seats for the concert.	我々はコンサートでよい座席を確保した。
That gorilla was **captured** in the forests of Africa and then brought to the zoo. (センター試験)	そのゴリラはアフリカの森の中で捕らえられて動物園に連れてこられた。
The dog **dug** up the ground to get the bone.	その犬は骨を取るために地面を掘り返した。
More and more companies are **transferring** jobs to low-wage countries.	仕事を賃金の安い国に移す会社がますます増えている。
Industrialization **altered** our way of life.	工業化が我々の生活様式を変えた。
You must **apologize** to her for your rude behavior last night.	あなたは昨夜の無礼な振る舞いについて，彼女に謝らなければならない。
Her doctor **advised** her to take a rest for a couple of days.	医師は彼女に2，3日休みを取るよう勧めた。
My father won't **permit** me to travel alone.	父は私がひとり旅をするのを許可しないだろう。

2 Section 8　動詞編

persuade [pərswéɪd] 718	を説説する 🆃 **persuade A to do**「A(人)を説得して～させる」 □ persuasion [pərswéɪʒən] 图 説得(力)
command [kəmǽnd] 719	を命ずる (≒ órder) 🆃 **command A to do**「A(人)に～するよう命じる」 图 命令；支配(力) □ commánder 图 司令官
praise [preɪz] 720	をほめる 🆃 **praise A for B**「AをBのことでほめる」 图 賞賛
admire [ədmáɪər] 721	に感嘆する；を賞賛する (≒ praise) □ admirable [ǽdmərəbl] 形 見事な □ àdmirátion 图 (…に対する)感嘆(for)
award 🟥 [əwɔ́ːrd] 722	(人)に(賞など)を授与する 图 賞
possess [pəzés] 723	を所有している；(性質・能力など)を持っている □ posséssion 图 所有；(普通～s)所有物 □ posséssive 形 独占欲の強い
pretend [prɪténd] 724	(～する)ふりをする (to do) □ préténse 图 見せかけ；口実
upset 🟡 [ʌpsét] 725	を動揺させる；をひっくり返す 🆃 **be upset by [about] …**「…にうろたえる」 ▶ 活用：upset - upset - upset 图 [ʌ́psèt] 動揺；転覆
annoy [ənɔ́ɪ] 726	を悩ます，いらいらさせる (≒ bóther) □ annóyance 图 いらだち

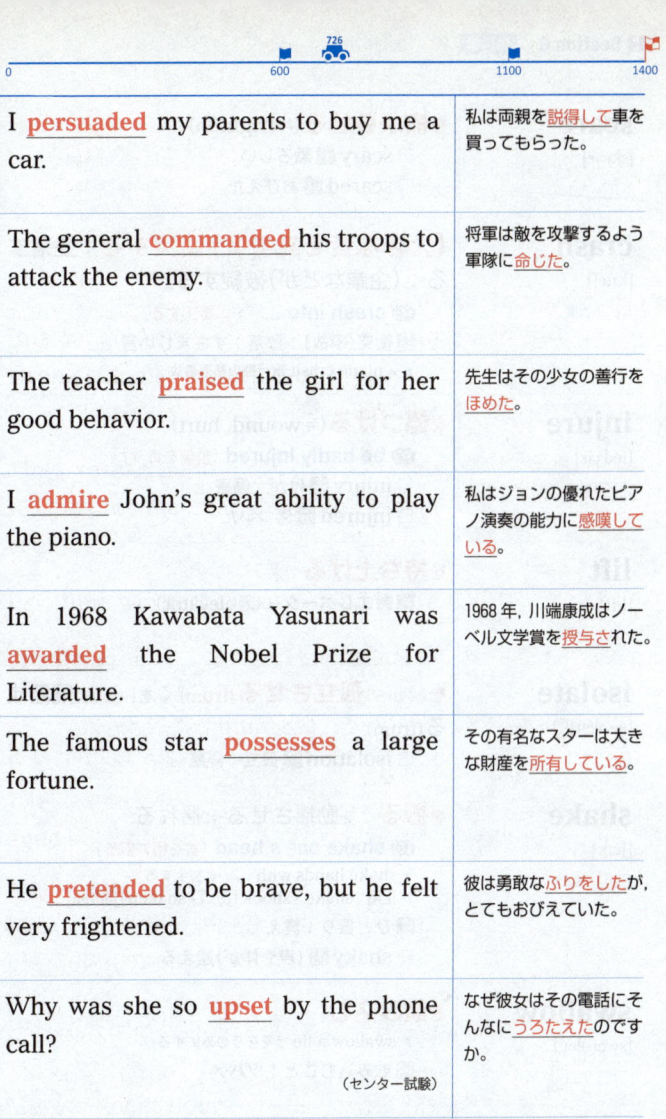

I <u>persuaded</u> my parents to buy me a car.	私は両親を<u>説得して</u>車を買ってもらった。
The general <u>commanded</u> his troops to attack the enemy.	将軍は敵を攻撃するよう軍隊に<u>命じた</u>。
The teacher <u>praised</u> the girl for her good behavior.	先生はその少女の善行を<u>ほめた</u>。
I <u>admire</u> John's great ability to play the piano.	私はジョンの優れたピアノ演奏の能力に<u>感嘆している</u>。
In 1968 Kawabata Yasunari was <u>awarded</u> the Nobel Prize for Literature.	1968年,川端康成はノーベル文学賞を<u>授与さ</u>れた。
The famous star <u>possesses</u> a large fortune.	その有名なスターは大きな財産を<u>所有している</u>。
He <u>pretended</u> to be brave, but he felt very frightened.	彼は勇敢な<u>ふりをした</u>が,とてもおびえていた。
Why was she so <u>upset</u> by the phone call? (センター試験)	なぜ彼女はその電話にそんなに<u>うろたえた</u>のですか。
He <u>annoyed</u> his mother with his stupid questions.	彼はばかげた質問をして母を<u>いらいらさせた</u>。

193

2 Section 8 動詞編

scare
[skeər] 727
を怖がらせる (≒ fríghten)
- □ scáry 形 恐ろしい
- □ scared 形 おびえた

crash
[kræʃ] 728
(大きな音を立てて)衝突する；墜落する；(企業などが)破綻(はたん)する
- 🆗 **crash into ...**「…に衝突する」
- 名 衝突(事故)；墜落；すさまじい音
- ▶ a plane crash 飛行機の墜落事故

injure
[índʒər] 729
を傷つける (≒ wound, hurt)
- 🆗 **be badly injured**「重傷を負う」
- □ ínjury 名 けが, 傷害
- □ ínjured 形 傷ついた

lift
[lɪft] 730
を持ち上げる
- 名 英 エレベーター (米 élevàtor)

isolate
[áɪsəlèɪt] 731
を(…から)孤立させる (from)；を(…から)隔離する (from)
- □ ìsolátion 名 孤立；隔離

shake
[ʃeɪk] 732
を振る；を動揺させる；揺れる
- 🆗 **shake** *one's* **head**「首を横に振る」
- ▶ shake hands with ... …と握手する
- ▶ 活用：shake - shook [ʃʊk] - shaken [ʃéɪkən]
- 名 ひと振り；震え
- □ sháky 形 (声や体が)震える

swallow
[swá(ː)lou] 733
を飲み込む
- ▶ swallow a lie うそをうのみにする
- 名 飲み込むこと；ツバメ

lend
[lend] 734
(人)に(物)を貸す (⇔ bórrow → 626)
- ▶ lend A B A(人)にB(物)を貸す (= lend B to A)
- ▶ 活用：lend - lent [lent] - lent

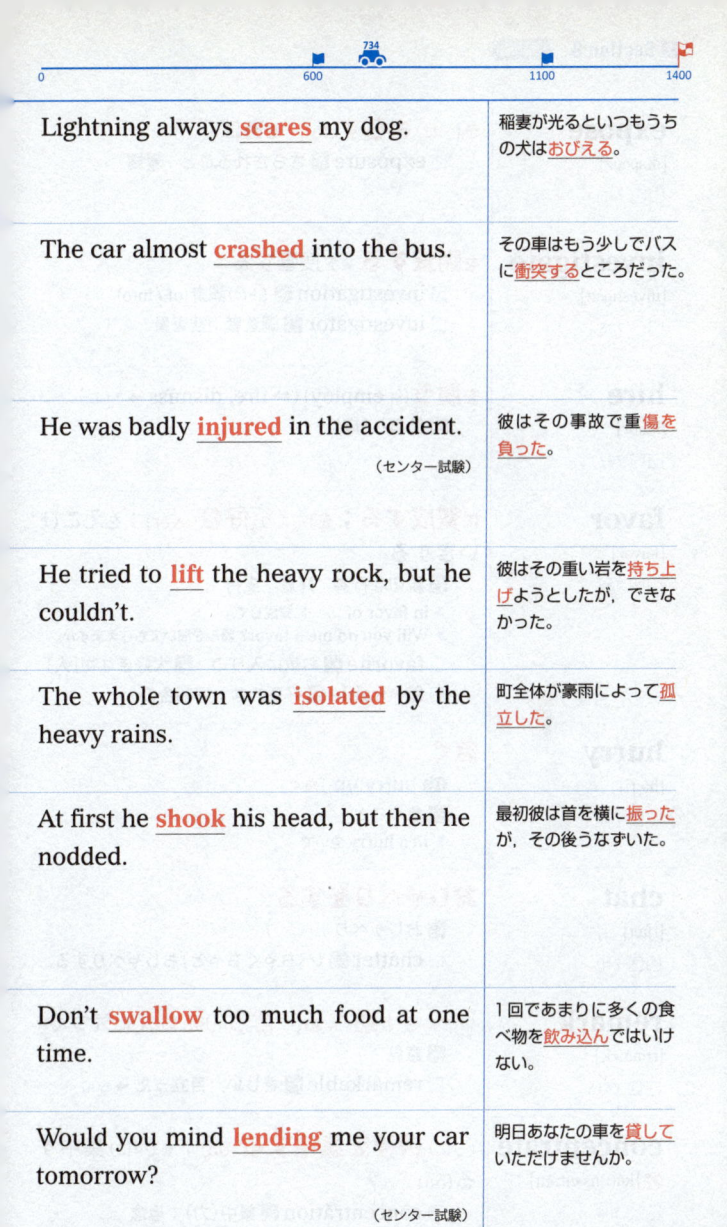

Lightning always <u>scares</u> my dog.	稲妻が光るといつもうちの犬は<u>おびえる</u>。
The car almost <u>crashed</u> into the bus.	その車はもう少しでバスに<u>衝突する</u>ところだった。
He was badly <u>injured</u> in the accident. （センター試験）	彼はその事故で重<u>傷を負った</u>。
He tried to <u>lift</u> the heavy rock, but he couldn't.	彼はその重い岩を<u>持ち上げ</u>ようとしたが、できなかった。
The whole town was <u>isolated</u> by the heavy rains.	町全体が豪雨によって<u>孤立した</u>。
At first he <u>shook</u> his head, but then he nodded.	最初彼は首を横に<u>振った</u>が、その後うなずいた。
Don't <u>swallow</u> too much food at one time.	1回であまりに多くの食べ物を<u>飲み込ん</u>ではいけない。
Would you mind <u>lending</u> me your car tomorrow? （センター試験）	明日あなたの車を<u>貸して</u>いただけませんか。

Section 8 動詞編

expose [ɪkspóʊz] 735
を(…に)さらす(to)；をあばく
□ expósure 名 さらされること；暴露

investigate [ɪnvéstɪgèɪt] 736
を調査する；を捜査する
□ invèstigátion 名 (…の)調査(of / into)
□ invéstigàtor 名 調査者；捜査員

hire [háɪər] 737
を雇う(≒ emplóy)(⇔ fíre, dismíss → 1142)
名 賃借り[貸し]

favor [féɪvər] 738
に賛成する；を(…より)好む(over)；をえこひいきする
名 親切な行為；好意；支持
▶ in favor of ... …に賛成して
▶ Will you *do* me a favor? 頼みを聞いてもらえますか。
□ fávorite 形 お気に入りの 名 大好きな物[人]
□ fávorable 形 好意的な；好都合の

hurry [hə́ːri] 739
急ぐ
🔟 hurry up「急ぐ」
名 急ぐこと
▶ in a hurry 急いで

chat [tʃæt] 740
おしゃべりをする
名 おしゃべり
□ chátter 動 (ぺちゃくちゃと)おしゃべりする

remark [rɪmáːrk] 741
(…である)と述べる, 言う(that 節)；に気づく
名 意見
□ remárkable 形 著しい, 目立った → 600

concentrate [ká(ː)nsəntrèɪt] 742
(…に)精神を集中する(on)；を(…に)集中する(on)
□ còncentrátion 名 集中(力)；専念

It is dangerous to <u>expose</u> your skin to strong summer sunshine. (センター試験)	強い夏の日差しに肌を<u>さらす</u>のは危険だ。
The researchers <u>investigated</u> the reasons for the changes in the global economy.	調査員たちは世界経済における変化の理由を<u>調査した</u>。
Part-time workers in our company are <u>hired</u> by the hour.	我が社のパート従業員は時給で<u>雇われ</u>ている。
All of the committee members <u>favored</u> the first proposal.	委員全員が最初の提案に<u>賛成した</u>。
She <u>favors</u> Western food over traditional dishes.	彼女は伝統的な料理よりも西洋料理を<u>好む</u>。
<u>Hurry</u> up, or else we'll miss the train.	<u>急ごう</u>。さもないと列車に乗り遅れてしまう。
My son spent hours <u>chatting</u> with his friend on his cell phone last night.	息子は昨晩、携帯電話で何時間も友人と<u>おしゃべりをして</u>いた。
Alice stood up and <u>remarked</u> that she had to go.	アリスは立ち上がって，もう行かなければならないと<u>言った</u>。
It's so hot that I can't <u>concentrate</u> on my homework.	とても暑くて宿題に<u>集中する</u>ことができない。

197

名詞編

ceremony [sérəmòuni] 743
式典
- cèremónial 形 儀式の

humanity [hjumǽnəti] 744
人類；人間性
- húman 名 人間(≒ human being) 形 人間の；人間的な → 79

proportion [prəpɔ́ːrʃən] 745
(…の；…に対する)**割合**(of；to)；(普通～s)均衡
▶ in proportion to ... …に比例して
- propórtional 形 比例した；釣り合った

territory [térətɔ̀ːri] 746
領土；縄張り

continent [ká(ː)ntənənt] 747
大陸
▶ ※the Continent はイギリスから見た「ヨーロッパ大陸」。
- còntinéntal 形 大陸の

valley [væli] 748
谷

earthquake [ə́ːrθkwèik] 749
地震
- earth 名 地球；陸地；土
- quake 動 揺れる；震える 名 震動；地震

harvest [háːrvɪst] 750
収穫
動 を収穫する

grain [greɪn] 751
穀物；(砂などの)粒
▶ wheat「小麦」(→ 958), rice「米」など。

I received an invitation to Bill's wedding **ceremony**.	ビルの結婚式への招待状を受け取った。
We talked about the problems facing **humanity**.	私たちは人類に立ちはだかる諸問題について話し合った。
The **proportion** of people who have life insurance is very high.	生命保険に入っている人々の割合はとても高い。
Many wars have been fought over **territory**.	多くの戦争が領土をめぐって争われてきた。
Some consider North and South America to be one **continent**.	北アメリカと南アメリカを1つの大陸と見なす人もいる。
We crossed the mountain and headed for the **valley**.	我々は山を越えて，谷に向かった。
A massive **earthquake** struck Japan.	巨大地震が日本を襲った。
The rice is ready for **harvest**.	米はもう収穫できる。
This year's **grain** harvest will be the biggest ever.	今年の穀物の収穫はこれまでで最大になるだろう。

Section 8 名詞編

quantity
[kwá(:)ntəti]
752

量(⇔ quálity → 161);(…の)分量(of)
▶ 「多い／少ない」は large / small で表す。
▶ quality and quantity 質と量

shortage
[ʃɔ́:rtɪdʒ]
753

(…の)**不足**(of)(≒ lack)
☐ short 形 短い；低い；(…が)足りない(of)

depression
[dɪpréʃən]
754

不景気；憂うつ
☐ depréss 動 を意気消沈させる
☐ depréssed 形 元気のない

fault
[fɔ:lt]
755

(過失の)責任；欠点
🆃🅖 **It is** A**'s fault.**「それはAのせいだ」
▶ find fault with … …のあら探しをする

alarm
[əlá:rm]
756

警報(機)；目覚まし時計(= alarm clock)
▶ a false alarm 誤警報
動 をはっとさせる；を心配させる

weapon
発 [wépən]
757

武器
▶ 「強み」という比喩的な意味でも使われる。

prison
[prízən]
758

刑務所(= jail)
▶ escape from prison 脱獄する
☐ prísoner 名 囚人；捕虜

wisdom
[wízdəm]
759

賢いこと；知恵
▶ 経験に基づく，バランスの取れた判断力を持つ賢明さ。
☐ wise 形 賢い

instruction
[ɪnstrʌ́kʃən]
760

(普通～s)指示；教えること
☐ instrúct 動 (人)に(～するよう)に指示する(to do)
☐ instrúctive 形 ためになる
☐ instrúctor 名 指導員

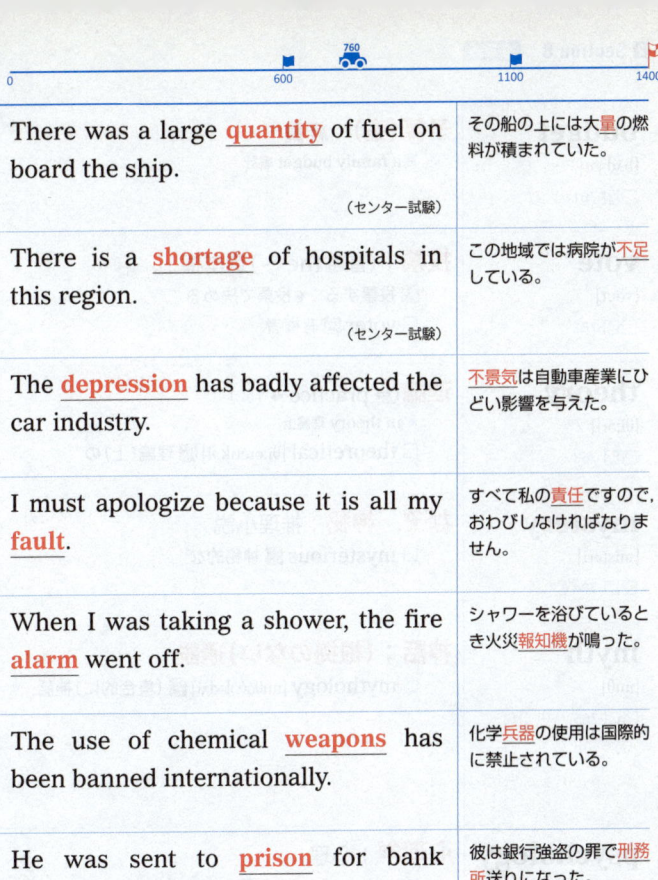

There was a large **quantity** of fuel on board the ship. (センター試験)	その船の上には大量の燃料が積まれていた。
There is a **shortage** of hospitals in this region. (センター試験)	この地域では病院が不足している。
The **depression** has badly affected the car industry.	不景気は自動車産業にひどい影響を与えた。
I must apologize because it is all my **fault**.	すべて私の責任ですので、おわびしなければなりません。
When I was taking a shower, the fire **alarm** went off.	シャワーを浴びているとき火災報知機が鳴った。
The use of chemical **weapons** has been banned internationally.	化学兵器の使用は国際的に禁止されている。
He was sent to **prison** for bank robbery.	彼は銀行強盗の罪で刑務所送りになった。
He is respected for his great **wisdom**.	彼はその大変な賢明さで尊敬されている。
I followed the **instructions** step by step.	私は1つずつ指示に従った。

Section 8 名詞編

budget
[bʌ́dʒət] 761
予算(案)；経費
▶ a family budget 家計

vote
[voʊt] 762
投票；(普通 the ~)選挙権
動 投票する；を投票で決める
□ vóter 名 有権者

theory
[θíːəri] 763
理論(⇔ práctice → 152)
▶ in theory 理論上
□ theoretical [θìːərétɪkəl] 形 理論(上)の

mystery
[místəri] 764
なぞ，神秘；推理小説
□ mystérious 形 神秘的な

myth
[mɪθ] 765
神話；(根拠のない)通説
□ mythology [mɪθɑ́(ː)lədʒi] 名 (集合的に)神話

psychology
[saɪkɑ́(ː)lədʒi] 766
心理学；心理
□ psychológical 形 心理的な；心理学の
□ psychólogist 名 心理学者

innovation
[ìnəvéɪʃən] 767
革新
TG technological innovation 「技術革新」
□ ínnovàte 動 刷新する；を導入する
□ ínnovàtive 形 刷新[革新]的な

duty
[djúːti] 768
義務；職務；(しばしば~ties)関税
▶ on [off] duty 勤務時間中[外]で
▶ duty-free 形 免税の 名 (~s)免税品

When I was in college, I had to live within a tight **budget**.	大学生時代，厳しい予算内で生活しなければならなかった。
There were 28 **votes** for and 12 against the proposal.	その提案に対し，賛成が28票，反対が12票だった。
Charles Darwin is well known for his **theory** of evolution.	チャールズ・ダーウィンは進化論で有名だ。
It remains a **mystery** why they built this.	彼らがなぜこれを建設したのかは依然なぞである。
I am busy writing a paper on the Greek **myths**.	ギリシャ神話についてのレポートを書くのに忙しい。
Contrary to popular **myth**, women are not worse drivers than men.	通説と異なり，女性は男性より運転が下手ではない。
Some concepts of **psychology** are also useful in the study of literature.	心理学の考え方の中には文学の研究にも有効なものがある。
We have to encourage more technological **innovations** to save energy.	エネルギーを節約するためにさらなる技術革新を促す必要がある。
It is our civic **duty** to vote in the elections.	選挙で投票するのは我々市民の義務だ。

Section 8 名詞編

routine [rúːtíːn] 769	日課，決まりきった仕事 🆃🅲 one's **daily routine**「その人の日課」 形 日常の；決まりきった □ route 名 道筋；手段
mammal [mǽməl] 770	哺乳類，哺乳動物 ▶ A whale is not a fish but a mammal. クジラは魚類ではなく哺乳類だ。
infant [ínfənt] 771	乳児；幼児 形 乳児の；幼児の □ ínfancy 名 幼児期
fee [fiː] 772	料金；(専門職への)謝礼；(〜s)授業料 ▶「運賃」は a fare (→ 1070)，「罰金」は a fine，「サービス料」は a charge (→ 276)。
surgery [sə́ːrdʒəri] 773	(外科)手術 (≒ òperátion)；外科 ▶ cosmetic [plastic] surgery 美容整形 □ súrgeon 名 外科医
trait [treit] 774	(人の性格などの)特性，特徴
edge [edʒ] 775	へり；(刃物の)刃 ▶ cutting edge 最先端 動 をふちどる；を研ぐ
landscape [lǽndskèip] 776	風景 (≒ view)

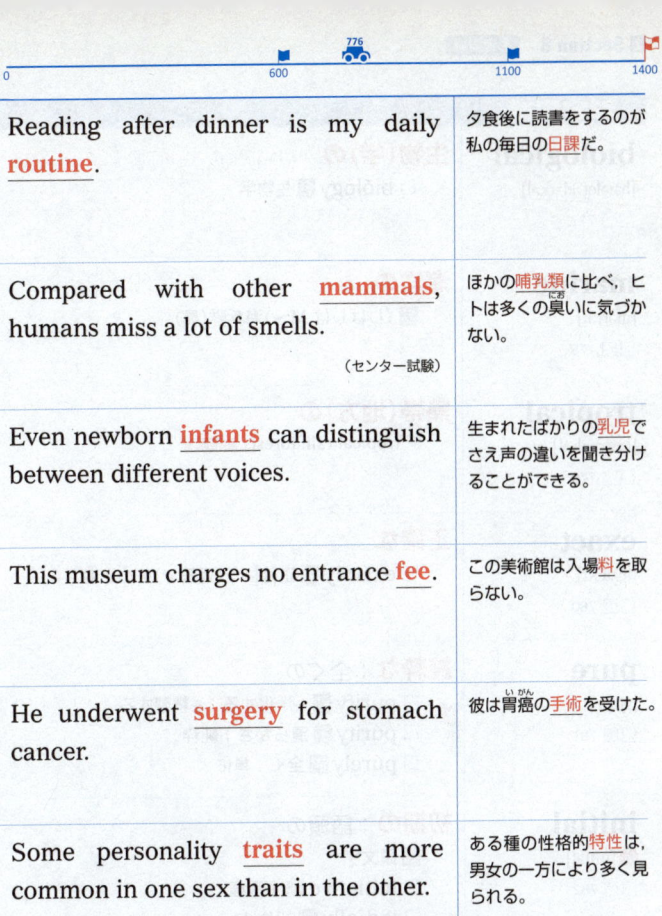

Reading after dinner is my daily **routine**.	夕食後に読書をするのが私の毎日の日課だ。
Compared with other **mammals**, humans miss a lot of smells. (センター試験)	ほかの哺乳類に比べ、ヒトは多くの臭いに気づかない。
Even newborn **infants** can distinguish between different voices.	生まれたばかりの乳児でさえ声の違いを聞き分けることができる。
This museum charges no entrance **fee**.	この美術館は入場料を取らない。
He underwent **surgery** for stomach cancer.	彼は胃癌の手術を受けた。
Some personality **traits** are more common in one sex than in the other.	ある種の性格的特性は、男女の一方により多く見られる。
A boy and his dog were running along the water's **edge**.	少年とその子の犬が水辺に沿って走っていた。
Constructing the dam has changed the rural **landscape**.	そのダムの建設によって田舎の風景が変わってしまった。

Section 8 形容詞編

形容詞編

biological [bàɪəlá(:)dʒɪkəl] 777
生物(学)の
□ biólogy 名 生物学

marine [mərí:n] 778
海洋の
名 (しばしば M〜) 海兵隊(員)

tropical [trá(:)pɪkəl] 779
熱帯(地方)の
▶ tropical rain forests 熱帯雨林

exact [ɪgzǽkt] 780
正確な
□ exáctly 副 正確に；(返答で)そのとおり

pure [pjʊər] 781
純粋な；全くの
□ púrify 動 を浄化する；を精製する
□ púrity 名 清らかさ；純粋
□ púrely 副 全く；単に

initial ⑦ [ɪníʃəl] 782
初期の；語頭の
名 頭文字
□ inítiative 名 主導権
□ inítially 副 初めは
□ inítiate 動 を新たに始める

principal [prínsəpəl] 783
主要な (≒ chief)；第一位の
▶ 同音の principle「原理」と区別のこと。
名 米 校長；(組織の)長

superior ⑦ [supíəriər] 784
(…より) 優れている (to) (⇔ inférior → 1297)
名 目上の人
□ superiority [supíəriɔ́(:)rəti] 名 まさっていること

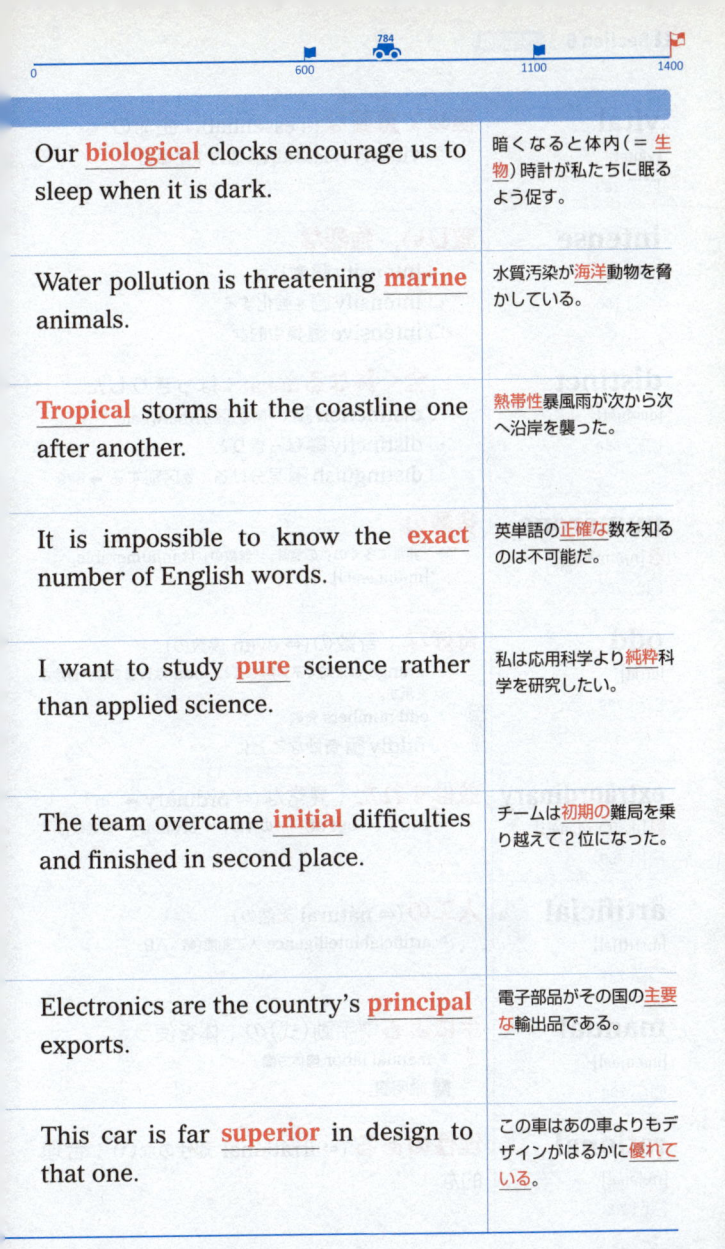

Our <u>biological</u> clocks encourage us to sleep when it is dark.	暗くなると体内（＝<u>生物</u>）時計が私たちに眠るよう促す。
Water pollution is threatening <u>marine</u> animals.	水質汚染が<u>海洋</u>動物を脅かしている。
<u>Tropical</u> storms hit the coastline one after another.	<u>熱帯性</u>暴風雨が次から次へ沿岸を襲った。
It is impossible to know the <u>exact</u> number of English words.	英単語の<u>正確な</u>数を知るのは不可能だ。
I want to study <u>pure</u> science rather than applied science.	私は応用科学より<u>純粋</u>科学を研究したい。
The team overcame <u>initial</u> difficulties and finished in second place.	チームは<u>初期の</u>難局を乗り越えて２位になった。
Electronics are the country's <u>principal</u> exports.	電子部品がその国の<u>主要な</u>輸出品である。
This car is far <u>superior</u> in design to that one.	この車はあの車よりもデザインがはるかに<u>優れている</u>。

Section 8 形容詞編

vital
[váɪtəl] 785

極めて重要な (≒ esséntial)；生命の
- vitality [vaɪtǽləti] 名 活力；生命力

intense
[ɪnténs] 786

激しい，強烈な
- inténsity 名 激しさ
- inténsify 動 を強化する
- inténsive 形 集中的な

distinct
[dɪstíŋkt] 787

(…と)全く異なる(from)；はっきりした
- distínction (…間の)区別(between)
- distínctly 副 はっきりと
- distínguish 動 見分ける；を区別する → 629

numerous
発 [njúːmərəs] 788

多数の
▶ 「非常に多くの」の意味。「無数の」は innumerable [ɪnjúːmərəbl]。

odd
[ɑ(ː)d] 789

奇妙な；奇数の(⇔ éven 偶数の)
▶ strange は未知で不可解なこと，odd は普通でない奇妙さを示す。
▶ odd numbers 奇数
- óddly 副 奇妙なことに

extraordinary
発 [ɪkstrɔ́ːrdənèri] 790

並はずれた；異常な(⇔ órdinàry → 287)
▶ extra-(= out of)「…の外の」+ ordinary「普通の」。

artificial
[ὰːrtɪfíʃəl] 791

人工の(⇔ nátural 天然の)
▶ artificial intelligence 人工知能(略：AI)

manual
[mǽnjuəl] 792

手による；手動(式)の；体を使う
▶ manual labor 肉体労働
名 説明書

rational
[rǽʃənəl] 793

理性のある(⇔ irrátional 理性のない)；合理的な

He has played a <u>vital</u> role in our company's success.	彼はわが社の成功に<u>極めて重要な</u>役割を担ってきた。
The pain was so <u>intense</u> that I couldn't stand up.	痛みが<u>激しくて</u>立ち上がることができなかった。
American culture is quite <u>distinct</u> from ours.	アメリカ文化は我々の文化とは<u>全く異なる</u>。
<u>Numerous</u> experiments have been carried out to prove the theory.	その理論を証明するために<u>数多くの</u>実験が行われた。
There was something <u>odd</u> about his way of speaking.	彼の話し方にはどこか<u>奇妙な</u>ところがあった。
He has <u>extraordinary</u> abilities in music.	彼は音楽において<u>並はずれた</u>才能を持っている。
In university, I studied <u>artificial</u> intelligence and computers.	大学で私は<u>人工</u>知能とコンピューターを学んだ。
These jobs require high levels of <u>manual</u> skill.	これらの仕事は高いレベルの<u>手先の</u>技術を必要とする。
It is often difficult for patients to make <u>rational</u> decisions.	患者が<u>理性的な</u>判断を行うのは難しい場合が多い。

Section 8 形容詞編

curious
[kjúəriəs] 794

好奇心の強い；(物事が)奇妙な
- cúriously 副 物珍しそうに；奇妙なことに(は)
- curiosity [kjùəriá(:)səti] 名 好奇心

lonely
[lóunli] 795

(孤独で)寂しい
- lóneliness 名 孤独

rude
[ru:d] 796

無礼な(⇔ políte → 496)；粗雑な
- rúdely 副 無作法に；粗雑に

shy
[ʃaɪ] 797

内気な，恥ずかしがりの
- shýness 名 内気

equivalent
[ɪkwívələnt] 798

相当する；同等の(≒ équal)
- **be equivalent to ...**「…に相当する」
- ▶ equal (→ 394) は量や大きさなど，equivalent は価値や重要性などの点で一致する場合に用いられる。
- 名 等しいもの

precise
[prɪsáɪs] 799

正確な；緻密な(≒ exáct)
- ▶ 細部に至るまで正確であることを示す。
- precísely 副 正確に；(返答で)そのとおり
- precision [prɪsíʒən] 名 正確さ

brief
[bri:f] 800

短時間の；簡潔な
- 名 概要
- ▶ in brief 要するに
- bríefly 副 少しの間；簡潔に

語根で記憶(3)　-tract「引く」
- **at**tract　…の方に引く → 動 を引きつける
- **abs**tract　(具体的な事柄から)引き離す → 形 抽象的な　動 を抽出する　名 要約
- **con**tract　共に引き合う → 名 契約　動 を契約する
- **dis**tract　別な方向へ注意を引く → 動 (注意など)をそらす
- **ex**tract　外に引いて出す → 動 を取り出す

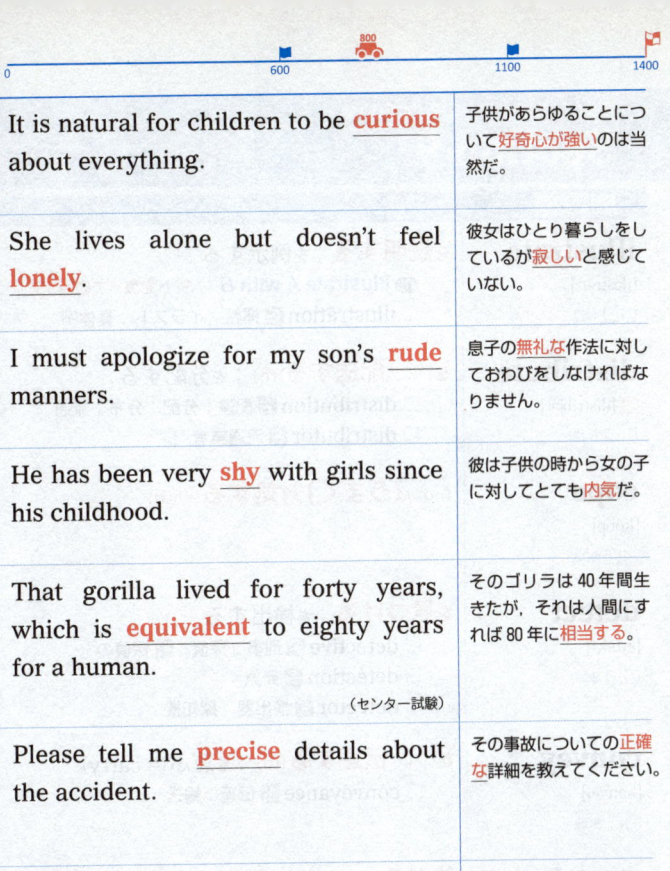

It is natural for children to be **curious** about everything.	子供があらゆることについて好奇心が強いのは当然だ。
She lives alone but doesn't feel **lonely**.	彼女はひとり暮らしをしているが寂しいと感じていない。
I must apologize for my son's **rude** manners.	息子の無礼な作法に対しておわびをしなければなりません。
He has been very **shy** with girls since his childhood.	彼は子供の時から女の子に対してとても内気だ。
That gorilla lived for forty years, which is **equivalent** to eighty years for a human.　(センター試験)	そのゴリラは40年間生きたが、それは人間にすれば80年に相当する。
Please tell me **precise** details about the accident.	その事故についての正確な詳細を教えてください。
The game was interrupted for thirty minutes by a **brief** shower.　(センター試験)	短時間の降雨のため、試合は30分中断した。

語根で記憶(4)　-clude / -close「閉じる」
- **con**clude　共に閉じる ➡ 動 と結論づける；を締めくくる
- **dis**close　閉じているものを開く ➡ 動 を明らかにする；を暴露する
- **en**close　中へ閉じる ➡ 動 を取り巻く；を封入する
- **ex**clude　締め出す ➡ 動 を除外する；を締め出す
- **in**clude　中に閉じ込める ➡ 動 を含む

Part 2 さらに実力を伸ばす500語
Section 9
単語番号 801 〜 900

動詞編

illustrate
[íləstrèit]
□□ 801

を説明する；を例示する
- 🆎 **illustrate** *A* **with** *B*「AをBを使って説明する」
- □ ìllustrátion 名 挿絵，イラスト；具体例

distribute
⑦ [dɪstríbjət]
□□ 802

を(…に)配送する(to)；を分配する
- □ dìstribútion 名 配達；分配；分布；流通
- □ distríbutor 名 流通業者

cope
[koup]
□□ 803

(…に)(うまく)対処する(with)

detect
[dɪtékt]
□□ 804

を見つける；を検出する
- □ detéctive 名 刑事；探偵 形 探偵の
- □ detéction 名 発見
- □ detéctor 名 検出器，探知機

convey
[kənvéi]
□□ 805

を(…に)伝達する(to)；を運ぶ(≒ cárry)
- □ convéyance 名 伝達；輸送

stretch
[stretʃ]
□□ 806

伸びる；を(引っ張って)伸ばす，広げる
- 名 ひと続きの広がり[距離；期間]

calculate
⑦ [kǽlkjulèit]
□□ 807

を計算する
- □ càlculátion 名 計算；予測
- □ cálculàtor 名 計算機

pile
[paɪl]
□□ 808

を積み重ねる；積み重なる
- 🆎 **pile up ...**「…を積み重ねる」
- 名 (積み上げられた)山
- ▶ a pile of ... たくさんの…

▶動詞編 p.212 ▶形容詞編 p.230
▶名詞編 p.222

He **illustrated** his point with a concrete example.	彼は具体例を挙げて自分の意見を説明した。
My company **distributes** drinks to convenience stores.	私の会社は飲料品をコンビニに配送している。
My sister helped me **cope** with the problem.	姉は私がその問題に対処するのを手伝ってくれた。
That kind of cancer is difficult to **detect** early.	その種の癌は早期に見つけ出すのが難しい。
That gesture **conveys** a very different meaning in my culture.	その身振りは私の文化では全く異なる意味を伝える。
A long line of people **stretched** from the restaurant and down the street.	レストランから通りまで人々の長い列が伸びていた。
In order to **calculate** the area, simply multiply the width by the length.	面積を計算するには，単純に横の長さに縦の長さを掛ければよい。
Books were **piled** up high on the desk.	机の上に本が高く積み重ねられていた。

Section 9 動詞編

launch
[lɔːntʃ]
809

を始める；(ロケットなど)を発射する
图 (ロケットなどの)発射；開始

export
[ɪkspɔ́ːrt]
810

を輸出する(⇔ impórt → 604)
export A to B「AをBに輸出する」
图 [ékspɔːrt] 輸出；(普通 ~s)輸出品
□ èxportátion 图 輸出(業)
□ expórter 图 輸出(業)者

protest
[prətést]
811

(…に)抗議する(against)
图 [próutest] (…への)抗議(against / at)

disturb
[dɪstə́ːrb]
812

を邪魔する；を乱す
□ distúrbance 图 邪魔；乱すこと
□ distúrbed 厖 精神を病んでいる；不安な
□ distúrbing 厖 迷惑な

surround
[səráund]
813

を囲む
be surrounded by [with] ...
「…に囲まれている」
□ surróundings 图 周囲の状況；(地理的・生活)
環境(≒ envíronment)

devote
[dɪvóut]
814

(時間など)を(…に)充てる(to)(≒ dédicate)
▶ devote oneself to ... …に専念する
□ devóted 厖 献身的な
□ devótion 图 献身；専念

occupy
[á(ː)kjupàɪ]
815

を占める；を占領する
□ òccupátion 图 職業；占有 → 1048
□ occupant [á(ː)kjupənt] 图 居住者

pursue
[pərsjúː]
816

を追求する；を追跡する
□ pursúit 图 追求；追跡

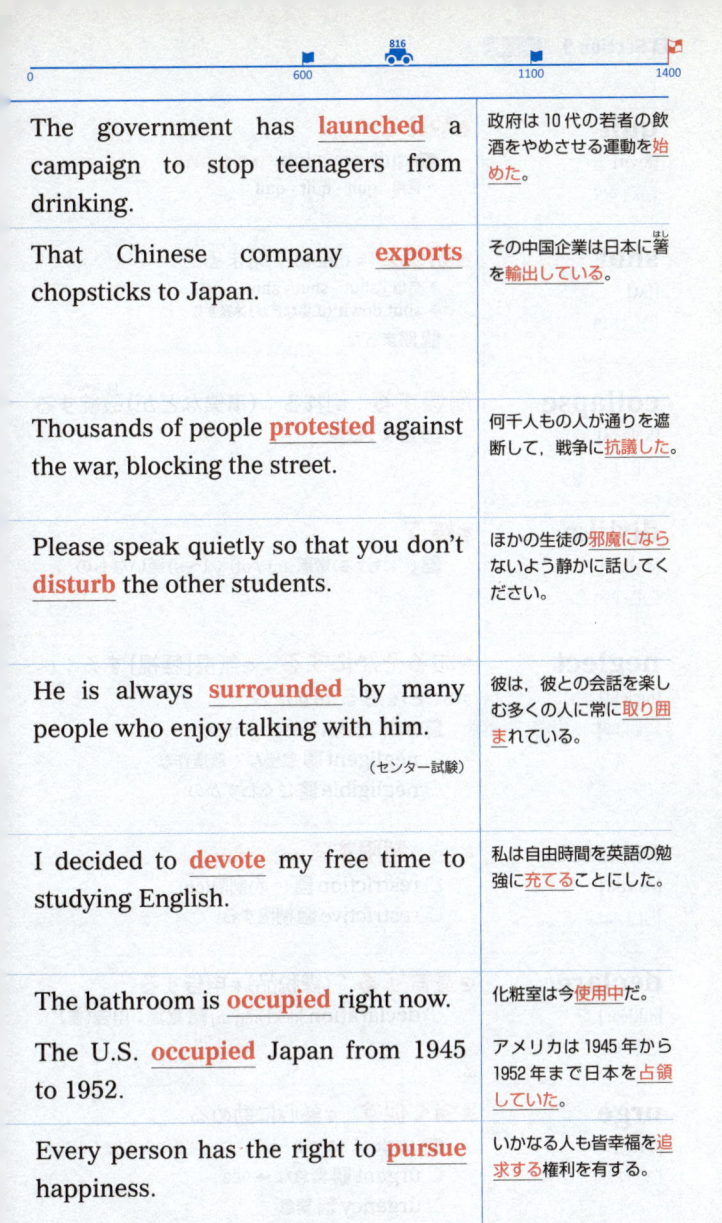

The government has **launched** a campaign to stop teenagers from drinking.	政府は10代の若者の飲酒をやめさせる運動を始めた。
That Chinese company **exports** chopsticks to Japan.	その中国企業は日本に箸を輸出している。
Thousands of people **protested** against the war, blocking the street.	何千人もの人が通りを遮断して，戦争に抗議した。
Please speak quietly so that you don't **disturb** the other students.	ほかの生徒の邪魔にならないよう静かに話してください。
He is always **surrounded** by many people who enjoy talking with him. (センター試験)	彼は，彼との会話を楽しむ多くの人に常に取り囲まれている。
I decided to **devote** my free time to studying English.	私は自由時間を英語の勉強に充てることにした。
The bathroom is **occupied** right now.	化粧室は今使用中だ。
The U.S. **occupied** Japan from 1945 to 1952.	アメリカは1945年から1952年まで日本を占領していた。
Every person has the right to **pursue** happiness.	いかなる人も皆幸福を追求する権利を有する。

Section 9 動詞編

quit
[kwɪt] 817

をやめる
- **quit** *one's* **job**「仕事をやめる」
- ▶ 活用：quit - quit - quit

shut
[ʃʌt] 818

を閉める(≒ close)；閉まる
- ▶ 活用：shut - shut - shut
- shut down (工場などが)休業する
- 形 閉まった

collapse
[kəlǽps] 819

崩壊する；倒れる；(事業などが)破綻する
- 名 崩壊；破綻

dislike
[dɪsláɪk] 820

を嫌う
- 名 (…に対する)嫌悪(for / of)；(～s)嫌いなもの

neglect
[nɪglékt] 821

をおろそかにする；を無視[軽視]する；(～すること)を怠る(to *do*)
- 名 無視；怠慢(≒ négligence)
- □ négligent 形 怠慢な；無造作な
- □ négligible 形 ごくわずかの

restrict
[rɪstríkt] 822

を(…に)制限する(to / within)
- □ restríction 名 (…の)制限(on)
- □ restríctive 形 制限する

declare
[dɪklέər] 823

を宣言する；(課税品)を申告する
- □ declaration [dèklərέɪʃən] 名 宣言；申告(書)

urge
[əːrdʒ] 824

を強く促す；を熱心に勧める
- **urge** *A* **to** *do*「A(人)に～することを強く促す」
- □ úrgent 形 緊急な → 983
- □ úrgency 名 緊急

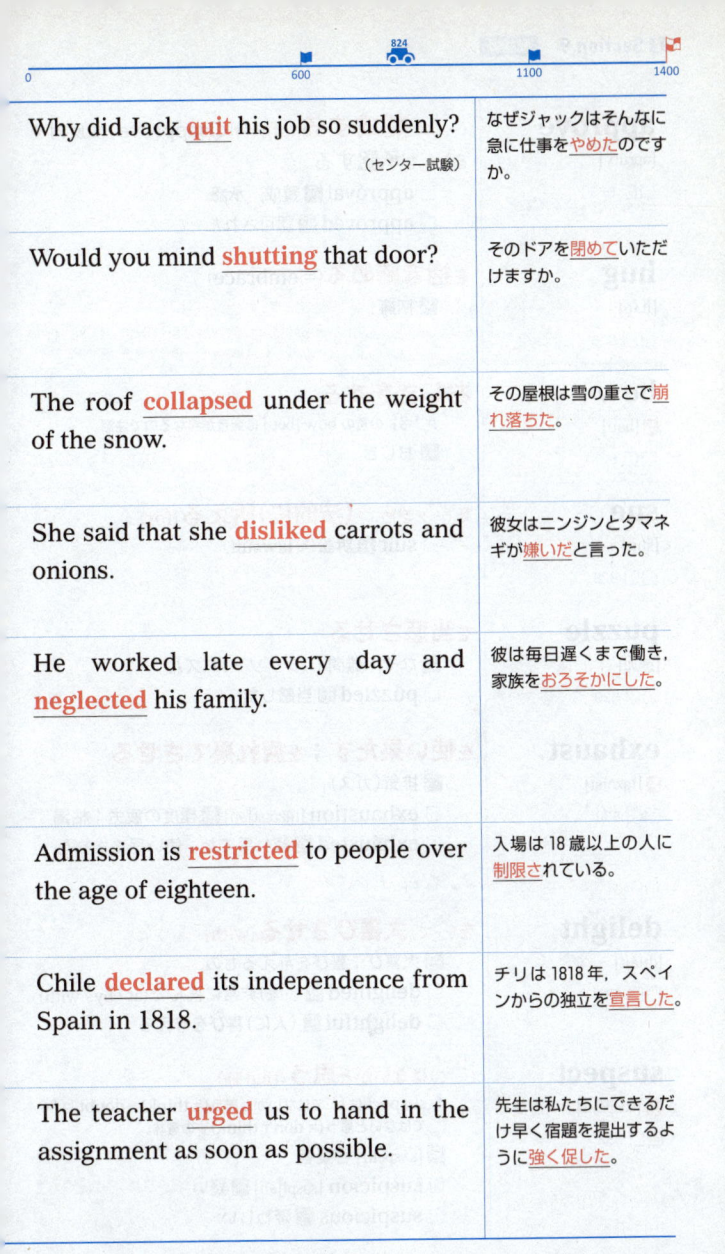

Why did Jack **quit** his job so suddenly? （センター試験）	なぜジャックはそんなに急に仕事をやめたのですか。
Would you mind **shutting** that door?	そのドアを閉めていただけますか。
The roof **collapsed** under the weight of the snow.	その屋根は雪の重さで崩れ落ちた。
She said that she **disliked** carrots and onions.	彼女はニンジンとタマネギが嫌いだと言った。
He worked late every day and **neglected** his family.	彼は毎日遅くまで働き，家族をおろそかにした。
Admission is **restricted** to people over the age of eighteen.	入場は18歳以上の人に制限されている。
Chile **declared** its independence from Spain in 1818.	チリは1818年，スペインからの独立を宣言した。
The teacher **urged** us to hand in the assignment as soon as possible.	先生は私たちにできるだけ早く宿題を提出するように強く促した。

Section 9 動詞編

approve [əprúːv] 825
(…に)**賛成する**(of) (⇔ dìsapprόve に反対する);を承認する
□ appróval 图 賛成,承認
□ appróved 形 認可された

hug [hʌɡ] 826
を抱き締める(≒ embráce)
图 抱擁

bow 発 [bau] 827
おじぎをする
▶「弓」の意の bow [bou] は発音が異なるので注意。
图 おじぎ

sue [sjuː] 828
を(…を求めて)**(法的に)訴える**(for)
□ suit 图 訴訟(≒ láwsùit)

puzzle [pázl] 829
を当惑させる
图 なぞ,難問;(ジグソー)パズル
□ púzzled 形 当惑した

exhaust 発 [ɪɡzɔ́ːst] 830
を使い果たす;を疲れ果てさせる
图 排気(ガス)
□ exhaustion [ɪɡzɔ́ːstʃən] 图 極度の疲労;枯渇
□ exháusted 形 疲れ果てた;使い尽くされた

delight [dɪláɪt] 831
を(…で)**大喜びさせる**(with)
图 大喜び;喜びを与えるもの
□ delíghted 形 (…を)非常に喜んで(at / by / with)
□ delíghtful 形 (人に)喜びを与える

suspect ⑦ [səspékt] 832
(…で)**はないかと思う**(that 節)
▶ suspect は「…ではないかと思う(≒ think)」, doubt は「…ではないと思う(≒ don't think)」の意味。
图 [sáspekt] 容疑者
□ suspicion [səspíʃən] 图 疑い
□ suspícious 形 疑わしい

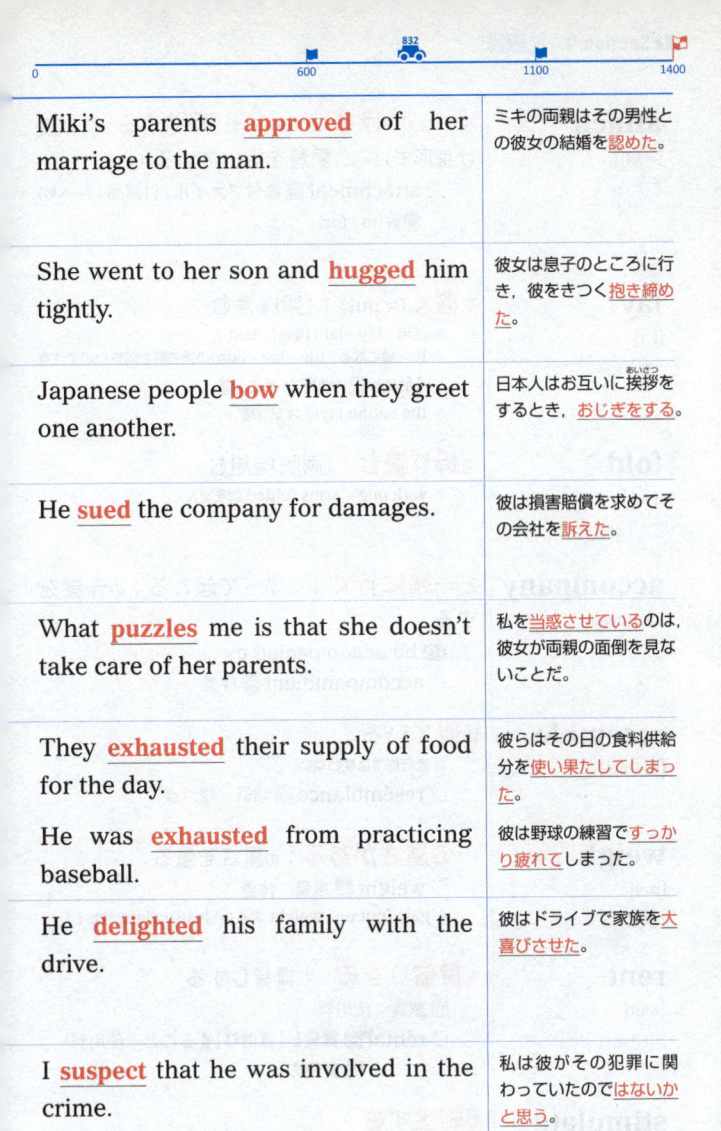

Miki's parents **approved** of her marriage to the man.	ミキの両親はその男性との彼女の結婚を認めた。
She went to her son and **hugged** him tightly.	彼女は息子のところに行き，彼をきつく抱き締めた。
Japanese people **bow** when they greet one another.	日本人はお互いに挨拶をするとき，おじぎをする。
He **sued** the company for damages.	彼は損害賠償を求めてその会社を訴えた。
What **puzzles** me is that she doesn't take care of her parents.	私を当惑させているのは，彼女が両親の面倒を見ないことだ。
They **exhausted** their supply of food for the day.	彼らはその日の食料供給分を使い果たしてしまった。
He was **exhausted** from practicing baseball.	彼は野球の練習ですっかり疲れてしまった。
He **delighted** his family with the drive.	彼はドライブで家族を大喜びさせた。
I **suspect** that he was involved in the crime.	私は彼がその犯罪に関わっていたのではないかと思う。

Section 9 動詞編

attach
[ətǽtʃ]
833

を(…に)**つける**(to)；を(…に)**添付する**(to)；(受け身形で)(…に)愛着を抱いている(to)
- attáchment 名 添付ファイル；付属品；(…への)愛着(to / for)

lay
[leɪ]
834

を置く(≒ put)；(卵)を産む
- ▶ 活用：lay - laid [leɪd] - laid
- ▶ lie「横になる」(lie - lay - lain)の過去形と同形なので注意。
- láyer 名 (地層などの)層
- ▶ the ozone layer オゾン層

fold
[foʊld]
835

を折り畳む；(両腕)を組む
- ▶ with one's arms folded 腕を組んで

accompany
[əkʌ́mpəni]
836

と一緒に行く；に伴って起こる；の伴奏をする
- 🆃🅲 be accompanied by ... 「…が同伴する」
- accómpaniment 名 伴奏

resemble
[rɪzémbl]
837

に似ている
- ▶ 進行形では使わない。
- resémblance 名 類似；類似点

weigh
[weɪ]
838

…の重さがある；の重さを量る
- weight 名 重量，体重
- ▶ gain [put on] weight 太る (⇔ lose weight やせる)

rent
[rent]
839

を賃借りする；を賃貸しする
名 家賃；使用料
- réntal 名 賃貸し[賃借り]すること；使用料 形 賃貸の

stimulate
[stímjulèɪt]
840

を刺激する
- stìmulátion 名 刺激
- stimulus [stímjuləs] 名 刺激(になるもの)
- ▶ 複数形は stimuli [stímjulàɪ]。

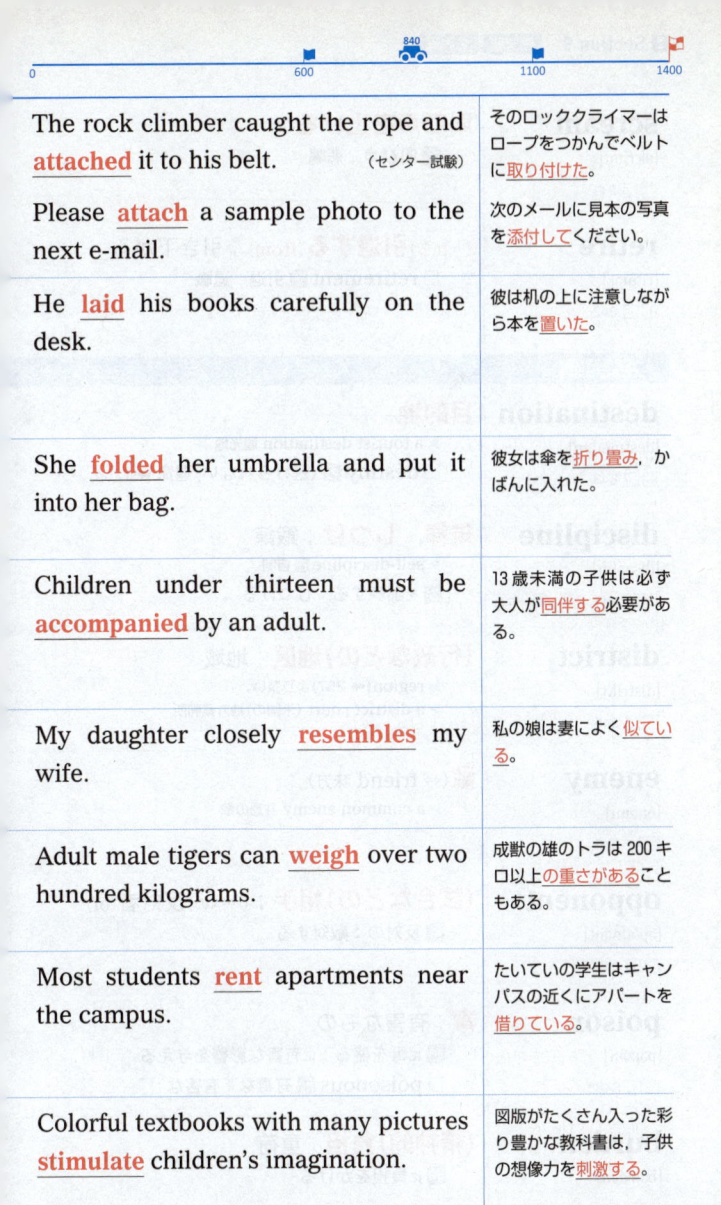

The rock climber caught the rope and <u>attached</u> it to his belt. (センター試験)	そのロッククライマーはロープをつかんでベルトに<u>取り付けた</u>。
Please <u>attach</u> a sample photo to the next e-mail.	次のメールに見本の写真を<u>添付して</u>ください。
He <u>laid</u> his books carefully on the desk.	彼は机の上に注意しながら本を<u>置いた</u>。
She <u>folded</u> her umbrella and put it into her bag.	彼女は傘を<u>折り畳み</u>、かばんに入れた。
Children under thirteen must be <u>accompanied</u> by an adult.	13歳未満の子供は必ず大人が<u>同伴する</u>必要がある。
My daughter closely <u>resembles</u> my wife.	私の娘は妻によく<u>似ている</u>。
Adult male tigers can <u>weigh</u> over two hundred kilograms.	成獣の雄のトラは200キロ以上の<u>重さがある</u>こともある。
Most students <u>rent</u> apartments near the campus.	たいていの学生はキャンパスの近くにアパートを<u>借りている</u>。
Colorful textbooks with many pictures <u>stimulate</u> children's imagination.	図版がたくさん入った彩り豊かな教科書は、子供の想像力を<u>刺激する</u>。

2 Section 9 動詞編 名詞編

scream
[skri:m] 841

叫び声を上げる
名 叫び声, 悲鳴

retire
[rɪtáɪər] 842

(…から)引退する(from)；引き下がる
□ retírement 名 引退, 退職

名詞編

destination
[dèstɪnéɪʃən] 843

目的地
▶ a tourist destination 観光地
□ déstiny 名 (避けられない)運命 → 1254

discipline
[dísəplɪn] 844

規律, しつけ；鍛錬
▶ self-discipline 名 自制
動 を訓練する, しつける

district
[dístrɪkt] 845

(行政などの)地区；地域
▶ region(→ 257)より狭い。
▶ a district court (米国の)地方裁判所

enemy
[énəmi] 846

敵(⇔ friend 味方)
▶ a common enemy 共通の敵

opponent
[əpóʊnənt] 847

(試合などの)相手；(…への)反対者(of)
形 反対の；敵対する

poison
[pɔ́ɪzən] 848

毒；有害なもの
動 に毒を盛る；に有害な影響を与える
□ póisonous 形 有毒な；有害な

burden
[bə́:rdən] 849

(精神的)負担；重荷
動 に負担をかける

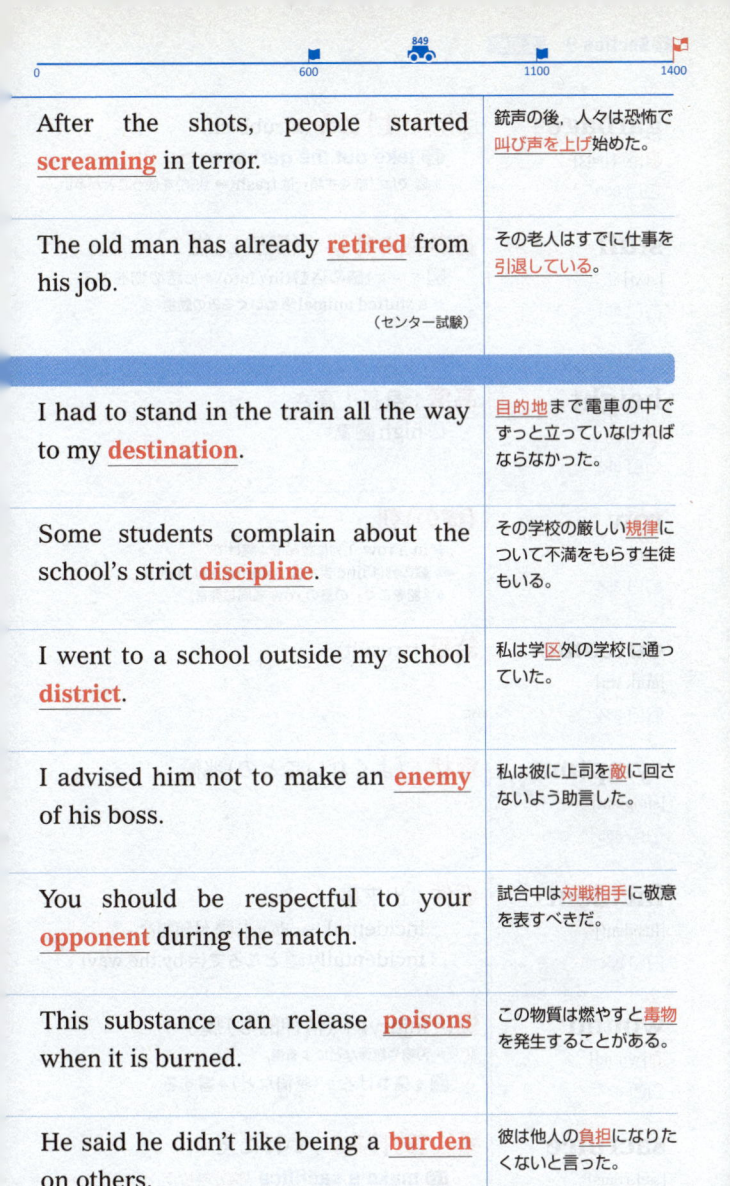

After the shots, people started **screaming** in terror.	銃声の後，人々は恐怖で叫び声を上げ始めた。
The old man has already **retired** from his job. (センター試験)	その老人はすでに仕事を引退している。
I had to stand in the train all the way to my **destination**.	目的地まで電車の中でずっと立っていなければならなかった。
Some students complain about the school's strict **discipline**.	その学校の厳しい規律について不満をもらす生徒もいる。
I went to a school outside my school **district**.	私は学区外の学校に通っていた。
I advised him not to make an **enemy** of his boss.	私は彼に上司を敵に回さないよう助言した。
You should be respectful to your **opponent** during the match.	試合中は対戦相手に敬意を表すべきだ。
This substance can release **poisons** when it is burned.	この物質は燃やすと毒物を発生することがある。
He said he didn't like being a **burden** on others.	彼は他人の負担になりたくないと言った。

223

Section 9 名詞編

garbage
発 [gáːrbɪdʒ]
850

主に米 (生)ごみ (英 rúbbish)
- take out the garbage 「ごみを出す」
- ▶ 英では「紙くず類」は trash(→ 956)を使うことが多い。

stuff
[stʌf]
851

持ち物；材料；(漠然と)物
- 動 を(…に)詰め込む(in / into)；に詰め物をする
- ▶ a stuffed animal 米 ぬいぐるみの動物

height
発 [haɪt]
852

高度；身長；高さ
- □ high 形 高い

row
[rou]
853

(横の)列
- ▶ in a row 1列に並んで；続けて
- ▶ 縦の列は line または column [káː(l)əm]。
- ▶「船をこぐ」の意の row も同じ発音。

outcome
[áʊtkʌm]
854

結果(≒ resúlt)

symptom
[símptəm]
855

症状；(よくないことの)兆候

incident
[ínsɪdənt]
856

事件；出来事
- □ incidental [ìnsɪdéntəl] 形 付随的な
- □ incidéntally 副 ところで(≒ by the way)

wound
発 [wuːnd]
857

傷(≒ ínjury)；(精神的な)痛手
- ▶ 刃物や銃弾などによる傷。
- 動 を傷つける；(感情など)を害する

sacrifice
[sækrɪfàɪs]
858

犠牲(的行為)；いけにえ
- make a sacrifice 「犠牲を払う」
- 動 (…のために)を犠牲にする(for / to)

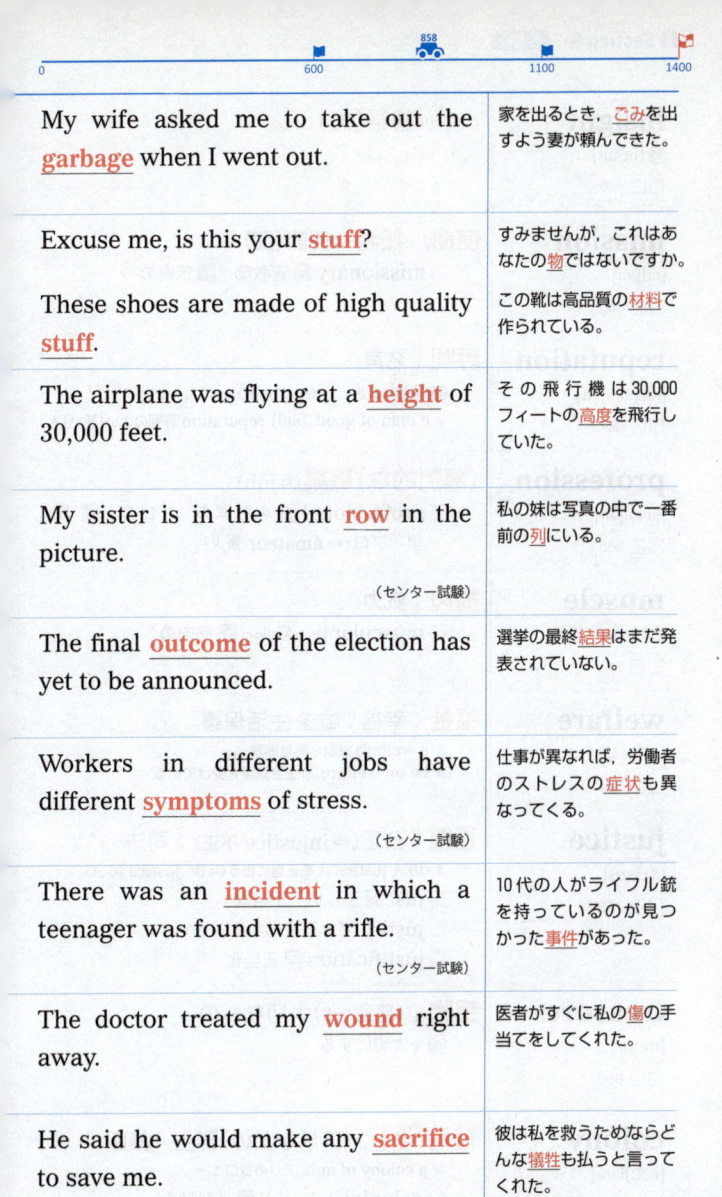

My wife asked me to take out the <u>garbage</u> when I went out.	家を出るとき，<u>ごみ</u>を出すよう妻が頼んできた。
Excuse me, is this your <u>stuff</u>?	すみませんが，これはあなたの<u>物</u>ではないですか。
These shoes are made of high quality <u>stuff</u>.	この靴は高品質の<u>材料</u>で作られている。
The airplane was flying at a <u>height</u> of 30,000 feet.	その飛行機は30,000フィートの<u>高度</u>を飛行していた。
My sister is in the front <u>row</u> in the picture. （センター試験）	私の妹は写真の中で一番前の<u>列</u>にいる。
The final <u>outcome</u> of the election has yet to be announced.	選挙の最終<u>結果</u>はまだ発表されていない。
Workers in different jobs have different <u>symptoms</u> of stress. （センター試験）	仕事が異なれば，労働者のストレスの<u>症状</u>も異なってくる。
There was an <u>incident</u> in which a teenager was found with a rifle. （センター試験）	10代の人がライフル銃を持っているのが見つかった<u>事件</u>があった。
The doctor treated my <u>wound</u> right away.	医者がすぐに私の<u>傷</u>の手当てをしてくれた。
He said he would make any <u>sacrifice</u> to save me.	彼は私を救うためならどんな<u>犠牲</u>も払うと言ってくれた。

2 Section 9 名詞編

insight
[ínsàit]
859
(…への)**洞察(力)**(into)

mission
[míʃən]
860
使命, 任務；使節(団)
□ míssionàry 名 宣教師 形 伝道の

reputation
[rèpjutéɪʃən]
861
評判；名声
TG **have a ... reputation**「…という評判だ」
▶ a man of good [bad] reputation 評判のよい[悪い]人

profession
[prəféʃən]
862
(専門的な)職業(≒ job)
□ proféssional 形 専門家の, プロの 名 専門家, プロ(⇔ ámateur 素人)

muscle
発[mʌ́sl]
863
筋肉；威力
□ muscular [mʌ́skjulər] 形 筋肉の

welfare
[wélfèər]
864
福祉；幸福；(主に米) 生活保護
▶ a welfare state 福祉国家
▶ be on welfare 米 生活保護を受けている

justice
[dʒʌ́stɪs]
865
正義；公正(⇔ injústice 不正)；司法
▶ do A justice A を正当に扱う(≒ do justice to A)
□ just 形 正しい, 正当な
□ jústify 動 を正当化する → 1027
□ jùstificátion 名 正当化

treasure
[tréʒər]
866
宝物；(普通〜s)大切なもの
動 を大切にする

colony
[ká(:)ləni]
867
植民(地)；(アリなどの)群生, 集団
▶ a colony of ants アリのコロニー
□ colonial [kəlóuniəl] 形 植民地の

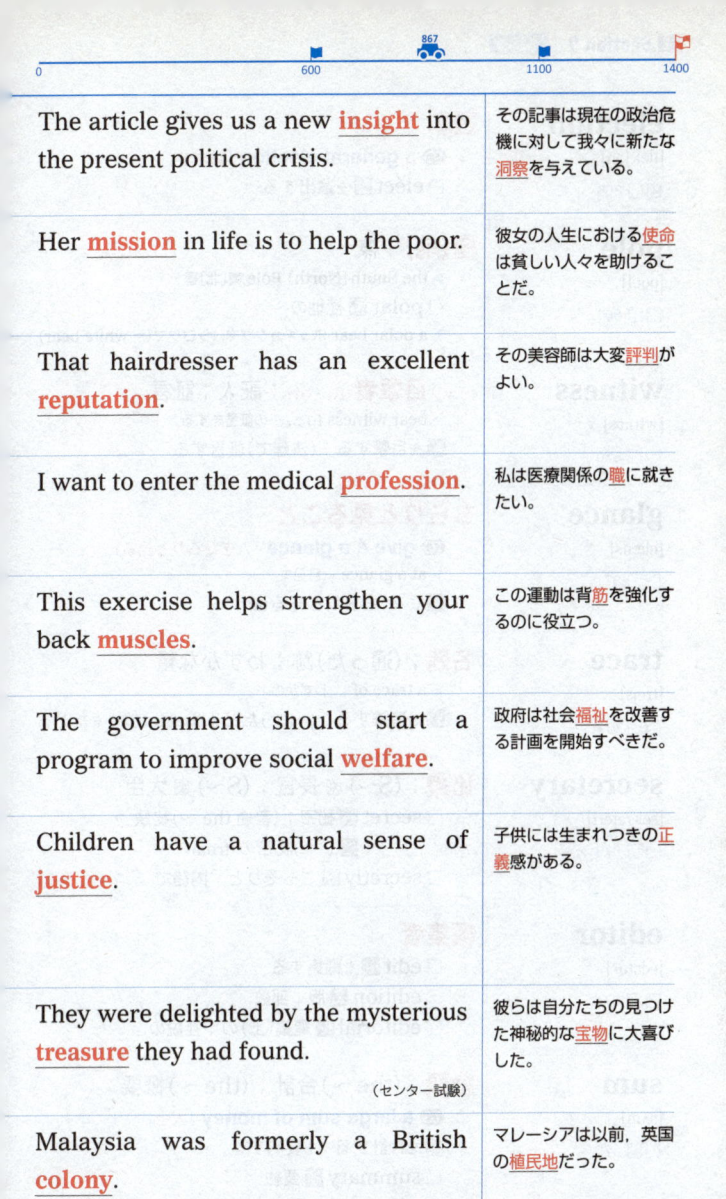

The article gives us a new **insight** into the present political crisis.	その記事は現在の政治危機に対して我々に新たな洞察を与えている。
Her **mission** in life is to help the poor.	彼女の人生における使命は貧しい人々を助けることだ。
That hairdresser has an excellent **reputation**.	その美容師は大変評判がよい。
I want to enter the medical **profession**.	私は医療関係の職に就きたい。
This exercise helps strengthen your back **muscles**.	この運動は背筋を強化するのに役立つ。
The government should start a program to improve social **welfare**.	政府は社会福祉を改善する計画を開始すべきだ。
Children have a natural sense of **justice**.	子供には生まれつきの正義感がある。
They were delighted by the mysterious **treasure** they had found. (センター試験)	彼らは自分たちの見つけた神秘的な宝物に大喜びした。
Malaysia was formerly a British **colony**.	マレーシアは以前, 英国の植民地だった。

Section 9 名詞編

election
[ɪlékʃən]
868

選挙
- **a general election**「総選挙」
- □ elect 動 を選出する

pole
[poʊl]
869

極(地); 棒
▶ the South [North] Pole 南[北]極
□ pólar 形 極地の
▶ a polar bear ホッキョクグマ, シロクマ (= white bear)

witness
[wítnəs]
870

(…の)目撃者 (to / of); 証人; 証言
▶ bear witness to … …の証言をする
動 を目撃する; (法廷で)証言する

glance
[glæns]
871

ちらりと見ること
- **give A a glance**「Aをちらりと見る」
▶ at a glance 一目で
動 (…を)ちらりと見る (at)

trace
[treɪs]
872

名残; (通った)跡; わずかな量
▶ a trace of … わずかの…
動 を追跡する; (…まで)たどる (back to); をたどる

secretary
[sékrətèri]
873

秘書; (S～) 米 長官; (S～) 英 大臣
□ sécret 名 秘密; (普通 the ～) 秘訣
   形 (…に)秘密の (from)
□ sécretly 副 こっそりと, 内緒で

editor
[édətər]
874

編集者
□ édit 動 を編集する
□ edítion 名 版; 部数
□ èditórial 形 編集(上)の; 社説の

sum
[sʌm]
875

金額; (the ～) 合計; (the ～) 概要
- **a large sum of money**「大金」
動 を合計する; を要約する
□ súmmary 名 要約
□ súmmarize 動 を要約する

When will the next general **election** take place?	次の総選挙はいつ行われるだろうか。
Robert Scott and his party reached the South **Pole** in January 1912.	ロバート・スコットとその一行は1912年1月に南極点に到達した。
No **witness** to the accident has been found so far.	その事故の目撃者はこれまでのところ見つかっていない。
She gave me a **glance** and smiled.	彼女は私をちらりと見てほほえんだ。
She has no **trace** of a Scottish accent.	彼女にはスコットランドなまりの名残はない。
My **secretary** will e-mail you about the details later.	私の秘書が後ほど詳細についてメールを差し上げます。
I will ask my **editor** to extend the deadline.	私は編集者に締め切りを延ばしてもらうよう頼むつもりだ。
He earned a large **sum** of money on the business deal.	彼はその商取引で大金を稼いだ。

Section 9 名詞編 形容詞編

liquid
発 [líkwɪd]
876

液体
形 液体の

形容詞編

flexible
[fléksəbl]
877

(…について)**柔軟な**(about); (物が)曲げやすい
□ flèxibílity 名 柔軟性

plain
[pleɪn]
878

平易な; 明白な; 質素な
名 (しばしば~s)平原
□ pláinly 副 明らかに; はっきりと

modest
[má(:)dəst]
879

(…について)**控えめな**(about)
□ módesty 名 謙虚さ

eager
[í:gər]
880

(…を)**熱望して**(for); 熱心な
🆂 be eager to *do*「~したいと熱望している」
□ éagerness 名 熱望
□ éagerly 副 熱心に

stable
[stéɪbl]
881

安定した(⇔ ùnstáble 不安定な)
□ stability [stəbíləti] 名 安定(性)

internal
[ɪntə́:rnəl]
882

内部の(⇔ extérnal → 883); 国内の
(≒ doméstic)

external
[ɪkstə́:rnəl]
883

外部の(⇔ intérnal → 882); 国外の(≒ fóreign)

solid
[sá(:)ləd]
884

固体の; 中身のある; しっかりした
名 固体

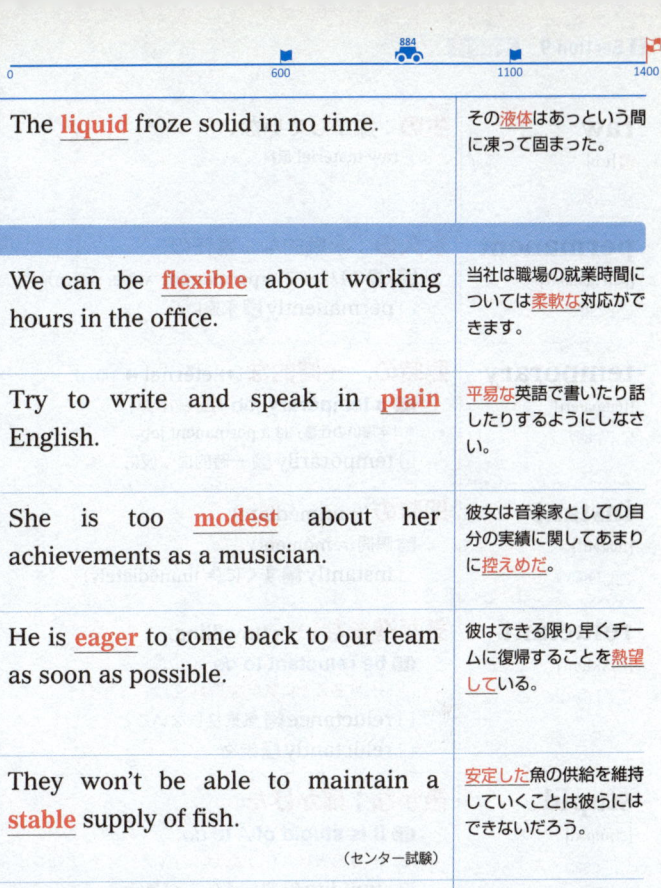

The **liquid** froze solid in no time.	その液体はあっという間に凍って固まった。
We can be **flexible** about working hours in the office.	当社は職場の就業時間については柔軟な対応ができます。
Try to write and speak in **plain** English.	平易な英語で書いたり話したりするようにしなさい。
She is too **modest** about her achievements as a musician.	彼女は音楽家としての自分の実績に関してあまりに控えめだ。
He is **eager** to come back to our team as soon as possible.	彼はできる限り早くチームに復帰することを熱望している。
They won't be able to maintain a **stable** supply of fish. (センター試験)	安定した魚の供給を維持していくことは彼らにはできないだろう。
He is interested in the **internal** structure of the human body.	彼は人体の内部構造に関心がある。
Many people think happiness depends on **external** circumstances.	多くの人が幸せは外的環境によるものだと思っている。
Ice is water in a **solid** state.	氷は固体の状態の水である。

Section 9 形容詞編

raw [rɔː] 885	生(なま)の；加工していない ▶ raw material 原料
permanent [pə́ːrmənənt] 886	永久の；永続的な；常任の 名 (髪の)パーマ (=permanent wave, perm) □ pérmanently 副 永遠に
temporary [témpərèri] 887	臨時の，一時的な (⇔ etérnal → 1400) 🆃🅶 **a temporary job**「臨時の仕事」 ▶「本雇いの仕事」は a permanent job。 □ tèmporárily 副 一時的に；仮に
instant [ínstənt] 888	即時の (≒ immédiate) 名 瞬間 (≒ móment) □ ínstantly 副 すぐに (≒ immédiately)
reluctant [rɪlʌ́ktənt] 889	気が進まない (≒ unwílling) 🆃🅶 **be reluctant to** *do* 「〜することに気が進まない」 □ relúctance 名 気乗りしないこと □ relúctantly 副 渋々
stupid [stjúːpəd] 890	愚かな；ばかげた 🆃🅶 **It is stupid of** *A* **to** *do* 「〜するとはA(人)は愚かだ」 □ stupídity 名 愚鈍；(〜ies)愚行
frank [fræŋk] 891	(人に対して)率直な (with) □ fránkly 副 率直に(言って) ▶ frankly speaking 率直に言って
alike [əláɪk] 892	(…の点で)似ている (in) ▶ 名詞の前では使わない。名詞を限定するときは similar を使う。 副 同様に；平等に

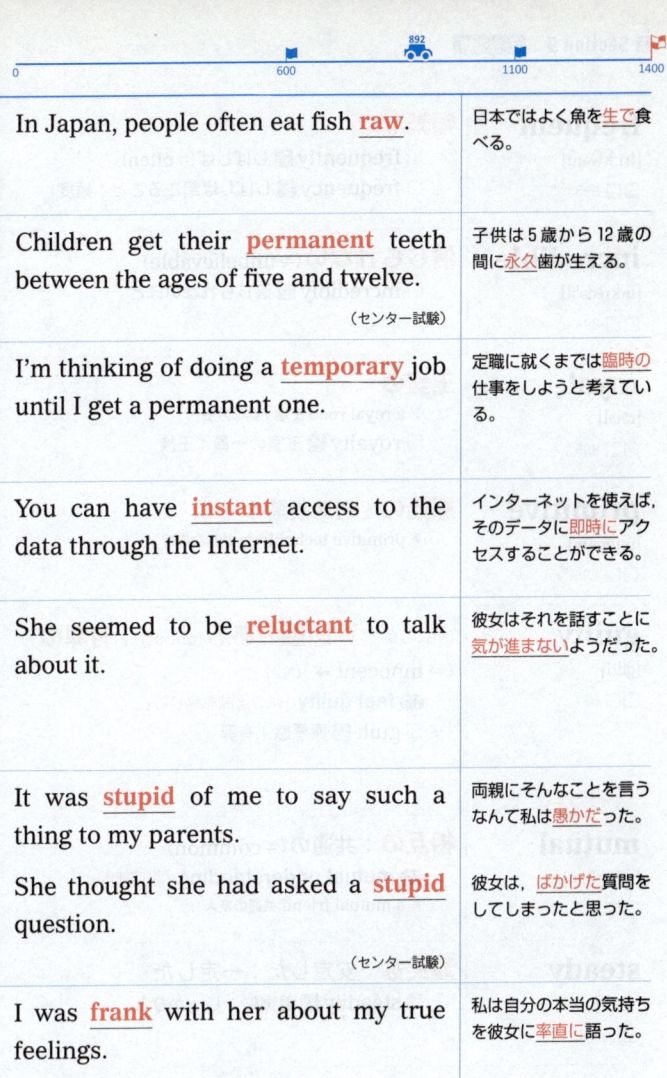

In Japan, people often eat fish **raw**.	日本ではよく魚を生で食べる。
Children get their **permanent** teeth between the ages of five and twelve. （センター試験）	子供は5歳から12歳の間に永久歯が生える。
I'm thinking of doing a **temporary** job until I get a permanent one.	定職に就くまでは臨時の仕事をしようと考えている。
You can have **instant** access to the data through the Internet.	インターネットを使えば、そのデータに即時にアクセスすることができる。
She seemed to be **reluctant** to talk about it.	彼女はそれを話すことに気が進まないようだった。
It was **stupid** of me to say such a thing to my parents.	両親にそんなことを言うなんて私は愚かだった。
She thought she had asked a **stupid** question. （センター試験）	彼女は、ばかげた質問をしてしまったと思った。
I was **frank** with her about my true feelings.	私は自分の本当の気持ちを彼女に率直に語った。
These cell phones are very much **alike** in appearance.	これらの携帯電話は外見がとてもよく似ている。

Section 9 形容詞編

frequent [fríːkwənt] 893
頻繁な
- fréquently 副 しばしば (≒ óften)
- fréquency 名 しばしば起こること；頻度

incredible [ɪnkrédəbl] 894
信じられない (≒ ùnbelíevable)
- incrédibly 副 信じられないほど

royal [rɔ́ɪəl] 895
王室の
▶ a royal road 王道；楽な方法
- róyalty 名 王室の一員；王族

primitive [prímətɪv] 896
原始の；初期段階の
▶ primitive technology 幼稚な技術

guilty [gílti] 897
(…について)罪悪感のある (about)；有罪の
(⇔ ínnocent → 1092)
- 🆃🅖 feel guilty「罪の意識を感じる」
- guilt 名 罪悪感；有罪

mutual [mjúːtʃuəl] 898
相互の；共通の (≒ cómmon)
- 🆃🅖 mutual understanding「相互理解」
▶ a mutual friend 共通の友人

steady [stédi] 899
着実な；安定した；一定した
- stéadily 副 着実に；しっかりと

apparent [əpǽrənt] 900
(見て)明らかな；見たところ…らしい
- 🆃🅖 It is apparent that ...
「…だということは明らかだ」
- appárently 副 聞いた[見た]ところでは

Our letters became less **frequent**, but we never lost touch. (センター試験)	手紙は頻繁ではなくなったが、私たちは決して連絡は絶やさなかった。
It's **incredible** that he survived the disaster.	彼がその災害を生き延びたなんて信じられない。
The **royal** wedding was broadcast on TV all over the world.	王室の結婚式は世界中のテレビで放送された。
In **primitive** societies, it was important to control fire.	原始社会では、火を制御することが重要だった。
They feel **guilty** about taking time off from work. (センター試験)	彼らは休暇を取ることに罪悪感を感じる。
The jury judged that he was **guilty**.	陪審は彼が有罪だと判断した。
Mutual understanding needs to be developed between the two countries.	当の二国間で相互理解をはぐくむ必要がある。
All the students are making **steady** progress.	生徒全員が着実な進歩を遂げている。
It is **apparent** that she is seriously ill.	彼女が大病を患っていることは明らかだ。
The dog bit me despite its **apparent** friendliness.	一見人なつこそうだったにも関わらず、その犬は私にかみついた。

Part 2 さらに実力を伸ばす500語
Section 10
単語番号 901 〜 1000

動詞編

defend [dɪfénd] 901
を(…から)守る (against / from)
- defénse 名 防御(⇔ offénse 攻撃)
- defénder 名 防御(者)
- defénsive 形 防御(側)の

beat [bíːt] 902
(を)(続けざまに)打つ；を殴る；を打ち負かす(≒ deféat)
▶ 活用：beat - beat - beaten [bíːtən]
名 打つこと；鼓動；拍子

defeat [dɪfíːt] 903
(対戦相手)を負かす(≒ beat)
名 負かすこと；敗北(⇔ víctory 勝利)

resist [rɪzíst] 904
を我慢する；に抵抗する
🆓 **resist the temptation to** *do*
「〜したい誘惑をこらえる」
- resístance 名 抵抗
- resístant 形 耐性のある；抵抗する

accuse [əkjúːz] 905
を非難する；を告訴する
🆓 **accuse** *A* **of** *B* 「A(人)をBのことで非難する」
▶ accuse A of B は「告訴する，告発する」の意味でも使う。
- accusátion [ækjuzéɪʃən] 名 非難；告訴

punish [pʌ́nɪʃ] 906
を罰する
🆓 **punish** *A* **for** *B* 「AをBのことで罰する」
- púnishment 名 処罰；刑罰

evaluate [ɪvǽljuèɪt] 907
を評価する (≒ éstimàte)
- evàluátion 名 評価

▶動詞編 p.236　▶形容詞編 p.254
▶名詞編 p.246

The President was prepared to **defend** the country against terrorist attacks.	大統領はテロ攻撃から自国を守る心構えができていた。
My heart was **beating** fast. (センター試験)	心臓がどきどきしていた。
The boxer **beat** his opponent unconscious.	そのボクサーは対戦相手を殴って気絶させた。
In the final match, we **defeated** our opponent by three to nothing.	最後の試合で我々は対戦相手を3対0で負かした。
I cannot **resist** the temptation to eat chocolate after lunch.	私は昼食後にチョコレートを食べる誘惑をこらえられない。
She **accused** me of lying to her many times.	彼女は何度も自分にうそをついたと言って私を非難した。
The teacher **punished** the student for being bad. (センター試験)	悪さをしたので,教師はその生徒を罰した。
It's time to **evaluate** the results of the project.	そのプロジェクトの成果を評価する時期にきている。

Section 10 動詞編

pose
[pouz] 908

(問題など)を(…に)投げかける(to); ポーズ[姿勢]をとる
- 名 ポーズ, 姿勢; 見せかけ

impose
[ɪmpóuz] 909

を(…に)押しつける(on); を課す
▶ impose restrictions [conditions] on ... …に制限[条件]を課す

compose
[kəmpóuz] 910

を構成する; (曲など)を創作する
- **be composed of ...** 「…で構成されている」
- □ còmposítion 名 構成; 作曲; 作文
- □ compóser 名 作曲家

yield
[ji:ld] 911

を産出する(≒ prodúce); (利益など)を生む; (…に)屈する(to)
- 名 産出(物); 利益

derive
[dɪráɪv] 912

を(…から)得る, 引き出す(from); (起源が)(…に)由来する(from)
- □ derivation [dèrɪvéɪʃən] 名 由来, 起原; 派生語

eliminate
[ɪlímɪnèɪt] 913

を(…から)取り除く(from)(≒ remóve)
- □ elìminátion 名 除去

sustain
[səstéɪn] 914

を持続させる; を(精神的に)支える
- □ sustáinable 形 持続可能な; 環境を破壊せず利用できる
▶ sustainable development 環境保全開発

hang
[hæŋ] 915

を(…に)掛ける(on); ぶら下がる; 時間をつぶす
▶ 活用: hang - hung [hʌŋ] - hung
▶ hang around ぶらぶらする

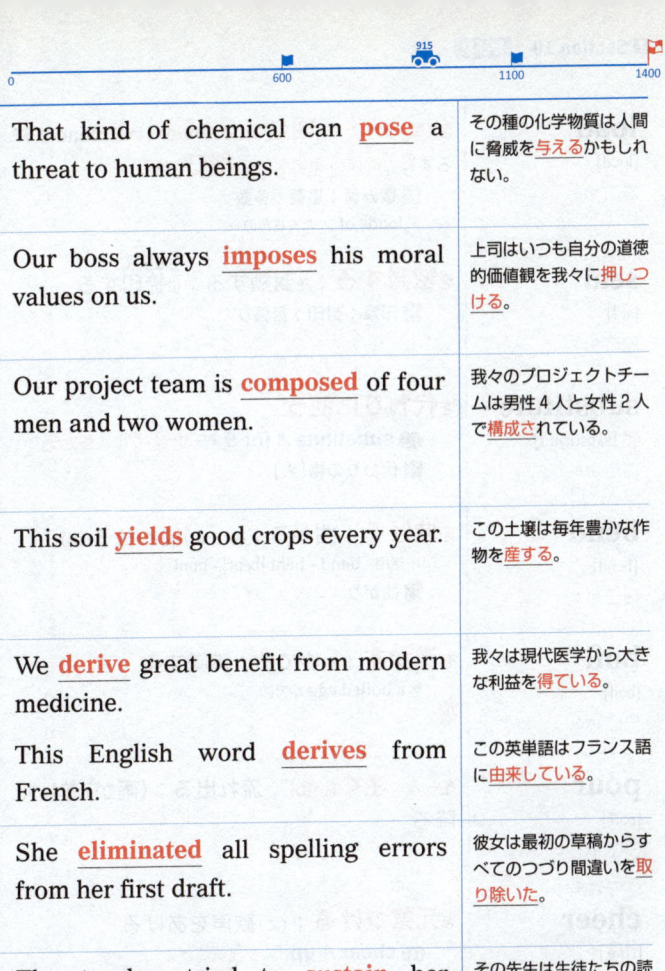

That kind of chemical can **pose** a threat to human beings.	その種の化学物質は人間に脅威を与えるかもしれない。
Our boss always **imposes** his moral values on us.	上司はいつも自分の道徳的価値観を我々に押しつける。
Our project team is **composed** of four men and two women.	我々のプロジェクトチームは男性4人と女性2人で構成されている。
This soil **yields** good crops every year.	この土壌は毎年豊かな作物を産する。
We **derive** great benefit from modern medicine.	我々は現代医学から大きな利益を得ている。
This English word **derives** from French.	この英単語はフランス語に由来している。
She **eliminated** all spelling errors from her first draft.	彼女は最初の草稿からすべてのつづり間違いを取り除いた。
The teacher tried to **sustain** her pupils' interest in reading.	その先生は生徒たちの読書への関心を持続させようとした。
I **hung** the picture on the wall in my study.	私は書斎の壁にその絵を掛けた。

Section 10 動詞編

load
[loʊd] 916
を(車・船などに)積む (into / onto) (⇔ ùnlóad を降ろす), に(荷・乗客などを)積む (with)
🔳 積み荷；重荷；多数
▶ loads of ... たくさんの…

seal
[siːl] 917
を密封する；を封鎖する；に捺印(なついん)する
🔳 印章；封印；目張り

substitute
[sʌ́bstɪtjùːt] 918
を代わりに使う
🔟 substitute A for B「Bの代わりにAを使う」
🔳 代わりの物[人]

bend
[bend] 919
を曲げる；曲がる；を(…に)従わせる (to)
▶ 活用：bend - bent [bent] - bent
🔳 曲がり

boil
[bɔɪl] 920
を沸かす；をゆでる；沸騰する
▶ a boiled egg ゆで卵

pour
[pɔːr] 921
を(…に)注ぐ (into)；流れ出る；(雨が)激しく降る

cheer
[tʃɪər] 922
を元気づける；(に)歓声をあげる
🔟 cheer A up「Aを元気づける」
▶ cheer up 活気づく
🔳 歓声；声援
☐ chéerful 🔷 元気のよい；陽気な

awake
[əwéɪk] 923
目覚める (≒ wake up)；を起こす
▶ 活用：awake - awoke [əwóʊk] - awoke, 🇺🇸 awoken [əwóʊkən]
🔷 目覚めて (⇔ asléep 眠って)
☐ wake 🔷 目を覚ます；の目を覚まさせる

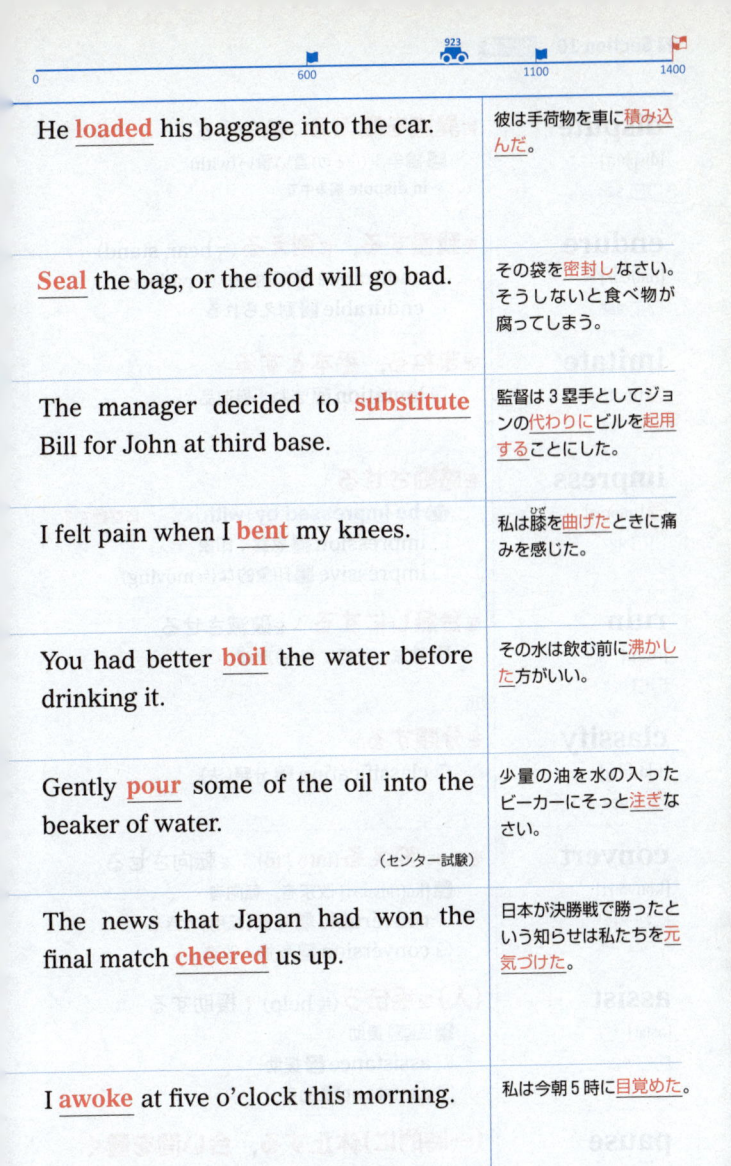

He **loaded** his baggage into the car.	彼は手荷物を車に積み込んだ。
Seal the bag, or the food will go bad.	その袋を密封しなさい。そうしないと食べ物が腐ってしまう。
The manager decided to **substitute** Bill for John at third base.	監督は3塁手としてジョンの代わりにビルを起用することにした。
I felt pain when I **bent** my knees.	私は膝を曲げたときに痛みを感じた。
You had better **boil** the water before drinking it.	その水は飲む前に沸かした方がいい。
Gently **pour** some of the oil into the beaker of water. (センター試験)	少量の油を水の入ったビーカーにそっと注ぎなさい。
The news that Japan had won the final match **cheered** us up.	日本が決勝戦で勝ったという知らせは私たちを元気づけた。
I **awoke** at five o'clock this morning.	私は今朝5時に目覚めた。

Section 10 動詞編

dispute
[dɪspjúːt]
924

に異議を唱える；論争する
名 論争；(…との)言い争い(with)
▶ in dispute 論争中で

endure
[ɪndjúər]
925

を我慢する，に耐える(≒ bear, stand)
□ endúrance 名 忍耐(力)(≒ pátience)
□ endúrable 形 耐えられる

imitate
[ímɪtèɪt]
926

をまねる，手本とする
□ ìmitátion 名 まね；模造品

impress
[ɪmprés]
927

を感動させる
TC be impressed by [with] ... 「…に感動する」
□ impréssion 名 感銘；印象
□ impréssive 形 印象的な(≒ móving)

ruin
[rúːɪn]
928

を台無しにする；を破滅させる
名 破滅；荒廃；(~s)廃墟

classify
[klǽsɪfàɪ]
929

を分類する
□ clàssificátion 名 分類(法)

convert
[kənvə́ːrt]
930

を(…に)変える(into / to)；を転向させる
名 [ká(:)nvəːrt] 改宗者，転向者
□ convértible 形 転換[転用]できる
□ convérsion 名 転換；改造

assist
[əsíst]
931

(人)を手伝う(≒ help)；援助する
名 主に米 援助
□ assístance 名 援助
□ assístant 名 助手

pause
[pɔːz]
932

(一時的に)休止する，合い間を置く
名 休止；息つぎ

The players **disputed** the judge's decision.	選手たちは審判の判定に異議を唱えた。
I can't **endure** the back pain.	私は背中の痛みを我慢することができない。
As for learning to paint, it's helpful to **imitate** famous paintings.	絵を描くのを学ぶ場合について言えば，有名な絵画をまねることは有益だ。
We were deeply **impressed** by her speech.	我々は彼女の講演に深く感動した。
The scandal will **ruin** his political career.	その不祥事は彼の政治家としての経歴を台無しにするだろう。
People were **classified** according to their occupations.	人々は職業によって分類された。
This kind of raw material can be **converted** into alcohol. (センター試験)	この種の原料はアルコールに変えることができる。
I would appreciate it if you could **assist** us. (センター試験)	私たちを手伝っていただけるとありがたいのですが。
He **paused** for a moment and replied to her slowly. (センター試験)	彼は少し間を置き，ゆっくりと彼女に答えた。

Section 10 動詞編

vanish [vǽnɪʃ] 933	消え失せる；(急に)見えなくなる (≒ dìsappéar)
discourage [dɪskə́:rɪdʒ] 934	に思いとどまらせる；を落胆させる (⇔ encóurage → 112) ⓘ **discourage A from** *doing*「A(人)に～するのを思いとどまらせる」 □ discóuragement 图 落胆(させること)
relieve [rɪlíːv] 935	(苦痛など)を和らげる，減らす；(受け身形で)安心する ⓘ **relieve stress**「ストレスを解消する」 □ relíef 图 軽減；安心
frustrate [frʌ́streɪt] 936	に不満を抱かせる；を挫折させる ▶ be frustrated with ... …にいらだつ；…に不満を抱く □ frùstrátion 图 欲求不満；挫折
weaken [wíːkən] 937	を衰弱させる，弱める (⇔ stréngthen を強める) □ weak 形 弱い □ wéakness 图 弱さ；大好きであること ▶ have a weakness for ... …が大好きである
accomplish [əká(ː)mplɪʃ] 938	を成し遂げる (≒ achíeve) □ accómplishment 图 達成；業績
deserve [dɪzə́ːrv] 939	に値する ⓘ **deserve to** *do*「～するに値する」
owe [oʊ] 940	は(…の)おかげである (to)；(人)に(金など)を借りている ▶「owe A (金など) to B (人)」の形もとれる。 □ ówing 形 借りている ▶ owing to ... …のために (≒ because of)

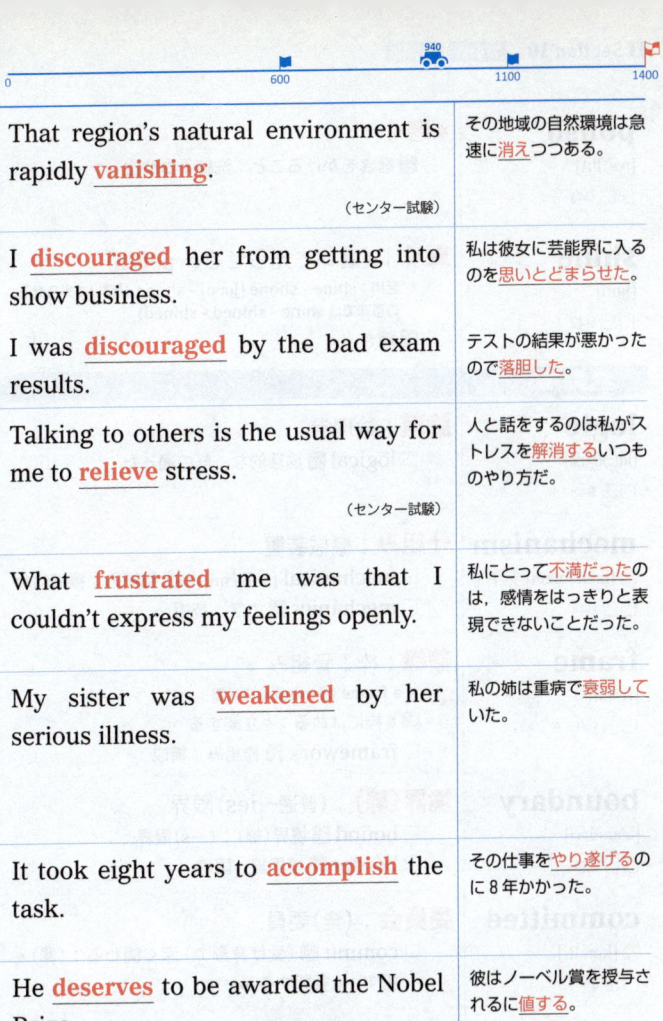

That region's natural environment is rapidly <u>vanishing</u>. (センター試験)	その地域の自然環境は急速に<u>消え</u>つつある。
I <u>discouraged</u> her from getting into show business.	私は彼女に芸能界に入るのを<u>思いとどまらせた</u>。
I was <u>discouraged</u> by the bad exam results.	テストの結果が悪かったので<u>落胆した</u>。
Talking to others is the usual way for me to <u>relieve</u> stress. (センター試験)	人と話をするのは私がストレスを<u>解消する</u>いつものやり方だ。
What <u>frustrated</u> me was that I couldn't express my feelings openly.	私にとって<u>不満だった</u>のは，感情をはっきりと表現できないことだった。
My sister was <u>weakened</u> by her serious illness.	私の姉は重病で<u>衰弱して</u>いた。
It took eight years to <u>accomplish</u> the task.	その仕事を<u>やり遂げる</u>のに8年かかった。
He <u>deserves</u> to be awarded the Nobel Prize.	彼はノーベル賞を授与される<u>に値する</u>。
I <u>owe</u> my progress in English to the teaching of my aunt.	私の英語の進歩はおばの教えの<u>おかげである</u>。

Section 10 [動詞編] [名詞編]

polish
[pá(:)lɪʃ] 941
を磨く
- 名 磨きをかけること；洗練；つや出し

shine
[ʃaɪn] 942
輝く；を磨いて光らせる(≒ pólish)
▶ 活用：shine - shone [ʃoʊn] - shone（「磨いて光らせる」の意味では shine - shined - shined）
- 名 輝き

名詞編

logic
[lá(:)dʒɪk] 943
論理；論理学
- □ lógical 形 論理的な；筋の通った

mechanism
[mékənɪzm] 944
仕組み；機械装置
- □ mechanical [mɪkǽnɪkəl] 形 機械の；機械的な
- □ mechánics 名 力学；技術

frame
[freɪm] 945
額縁；枠；骨組み
▶ a frame of mind 心の状態
- 動 を枠にはめる；を立案する
- □ frámewòrk 名 枠組み；構成

boundary
[báʊndəri] 946
境界(線)；(普通～ies) 限界
- □ bound 名 境界(線)；(～s)限界
- □ bórder 名 境界線, 国境

committee
[kəmíti] 947
委員会；(全)委員
- □ commít 動 (受け身形で)深く関わる；(罪)を犯す；を委託する → 618

council
[káʊnsəl] 948
(地方自治体の)議会；評議会
▶ 「顧問弁護士」の意の counsel も同じ発音。
▶ a city council 市議会

jury
[dʒʊ́əri] 949
陪審(員団)
▶ 市民の中から選ばれた一定数の陪審員からなり、有罪か無罪かを評決する。

The cleaning robot can **polish** the floor of a building. (センター試験)	そのお掃除ロボットは建物の床を磨くことができる。
The morning sun was **shining** brightly in the sky.	空には朝日がまぶしく輝いていた。
I don't understand the **logic** behind his idea.	彼の考えの背後にある論理がわからない。
My research focuses on the **mechanism** of the human brain.	私の研究は人間の脳の仕組みに重点を置いている。
I put the picture in the beautiful **frame**.	私はその絵を美しい額縁に入れた。
The national **boundaries** of this country have changed many times.	この国の国境は何度も変わった。
She is on the selection **committee**.	彼女は選考委員会の一員だ。
A report on the election system was issued by the local **council**.	選挙制度に関する報告書が地方議会から出された。
The lawyer tried to convince the **jury** of her innocence.	弁護士は陪審員団に彼女の無罪を納得させようとした。

Section 10 名詞編

neighbor
[néɪbər] 950

近所の人，隣人
- néighborhòod 名 近所(の人々)；周辺
- néighboring 形 隣の，近隣の

globe
[gloub] 951

(普通 the 〜)世界；地球儀；球体
▶ glove [glʌv]「手袋」と区別のこと。
- glóbal 形 地球全体の；全体的な

empire
[émpaɪər] 952

帝国
- imperial [ɪmpíəriəl] 形 帝国の；堂々とした

horizon
[həráɪzən] 953

(the 〜)水平線，地平線
- **on the horizon**「水[地]平線に」
- horizontal [hɔ̀:rəzɑ́(:)ntəl] 形 水[地]平線の；水平な (⇔ vértical 垂直の)

furniture
[fə́:rnɪtʃər] 954

家具
▶「家具１つ」はa furnitureではなく，a piece of furnitureと言う。
- furnish [fə́:rnɪʃ] 動 に家具類を備え付ける

tag
[tæg] 955

値札；札
動 に札をつける；を付加する

trash
[træʃ] 956

主に米 ごみ (英 rúbbish)
▶ trashは主に「紙くず・容器」に使い，「生ごみ」には garbage (→ 850) を使う。

litter
[lítər] 957

(公共の場での)ごみ
動 (人が)を散らかす；(ごみが)に散らかる
▶ No Littering ごみ捨て禁止

wheat
[hwi:t] 958

小麦

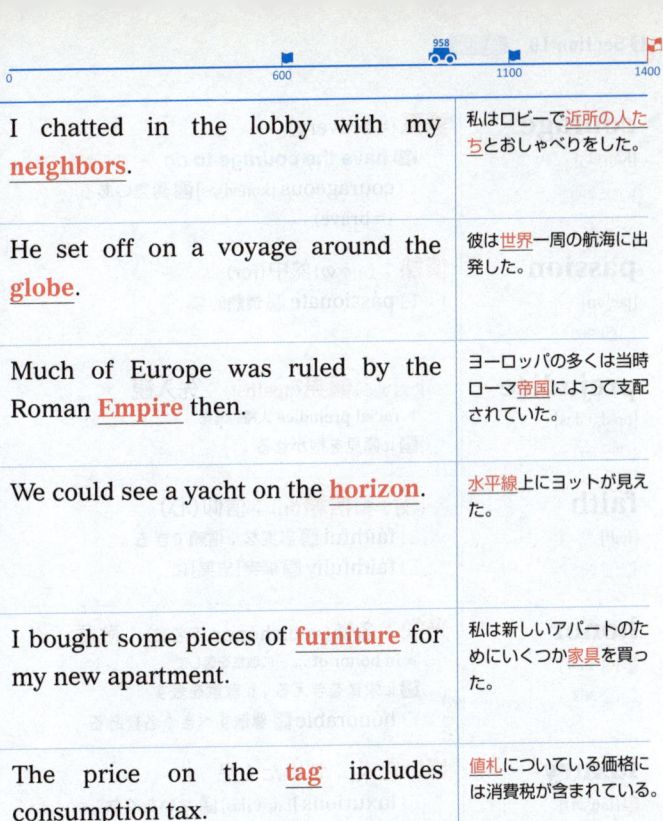

I chatted in the lobby with my **neighbors**.	私はロビーで近所の人たちとおしゃべりをした。
He set off on a voyage around the **globe**.	彼は世界一周の航海に出発した。
Much of Europe was ruled by the Roman **Empire** then.	ヨーロッパの多くは当時ローマ帝国によって支配されていた。
We could see a yacht on the **horizon**.	水平線上にヨットが見えた。
I bought some pieces of **furniture** for my new apartment.	私は新しいアパートのためにいくつか家具を買った。
The price on the **tag** includes consumption tax. （センター試験）	値札についている価格には消費税が含まれている。
You can reduce **trash** by reusing and recycling.	再使用やリサイクルによってごみを減らせる。
People who drop **litter** in this park will be fined.	この公園でごみを捨てた人には罰金が科せられる。
This area yields an abundant harvest of **wheat**.	この地域は豊かな小麦の収穫を生む。

249

Section 10 名詞編

courage
[kə́ːrɪdʒ] 959
勇気(≒ brávery)
- **have the courage to** *do*「〜する勇気がある」
- courageous [kəréɪdʒəs] 形 勇気のある (≒ brave)

passion
[pǽʃən] 960
情熱；(…への)熱中(for)
- pássionate 形 情熱的な

prejudice
[prédʒʊdəs] 961
(…に対する)偏見(against)；先入観
▶ racial prejudice 人種的偏見
動 に偏見を抱かせる

faith
[feɪθ] 962
(…に対する)信頼(in)；信仰(心)
- fáithful 形 忠実な；信頼できる
- fáithfully 副 誠実[忠実]に

honor
[ɑ́(ː)nər] 発 963
光栄；名誉(⇔ dishónor 不名誉)；敬意
▶ in honor of … …に敬意を表して
動 に栄誉を与える；に敬意を表す
- hónorable 形 尊敬すべき；名誉ある

luxury
[lʌ́gʒəri] 発 964
ぜいたく；ぜいたく品
- luxurious [lʌgʒʊ́riəs] 形 ぜいたくな

priority
[praɪɔ́(ː)rəti] 965
優先事項；優先
- ***A*'s first priority**「Aの最優先事項」
- prior [práɪər] 形 (…より)前の(to)；より重要な

guard
[ɡɑːrd] 966
警戒；護衛者
- **be on** *one's* **guard against …**「…に用心する」
動 を(…から)守る(from / against)

fate
[feɪt] 967
運命(≒ déstiny)
- fátal 形 (…にとって)致命的な(to)
- fáteful 形 宿命的な

I didn't have the **courage** to tell him the truth.	私は彼に真実を語る勇気がなかった。
He spoke with **passion** about the importance of education.	彼は教育の重要性について情熱を込めて語った。
There is much less **prejudice** against women in workplaces now.	現在,職場では女性への偏見がずっと少なくなっている。
We shouldn't put too much **faith** in experts. (センター試験)	我々は専門家に過度の信頼を置くべきでない。
It is a great **honor** to meet you, Mr. Jones.	ジョーンズさん,お目にかかれて大変光栄です。
He is not used to a life of **luxury**.	彼はぜいたくな暮らしには慣れていない。
We consider security our first **priority**.	我々は安全確保を最優先事項と見なしている。
You must be on your **guard** against pickpockets.	すりに用心しなければならない。
In the future, agriculture will determine the **fate** of our country.	将来,農業が我が国の運命を決定するだろう。

Section 10 名詞編

trap
[træp] 968

わな
- **set a trap for ...**「…にわなを仕掛ける」
- 動 を陥れる；をわなで捕らえる

physician
[fɪzíʃən] 969

内科医, 医師(≒ dóctor)
- ▶「外科医」は surgeon [sə́ːrdʒən]。

slave
[sleɪv] 970

奴隷
- □ slávery 名 奴隷制度

thief
[θiːf] 971

泥棒
- ▶ 複数形は thieves [θiːvz]。
- □ theft 名 窃盗

scholarship
[skɑ́(ː)lərʃɪp] 972

(…への)奨学金(to / for)
- □ schólar 名 (特に人文系の)学者

discount
[dískaʊnt] 973

割引
- **give A a ... discount**「Aに…の割引を与える」
- ▶ at a discount 値引きして
- 動 を値引きする

poetry
[póʊətri] 974

(集合的に)詩(≒ póems)
- □ poem [póʊəm] 名 (1編の)詩
- □ poet [póʊət] 名 詩人
- □ poetic [poʊétɪk] 形 詩的な

shade
[ʃeɪd] 975

日陰；日よけ
- ▶ shade は物に遮られて光などが当たらない所を指す。光が当たってできる「影」は shadow。
- 動 (光・熱など)を遮る

throat
[θroʊt] 976

のど
- ▶ clear one's throat せき払いをする

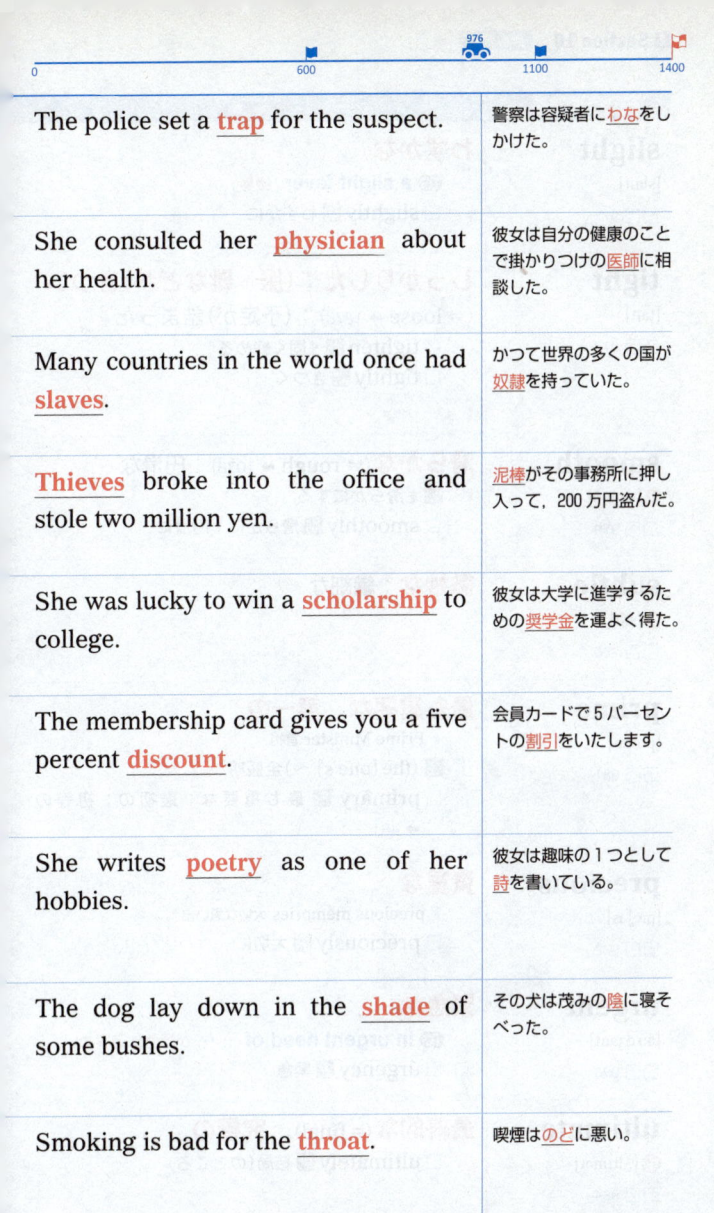

The police set a <u>trap</u> for the suspect.	警察は容疑者に<u>わな</u>をしかけた。
She consulted her <u>physician</u> about her health.	彼女は自分の健康のことで掛かりつけの<u>医師</u>に相談した。
Many countries in the world once had <u>slaves</u>.	かつて世界の多くの国が<u>奴隷</u>を持っていた。
<u>Thieves</u> broke into the office and stole two million yen.	<u>泥棒</u>がその事務所に押し入って，200万円盗んだ。
She was lucky to win a <u>scholarship</u> to college.	彼女は大学に進学するための<u>奨学金</u>を運よく得た。
The membership card gives you a five percent <u>discount</u>.	会員カードで5パーセントの<u>割引</u>をいたします。
She writes <u>poetry</u> as one of her hobbies.	彼女は趣味の1つとして<u>詩</u>を書いている。
The dog lay down in the <u>shade</u> of some bushes.	その犬は茂みの<u>陰</u>に寝そべった。
Smoking is bad for the <u>throat</u>.	喫煙は<u>のど</u>に悪い。

2 Section 10 形容詞編

形容詞編

slight [slaɪt] 977
わずかな
- a slight fever「微熱」
- slíghtly 副 わずかに

tight [taɪt] 978
しっかりした；(服・靴などが)きつい
(⇔ loose → 1278)；(予定が)詰まった
- tíghten 動 を固く締める
- tíghtly 副 きつく

smooth [smuːð] 979
滑らかな(⇔ rough → 1078)；円滑な
動 を滑らかにする
- smóothly 副 滑らかに；円滑に

subtle [sʌ́tl] 980
微妙な；繊細な

prime [praɪm] 981
最も重要な，第一の
▶ Prime Minister 首相
名 (the [one's] 〜)全盛期
- prímary 形 最も重要な；最初の；初等の → 481

precious [préʃəs] 982
貴重な
▶ precious memories 大切な思い出
- préciously 副 大切に

urgent [ə́ːrdʒənt] 983
緊急な
- in urgent need of ...「…が緊急に必要で」
- úrgency 名 緊急

ultimate [ʌ́ltəmət] 984
最終的な(≒ fínal)，究極の
- últimately 副 結局(のところ)

I feel a little better, but still have a **slight** fever. (センター試験)	私は少し気分がよくなったが、まだ微熱がある。
She kept a **tight** hold on her son's hand.	彼女は息子の手をしっかりと握っていた。
The collar of this shirt is too **tight** for me.	このシャツの襟(えり)は私にはきつすぎる。
This cloth feels **smooth** and soft.	この布は滑らかで柔らかな手触りだ。
They are similar, but there are **subtle** differences between them.	それらは似ているが、両者には微妙な違いがある。
Their **prime** concern is the recovery of the economy.	彼らの最も重要な関心事は経済の回復だ。
This diamond is one of the most **precious** treasures in the museum.	このダイヤモンドはこの美術館で最も貴重な宝物の1つだ。
He is in **urgent** need of surgery.	彼は緊急に手術が必要だ。
My **ultimate** goal is to understand a foreign language completely. (センター試験)	私の最終的な目標は外国語を完全に理解することだ。

2 Section 10 形容詞編

genuine
[dʒénjuɪn]
985

本物の (≒ réal)

spare
[speər]
986

余分の；予備の
動 (人) に (時間など) を割く；を使い惜しみする

gentle
[dʒéntl]
987

(…に) 優しい (with)；穏やかな
□ géntly 副 優しく

mature
[mətʊər]
988

大人になった (⇔ immatúre 未熟の)；熟した
⓲ **be mature enough to** *do*
「〜できるくらいに大人になる」
動 成熟する；を熟させる
□ matúrity 名 成熟(期)；円熟(期)

casual
[kǽʒuəl]
989

形式ばらない，打ち解けた (≒ infórmal)；
何気ない；偶然の
□ cásually 副 くだけて；何気なく
□ cásualty 名 (事故などの)犠牲者

fluent
[flúːənt]
990

流ちょうな；(外国語に)堪能な (in)
□ flúently 副 流ちょうに
□ flúency 名 流ちょうさ
▶ with fluency 流ちょうに (≒ fluently)

adequate
[ǽdɪkwət]
991

十分な (≒ suffícient) (⇔ inádequate 不十分な)；適切な
□ ádequately 副 適応に；十分に
□ ádequacy 名 適切さ，妥当性

multiple
[mʌ́ltɪpl]
992

多くの (部分から成る)；さまざまな
□ multiply [mʌ́ltɪplaɪ] 動 (数)を掛ける；増殖する
▶ multiply 3 by 7 3に7を掛ける

This briefcase is made of <u>genuine</u> leather.	この書類かばんは<u>本物の</u>革でできている。
I have a <u>spare</u> ticket to a soccer match next week. (センター試験)	来週行われるサッカーの試合のチケットが1枚<u>余って</u>いる。
She grew up to be a very <u>gentle</u> and kind woman.	彼女は成長して,とても<u>優しくて</u>親切な女性になった。
She is <u>mature</u> enough to handle the matter by herself.	彼女はもう<u>大人</u>なのだから,その問題に1人で対処できる。
The restaurant has a warm, <u>casual</u> atmosphere.	そのレストランには温かく<u>打ち解けた</u>雰囲気がある。
She became a <u>fluent</u> speaker of Japanese, Russian and Chinese. (センター試験)	彼女は日本語,ロシア語,中国語の<u>流ちょうな</u>話し手になった。
Does your vegetarian diet provide you with <u>adequate</u> protein?	野菜中心の食事であなたは<u>十分な</u>たんぱく質がとれますか。
This type of bridge is made up of <u>multiple</u> sections. (センター試験)	この種の橋は<u>たくさんの</u>部分からできている。

Section 10 形容詞編

dynamic ⑦ [daɪnǽmɪk] 993	**(人が)活動的な**；(物が)活発な (⇔ státic → 1388) □ dynámics 图 力学
ethnic ⑦ [éθnɪk] 994	**民族の，人種の** ⑩ **an ethnic group**「民族(の集団)」 □ ethnícity 图 民族性；民族的団結
indifferent [ɪndífərənt] 995	**無関心な** ▶ different「違った」の反意語ではない。 ⑩ **be indifferent to [toward]**「…に無関心だ」 □ indífference 图 無関心
alien [éɪliən] 996	**(…にとって)異質の**(to)；外国の (≒ fóreign) 图 (居留)外国人；異星人
acid [ǽsɪd] 997	**酸性の**；酸味の強い；辛らつな ⑩ **acid rain**「酸性雨」 图 酸
abstract [ǽbstrækt] 998	**抽象的な** (⇔ concréte 具体的な) 動 [æbstrǽkt] を抽出する 图 [ǽbstrækt] 要約 □ abstráction 图 抽象的概念
sacred ④ [séɪkrɪd] 999	**(…にとって)神聖な**(to) (≒ hóly)
ugly [ʌ́gli] 1000	**醜い**(⇔ béautiful)，**不格好な**；不愉快な ▶ 失礼になるので「ugly ＋人」では使わない。

語根で記憶(5) **-rupt**「破る，壊れる」
● **ab**rupt 突然破れる ➡ 形 不意の
● **cor**rupt 完全に壊れる ➡ 形 堕落した 動 を堕落させる
● **e**rupt 破れて外に出る ➡ 動 爆発する；噴出する
● **inter**rupt 破って間に入る ➡ 動 をさえぎる；を中断する

His customers love his **dynamic** personality.		彼の顧客は彼の活動的な性格をとても気に入っている。
There are pupils from different **ethnic** groups at the school.		その学校にはさまざまな民族出身の生徒たちがいる。
He is **indifferent** to other people's feelings.		彼は他人の気持ちに無関心だ。
Their way of life appears a little **alien** to us.		彼らの生活様式は私たちには少し異質に見える。
Acid rain has harmful effects on plants.		酸性雨は植物に有害な影響を与える。
Humans are the only animals that are capable of **abstract** thought.		人間は抽象的思考を行える唯一の動物だ。
This land is **sacred** to that tribe.		この土地はその部族にとって神聖だ。
She wore an **ugly** costume for Halloween.		彼女はハロウィーンのために不格好な衣装を身につけていた。

語根で記憶(6)　-dict「言う,話す」
- **contradict**　反対のことを言う ➡ 動 を(間違っていると)否定する；と矛盾する
- **dictate**　繰り返し言う ➡ 動 を書き取らせる；を命ずる
- **predict**　前もって言う ➡ 動 を予測する
- **verdict**　真実と言われたこと ➡ 名 評決

Part 2 さらに実力を伸ばす500語
Section 11 単語番号 1001〜1100

動詞編

quote [kwoʊt] 1001
(を)(…から)引用する(from)
□ quotátion [kwoʊtéɪʃən] 名 引用

arrest [ərést] 1002
を(…の理由で)逮捕する(for)
名 逮捕
▶ You're under arrest. お前を逮捕する。

bury 楽 [béri] 1003
を埋葬する;を埋める
▶ berry「(果実の)ベリー」と同じ発音。
□ burial [bériəl] 名 埋葬

interrupt ア [ìntərʌ́pt] 1004
をさえぎる;を中断させる
🆃🅖 I'm sorry to interrupt you, but ...
「お話の途中ですみませんが、…」
□ ìnterrúption 名 邪魔(物);中断

restore [rɪstɔ́ːr] 1005
を(元の状態に)戻す,修復する
□ restoration [rèstəréɪʃən] 名 修復;回復

wrap [ræp] 1006
を(…で)包む(in)
名 包み;米 (食品用)ラップ
□ wrápping 名 包装紙

exhibit 楽 [ɪgzíbət] 1007
を(展覧会などに)展示する(≒displáy);
(感情・兆候など)を示す
名 展示品;米 展覧会
□ exhibition [èksɪbíʃən] 名 主に英 展覧会;展示

▶動詞編 p.260　▶形容詞編 p.278
▶名詞編 p.270

He quoted a short passage from the newspaper article.	彼はその新聞記事から短い文章を引用した。
He was arrested for reckless driving.	彼は無謀運転で逮捕された。
She was buried at a local temple.	彼女は地元の寺に埋葬された。
I'm sorry to interrupt you, but there is someone who wants to see you.	お話をさえぎってすみませんが、あなたに会いたいという人が見えています。
A sudden rain interrupted the game for half an hour.	突然の雨のせいで試合は30分間中断した。
I am restoring my grandmother's old house.	私は祖母の古い家を修復している。
The clerk wrapped the flowers in soft white paper.	店員は花をすべすべした白い紙で包んだ。
Her works are exhibited in the hall now.	現在、彼女の作品がその会館で展示されている。
The patient has begun to exhibit signs of recovery.	その患者は回復の兆候を示し始めた。

Section 11 動詞編

grip [grɪp] 1008	**をしっかり握る** 名 把握；取っ手(≒ hándle)
chase [tʃeɪs] 1009	**を追いかける**(≒ run after) 名 追跡
postpone [poʊstpóʊn] 1010	**を延期する**(≒ put off)
spoil [spɔɪl] 1011	**を台無しにする**(≒ rúin)；**を甘やかしてだめにする** ▶ a spoiled child 甘えん坊
cultivate [kʌ́ltɪvèɪt] 1012	**(才能など)を養う**；**(土地)を耕す** ☐ cùltivátion 名 育成；耕作
forbid [fərbíd] 1013	**を禁じる**(≒ prohíbit, ban) 🔟 forbid A to do「A(人)に〜するのを禁じる」 ▶ 活用：forbid - forbade - forbidden ☐ forbídden 形 禁じられた
distract [dɪstrǽkt] 1014	**(注意など)を(…から)そらす**(from) (⇔ attráct ➡ 331) ☐ distráction 名 気の散ること；気晴らし
modify [mɑ́(:)dɪfàɪ] 1015	**を(部分的に)修正する** ☐ mòdificátion 名 修正
grasp [ɡrǽsp] 1016	**をぎゅっとつかむ**(≒ grip)；**を理解する** 名 ぎゅっとつかむこと；理解(力)

When the train started to move, I **gripped** a strap tightly.	電車が動き出したとき、私はつり革をぎゅっとしっかり握った。
I saw a cat **chasing** a mouse.	私は猫がネズミを追いかけているのを見た。
Is it possible to **postpone** today's meeting until next Wednesday? (センター試験)	本日の会議を今度の水曜日まで延期することは可能ですか。
The stormy weather **spoiled** our holiday completely.	荒れた天気が私たちの休暇を完全に台無しにした。
I am trying to **cultivate** a more positive approach to life.	私はもっと積極的な人生への取り組み方を養おうと努力している。
His doctor strictly **forbade** him to smoke.	彼の主治医は彼に喫煙するのを厳しく禁じた。
This type of bridge can **distract** drivers' attention. (センター試験)	この種の橋は運転手の注意をそらしてしまうことがある。
You should **modify** your strategies to fit your goals.	あなたは自分の目標に合わせて戦略を修正するべきだ。
I **grasped** her by the shoulders.	私は彼女の肩をぎゅっとつかんだ。
I quickly **grasped** what he meant.	私はすぐに彼が何をいいたいのか理解した。

Section 11 動詞編

forgive
[fərgív] 1017
(人の罪など)を許す
- forgive A for B「BのことでAを許す」
- 活用: forgive - forgave - forgiven
- forgíveness 名 許し
- ask for one's forgiveness 人の許しを請う

rescue
[réskju:] 1018
を(…から)救う(from)
- 名 (…の)救助(of)

entertain
[èntərtéɪn] 1019
(人)を(…で)楽しませる(with); をもてなす
- èntertáinment 名 娯楽; 催し物
- èntertáiner 名 芸(能)人

consult
[kənsʌ́lt] 1020
(専門家)に意見を求める;(辞書など)を調べる;(…と)相談する(with)
- consúltant 名 (専門分野の)顧問
- cònsultátion 名 相談

esteem
[ɪstí:m] 1021
を尊敬する(≒ respéct)
- 進行形にはしない。
- 名 (…への)尊敬(for)

greet
[gri:t] 1022
(人)に(…で)挨拶する(with);(人)を(…で)迎える(with)
- gréeting 名 挨拶;(普通~s)挨拶の言葉
- the season's greetings 時候の挨拶

obey
[oʊbéɪ] 1023
に従う(⇔ dìsobéy に逆らう)
- obey orders「命令に従う」
- obédient [oʊbí:diənt] 形 (…に)従順な(to)
- obédience [oʊbí:diəns] 名 従順;遵守

thrill
[θrɪl] 1024
を(興奮・快感などで)わくわく[ぞくぞく]させる;(…で)わくわくする(at / to)
- 名 わくわくする感じ,スリル
- thrílling 形 (人を)わくわくさせる

She **forgave** me for breaking my promise.	彼女は私が約束を破ってしまったことを許してくれた。
He **rescued** a child from drowning.	彼は子供がおぼれているのを救った。
She **entertained** the audience with her humorous story. (センター試験)	彼女はおもしろい話をして聴衆を楽しませた。
If the symptoms occur again, **consult** a doctor.	その症状が再び現れたら、医師の診察を受けなさい。
It is important to **consult** a dictionary when learning a language.	言語を学ぶときには辞書を調べることが重要だ。
She is highly **esteemed** in the world of education.	彼女は教育の世界で大変尊敬されている。
The principal **greeted** the new students with a smile.	校長は新入生たちに笑顔で挨拶した。
I refused to **obey** their orders.	私は彼らの命令に従うことを拒んだ。
His musical performances always **thrill** his audiences.	彼の音楽の演奏はいつも聴衆をわくわくさせる。

265

Section 11 動詞編

deceive
[disíːv] 1025

をだます
- deceive A into doing 「A(人)をだまして〜させる」
- deceit [disíːt] 名 だますこと；策略

envy
[énvi] 1026

をうらやむ
- envy A for B 「A(人)のBをうらやむ」
- 名 (the 〜) 羨望の的；ねたみ(≒ jéalousy)
- énvious 形 (…を)ねたんで(of)

justify
[dʒʌ́stɪfàɪ] 1027

を正当化する
- just 形 正しい，正当な
- justification [dʒʌ̀stɪfɪkéɪʃən] 名 正当化

resolve
発 [rɪzá(ː)lv] 1028

を解決する；(〜すること)を決意する(to do)
- resolution [rèzəlúːʃən] 名 解決；決意

forecast
[fɔ́ːrkæ̀st] 1029

を予測[予想]する；(天気)を予報する
▶ 活用：forecast - forecast(ed) - forecast(ed)
- 名 予測；(天気)予報

undergo
[ʌ̀ndərɡóu] 1030

(変化・試練など)を経験する；(検査など)を受ける
▶ 活用：undergo - underwent - undergone

float
[flout] 1031

浮かぶ(⇔ sink → 1127)；を浮かべる
- 名 浮くもの；救命具

leap
[liːp] 1032

跳ぶ(≒ jump)
- leap for joy 「喜んで跳びはねる」
▶ 活用：leap - leaped, leapt [lept] - leaped, leapt
- 名 跳躍

venture
[véntʃər] 1033

思い切って(…に)**着手する**(into / on)；を(…に)賭ける(on)
- 名 ベンチャー事業；冒険

They tried to **deceive** the public into believing their story.	彼らは大衆をだまして自分たちの話を信じ込ませようとした。
I **envy** Kate for her ability to make friends easily.	私は簡単に友人を作れるケイトのその才能をうらやましく思う。
Nothing can **justify** such racial discrimination.	そのような人種差別を正当化できるものは何もない。
Do your best to **resolve** the problem yourself.	その問題を自分自身で解決するためにできるだけのことをしなさい。
The economist **forecasts** the economy will dramatically recover.	その経済学者は，経済が劇的に回復すると予測している。
The country has **undergone** tremendous changes recently.	その国は近年とても大きな変化を経験した。
I saw a cloud **floating** in the sky.	空に雲が1つ浮かんでいるのが見えた。
She **leaped** for joy when she heard about the result of the exam.	彼女は試験の結果を聞くと，うれしくて跳びはねた。
Our company plans to **venture** into a new business area.	私たちの会社は新しい事業分野に乗り出す予定である。

Section 11 動詞編

exceed
[ɪksíːd] 1034
を上回る
- excess [ɪksés] 名 超過(量)
  ▶ to excess 過度に
- excessive 形 過度の
- exceedingly 副 非常に

nod
[nɑ(ː)d] 1035
(…に)うなずく(to)；うとうとする
名 うなずき；居眠り

hesitate
[hézɪtèɪt] 1036
(～することを)ためらう，遠慮する(to do)
- hesitation [hèzɪtéɪʃən] 名 ためらい

withdraw
[wɪðdrɔ́ː] 1037
を撤回する；(預金)を下ろす；出場を取り消す
▶ 活用：withdraw - withdrew - withdrawn
- withdrawal 身を引くこと；払い戻し(額)

interfere
[ìntərfíər] 1038
(…の)邪魔をする(with)；(…に)干渉する(in)
- interference 名 干渉；邪魔

gaze
[geɪz] 1039
(興味・喜びを持って)(…を)見つめる(at / into) (≒ stare)
名 凝視

cough
発 [kɔːf] 1040
せきをする
名 せき
▶ a cough drop のどあめ

dive
[daɪv] 1041
(…へ)(頭から)飛び込む(into)；潜る
名 飛び込み；潜水
- diving (水泳の)飛び込み；ダイビング

Her dance performance **exceeded** our expectations.	彼女のダンスは私たちの期待を上回るものだった。
She **nodded** to me as she stood up.	彼女は立ち上がると，私に向かって会釈した。
Don't **hesitate** to call me if you need further information. (センター試験)	さらに詳しい情報が必要でしたら遠慮なくお電話をください。
They are going to **withdraw** their business proposal.	彼らは事業計画を撤回するつもりだ。
I couldn't **withdraw** any money from the bank.	私は銀行からお金を下ろすことができなかった。
Don't **interfere** with my plans.	私の計画の邪魔をしないでください。
Stop **interfering** in my affairs.	私のことに干渉するのはやめてくれ。
We **gazed** into each other's eyes. (センター試験)	我々はお互いの目を見つめ合った。
I have a bad cold, and I can't stop **coughing**.	ひどい風邪を引いていて，せきが止まらない。
It is dangerous for children to **dive** into this deep pool.	子供がこの深いプールに飛び込むのは危険だ。

Section 11 動詞編 名詞編

burst
[bə:rst] 1042

破裂する；(…を)急に始める(into)
- 活用：burst - burst - burst
- burst into laughter [tears] どっと笑い[わっと泣き]出す
- 名 爆発；突然の増加

名詞編

shame
[ʃeɪm] 1043

残念なこと；恥；不名誉
- 🎯 It is a shame that ...
  「…だということは残念なことだ」
- What a shame! なんてことだ！
- □ shámeful 形 恥ずべき

humor
[hjú:mər] 1044

ユーモア
- 🎯 a sense of humor 「ユーモアを解する心」
- □ húmorous 形 ユーモアのある；こっけいな

ambition
[æmbíʃən] 1045

(…への；〜したいという)**願望，夢**(for; to do)
- □ ambítious 形 野心的な

debt
発 [det] 1046

借金；恩義
- 🎯 be in debt 「借金している」

usage
[jú:sɪdʒ] 1047

(言語の)(慣)用法；慣例
- □ use 動 [ju:z] を使う 名 [ju:s] 使用

occupation
[à(:)kjupéɪʃən] 1048

職業；占有
- □ occupy [á(:)kjupàɪ] 動 を占める；を占領する
  → 815
- □ occupant [á(:)kjupənt] 名 居住者

retreat
[rɪtrí:t] 1049

後退；退却
- 🎯 in retreat 「後退して」
- 動 後退する；退く

The bottles may **burst** because it is too hot today.	今日はあまりにも暑いので瓶が破裂するかもしれない。
It's a **shame** that you can't come to the party.	あなたがパーティーに来られないのは残念だ。
She says he has a very good sense of **humor**. (センター試験)	彼にはとてもいいユーモアのセンスがあると彼女は言う。
He has an **ambition** to become a great scientist someday.	彼にはいつの日か偉大な科学者になりたいという願望がある。
He is heavily in **debt**, and it is hard for him to pay it off.	彼は重い借金を背負っていて、完済するのは大変だ。
This kind of expression is now in common **usage**.	この種の表現は今では一般的な用法に入っている。
Please write your name, address, and **occupation** on this form.	この用紙にあなたのお名前、ご住所、ご職業をご記入ください。
The rain has stopped and the floods are in **retreat**.	雨がやんで洪水が引き始めている。

Section 11 名詞編

pardon
[pá:rdən] 1050

許すこと；恩赦
- I beg your pardon. 「何とおっしゃいましたか」は上昇調で発音。下降調なら「失礼しました」の意味。
- 動 を許す

voyage
発 [vɔ́idʒ] 1051

航海；空の旅

legend
[lédʒənd] 1052

伝説
- urban legend 都市伝説
- □ légendàry 形 伝説の；伝説的な

means
[mi:nz] 1053

(…の)手段(of)
- 単数・複数同形。
- 熟 **as a means of ...**「…の手段として」
- by means of ... (という手段)によって
- by all means ぜひとも

pity
[píti] 1054

残念なこと；哀れみ
- 熟 **It is a pity that ...**
  「…ということは残念なことだ」
- What a pity! なんとかわいそうなことか。
- □ pítiful 形 かわいそうな

affair
[əféər] 1055

(個人的な)事柄，問題；(〜s)事態，情勢；出来事
- internal affairs 国内事情

tragedy
[trǽdʒədi] 1056

悲惨な出来事；悲劇(⇔ cómedy 喜劇)
- □ trágic 形 悲劇的な

sympathy
[símpəθi] 1057

(…への)同情(for / with)；共感
- □ sýmpathìze 動 同情する；共感する
- □ sympathetic [sìmpəθétik] 形 (…に)同情的な(to)

She asked my <u>pardon</u> for having behaved so badly.	彼女はとても行儀が悪かったことについて私に<u>許し</u>を求めた。
I happened to see some whales during the <u>voyage</u>.	<u>航海</u>中に何頭かのクジラを偶然見た。
According to <u>legend</u>, King Arthur lived here.	<u>伝説</u>によれば、アーサー王がここに住んでいた。
Many people go shopping as a <u>means</u> of getting rid of stress.　　（センター試験）	多くの人はストレス解消の<u>手段</u>として買い物に行く。
It's a <u>pity</u> that she wasn't invited to the party.	彼女がそのパーティーに招待されなかったのは<u>残念</u>だ。
The lawyer helped him put his <u>affairs</u> in order.	弁護士は彼が自分の個人的な<u>問題</u>を整理するのを手伝った。
He doesn't seem interested in world <u>affairs</u>.	彼は世界<u>情勢</u>には関心がないようだ。
A <u>tragedy</u> happened at this intersection once.	かつて<u>惨事</u>がこの交差点で起きた。
What did he do to show his <u>sympathy</u> for Susan?　　（センター試験）	彼はスーザンへの<u>同情</u>を示すために何をしましたか。

Section 11 名詞編

fame
[feɪm]
1058

名声
- **gain fame as ...** 「…としての名声を獲得する」
- fámous 形 有名な
- infamous [ínfəməs] 形 悪名高い；凶悪な

instinct
[ínstɪŋkt]
1059

(…への)本能(for)
- **by instinct** 「本能で」
- instínctive 形 本能的な

fortune
[fɔ́ːrtʃən]
1060

財産；幸運(⇔ misfórtune 不運)；**運勢**
- **make a fortune** 「一財産を築く」
- fortunate [fɔ́ːrtʃənət] 形 幸運な
- fórtunately 副 幸運にも(≒ lúckily)

merchant
[mə́ːrtʃənt]
1061

商人
- mérchandìse 名 (集合的に)商品 動 を売買する

candidate
[kǽndɪdèɪt]
1062

(…の)候補者(for)；志願者

oxygen
[ɑ́(ː)ksɪdʒən]
1063

酸素
▶ 「水素」は hydrogen [háɪdrədʒən], 「炭素」は carbon (→ 370), 「窒素」は nitrogen [náɪtrədʒən]。

geography
[dʒiɑ́(ː)grəfi]
1064

地理；地理学
- geographic(al) [dʒìːəgrǽfɪk(əl)] 形 地理学の；地理的な

span
[spæn]
1065

期間；全長
▶ *one's* life span 寿命

She gained <u>fame</u> as a composer of musicals.	彼女はミュージカルの作曲家として名声を手に入れた。
Beavers build dams by <u>instinct</u>.	ビーバーは本能でダムを作る。
He made a <u>fortune</u> by selling his grandfather's property.	彼は祖父の不動産を売って一財産を築いた。
She has the good <u>fortune</u> to travel worldwide.	彼女は幸運にも世界中を旅行している。
An Italian <u>merchant</u> named Marco Polo traveled to China.	マルコ・ポーロという名のイタリア人商人が中国まで旅した。
I want to vote for a <u>candidate</u> who will try to reduce unemployment. (センター試験)	私は失業を減らす努力をしてくれる候補者に投票したい。
Brain cells will die unless blood carries <u>oxygen</u> to them.	血液が酸素を運ばなければ脳細胞は死んでしまう。
This kind of phenomenon can alter the world's climate and <u>geography</u>.	この種の現象は世界の気候や地理を変えてしまうこともある。
It is difficult to complete this task in such a short <u>span</u> of time.	そんな短い期間でこの仕事を終えるのは難しい。

Section 11 名詞編

ecology
[ɪ(ː)kálədʒi] 1066

生態系；生態学；環境保護
- ecological [ìːkəlá(ː)dʒɪkəl] 形 生態(学)の；環境(保護)の
- ecólogist 名 生態学者；環境保護論者

tide
[taɪd] 1067

潮(の干満)；(世論などの)風潮
- tídal 形 潮の；干満のある

architecture
[á:rkətèktʃər] 1068

建築(術)；構造(≒ strúcture)
- árchitèct 名 建築家
- àrchitéctural 形 建築上の

suburb
[sʌ́bəːrb] 1069

(都市の)郊外
- subúrban 形 郊外の

fare
[feər] 1070

運賃

baggage
[bǽgɪdʒ] 1071

手荷物(英 lúggage)
▶ 不可算名詞なので、「手荷物2つ」は two baggages ではなく two pieces of baggage。

nutrition
[njutríʃən] 1072

栄養摂取；栄養(物)
- nutrítious 形 栄養になる

refrigerator
[rɪfrídʒərèɪtər] 1073

冷蔵庫
▶ 口語では fridge [frɪdʒ] と言う。

cabinet
[kǽbɪnət] 1074

(しばしば the C~)内閣；(飾り)棚

A principle of **ecology** is that everything is connected to everything else.	生態系の原則は，あらゆるものがほかのあらゆるものとつながっているということだ。
The **tide** slowly came in until around noon.	潮はその正午ごろまでゆっくりと満ちてきた。
Shanghai is widely known for its modern **architecture**.	上海は現代建築で広く知られている。
I have lived in a **suburb** of Tokyo since I was born.	私は生まれてからずっと東京の郊外に住んでいる。
The bus **fare** is just a dollar fifty. (センター試験)	バスの運賃はたった1ドル50セントだ。
How many pieces of **baggage** do you have?	手荷物はいくつお持ちですか。
Proper **nutrition** is important for health.	適切な栄養摂取は健康に重要である。
Keep the dessert in the **refrigerator**.	デザートは冷蔵庫に入れておいてください。
She refused to join the **Cabinet**.	彼女は内閣に入るのを拒否した。
There are some plates in that **cabinet**.	あの飾り棚には数枚のお皿が入っている。

Section 11 名詞編 形容詞編

cooperation
[kouɑ̀(:)pəréɪʃən]
1075

協力, 協同
- in cooperation with ... 「…と協力して」
- coóperàte 動 (…と)協力する(with)
- coóperative 形 協同の

divorce
[dɪvɔ́:rs]
1076

離婚
動 と離婚する

形容詞編

pale
[peɪl]
1077

青白い；(色が)淡い
▶ a pale blue 淡青色
動 青ざめる

rough
[rʌf]
1078

ざらざらした(⇔ smooth → 979)；大まかな；粗野な；荒っぽい
名 下書き
- róughly 副 おおよそ；手荒く

vague
[veɪg]
1079

漠然とした
- váguely 副 漠然と

vivid
[vívɪd]
1080

生き生きとした；鮮やかな
- vívidly 副 鮮明に

antique
[æntí:k]
1081

骨董の；古風な
名 骨董品

passive
[pǽsɪv]
1082

受動的な；消極的な(⇔ áctive → 385)

awkward
発 [ɔ́:kwərd]
1083

ぎこちない；気まずい；(立場などが)厄介な

We work in **cooperation** with the laboratory.	我々はその研究所と協力して作業を行っている。
After the **divorce**, she was determined never to marry again.	離婚後，彼女は二度と結婚しないと決心した。
Very **pale** skin might be a sign of illness. (センター試験)	肌がひどく青ざめているのは病気の兆候かもしれない。
Her hands are **rough** from the day's hard work.	彼女の手は日中の重労働のせいでざらざらしている。
He has only a **vague** idea of what he wants to do in the future.	彼は将来やりたいことについて，漠然とした考えしかない。
That scene will be one of the most **vivid** memories of her life. (センター試験)	その場面は彼女の人生で最も生き生きした思い出の1つとなるだろう。
He collects **antique** furniture as a hobby.	彼は趣味で骨董の家具を集めている。
Compared with reading, watching TV is a **passive** activity.	読書と比べると，テレビを見ることは受動的活動だ。
John is still **awkward** with chopsticks.	ジョンはまだ箸の使い方がぎこちない。

Section 11 形容詞編

brave [breɪv] 1084
勇敢な(≒ courágeous)
- brávery 图 勇敢さ
- brávely 副 勇敢にも

dull [dʌl] 1085
退屈な(≒ bóring);鈍い(⇔ sharp 鋭い)
動 を鈍らせる

optimistic [à(:)ptɪmístɪk] 1086
(…について)楽観的な(about)(⇔ pèssimístic → 1087)
- óptimìsm 图 楽観主義

pessimistic [pèsəmístɪk] 1087
(…について)悲観的な(about)(⇔ òptimístic → 1086)
- péssimìsm 图 悲観主義

liberal [líbərəl] 1088
(…に)寛大な(to);自由主義の;気前のよい
- líberty 图 (政治的)自由(≒ fréedom)
- líberàte 動 を自由にする
- liberátion 图 解放

sensible [sénsəbl] 1089
賢明な;分別のある
TO It is sensible to do「〜するのは賢明だ」
- sense 图 感覚, 感じ;意味 動 を感知する
- sènsibílity 图 感受性;感覚の細やかさ

selfish [sélfɪʃ] 1090
自分勝手な
- self 图 自己;私利
- sélfishness 图 わがまま

cruel [krú:əl] 1091
(…に)残酷な(to)
- crúelty 图 残酷さ;残酷な行為

innocent [ínəsənt] 1092
無実の(⇔ gúilty → 897);無邪気な
- ínnocence 图 無罪(⇔ guilt);無邪気

He pretended to be **brave**, but he was really a coward.	彼は勇敢に見せようと振る舞っていたが、実際には臆病者だった。
It's really **dull** to go through the exercises endlessly. (センター試験)	練習を果てしなく続けるのは本当に退屈だ。
She is **optimistic** about the test results.	彼女は検査結果について楽観的だ。
I think you are too **pessimistic** about your future.	あなたは将来について悲観的すぎると思う。
Young people today take a more **liberal** attitude toward changing jobs.	今日の若者は転職に関してより寛大な態度を取る。
It is **sensible** to save money for your future.	将来のために貯金しておくのは賢明だ。
He behaved in a **selfish** way, like a child.	彼は子供のように自分勝手な振る舞いをした。
I can't expect a person who is **cruel** to animals to be kind to people.	動物に残酷な人間に人に優しくすることは期待できない。
I believe him to be **innocent**.	私は彼が無実だと信じている。
She was a sweet and **innocent** child.	彼女はかわいくて無邪気な子供だった。

2 Section 11 形容詞編

bitter [bítər] 1093	**つらい**；痛烈な；苦い(⇔ sweet 甘い) ☐ bítterly 副 ひどく，激しく
thirsty [θə́ːrsti] 1094	**のどが渇いた**；(…を)渇望して(for) ☐ thirst 名 渇き；(…への)渇望(for)
delicate ⑦ [délɪkət] 1095	**取り扱いの難しい**；繊細な ☐ delicacy [délɪkəsi] 名 もろさ；慎重さ；微妙さ
jealous 発 [dʒéləs] 1096	**嫉妬深い** 🆃🅖 be jealous of ... 「…に嫉妬している」 ☐ jéalousy 名 嫉妬
ashamed [əʃéɪmd] 1097	**恥じて** 🆃🅖 feel ashamed of ... 「…を恥ずかしく思う」
neutral [njúːtrəl] 1098	**中立の**
desperate [déspərət] 1099	**絶望的な**；**極度の**；(…を)欲しくてたまらない(for)；必死の ☐ désperately 副 自暴自棄で；必死に；どうしても ☐ despáir 名 絶望 動 絶望する → 1273
probable [prá(ː)bəbl] 1100	**(十分に)ありそうな** 🆃🅖 It is probable that ... 「たぶん…だろう」 ☐ pròbabílity 名 ありそうなこと；確率 ☐ próbably 副 たぶん

That story reminded me of my **bitter** experiences.	その話で私はつらい経験を思い出した。
What do you like to drink when you get **thirsty**? (センター試験)	のどが渇いたときは何を飲みたいですか。
We should discuss it later, because the topic is **delicate**.	それについては後で話すべきだ。その話題は取り扱いが難しいから。
You appear to be **jealous** of her success.	あなたは彼女の成功に嫉妬しているように見える。
I now feel **ashamed** of what I said to her.	今では彼女に言ったことを恥ずかしく思っている。
I remained **neutral** during their argument.	彼らの議論の間、私は中立を保った。
She had a **desperate** look in her eyes.	彼女の目には絶望の色があった。
Those immigrants are in **desperate** need of employment.	その移民たちはどうしても仕事が必要だ。
It is **probable** that this summer will be very hot.	たぶんこの夏はとても暑くなるだろう。

コラム② 似た意味を持つ単語 ～意味の違いを知っておこう～

「思考・認識」を表す単語

よく考える
consider	決定の前によく考える,考慮する
ponder	問題をよく考える,熟考する
reflect	過去のことを回想したりして,じっくりと考える

想像する,推定する
guess	知らないことを予想[推量]して言う
imagine	心に思い描く
suppose	たぶんそうだろうと思う,仮定する
presume	確証はないが,今ある判断材料から推定する
assume	確証なしに決めつけて思い込む,前提として想定する
infer	証拠・事実などから推論する

予期する,期待する
expect	十分な理由によって起こると予期する
anticipate	あらかじめ起こることを予期し,それに備える
hope	起こることを願って予期する

疑わしく思う
suspect	どうもそうであるらしいと思う (≒ think)
doubt	そうでないと思う (≒ don't think),それが事実かどうか疑問に思う
wonder (wh- 節)	はっきりわからないことを知りたいと思う

心に浮かぶ,思いつく　～同じ意味を表せるいろいろな表現～
strike A	(考え)がA(人)の心に浮かぶ
occur to A	(考え)がA(人)の心に浮かぶ
flash on A	(考え)がA(人)の心に突然浮かぶ
hit on B	(人)がB(考え)を思いつく
come up with B	(人)がB(考え)を思いつく

Part 3

ここで差がつく
300

知っているかどうかで差がつき、ぜひとも覚えてほしい単語ばかりである。この300語をマスターすれば、センター試験はもちろん、入試合格への貴重な足がかりとなる。繰り返し確認して、合格を勝ち取ろう！

Section 12   286

Section 13   310

Section 14   334

Part 3 ここで差がつく300語
Section 12　単語番号 1101～1200

動詞編

acknowledge
[əkná(:)lɪdʒ]
□□ 1101
を**認める**；に礼を言う
◍ **acknowledge that ...**「…であることを認める」
□ acknówledgment 名 承認；感謝

prohibit
⑦ [prouhíbət]
□□ 1102
を**禁止する**(≒ ban, forbíd)
◍ **prohibit A from** *doing*
　「A(人)が～するのを禁止する」
□ prohibition [pròuhəbíʃən] 名 禁止

blossom
[blá(:)səm]
□□ 1103
(…へと)**成長する**(into)；開花する
名 花；開花

embrace
[ɪmbréɪs]
□□ 1104
を**抱き締める**(≒ hug)；を受け入れる；を含む
名 抱擁

confront
[kənfrʌ́nt]
□□ 1105
(問題などが)**に立ちはだかる**；(問題など)に立ち向かう
◍ **be confronted with** 「…に直面する」
□ confrontation [kà(:)nfrʌntéɪʃən] 名 対決

heal
[hiːl]
□□ 1106
を**治す，癒やす**(≒ cure)；癒える
▶ 語源的には health「健康」と同じ。
□ héaling 名 治療(法)

rear
[rɪər]
□□ 1107
を**育てる**(≒ raise, bring up)；を飼育する
名 (the ～)後部(≒ back)
▶ a rearview mirror (車の)バックミラー

assign
[əsáɪn]
□□ 1108
(物・仕事など)**を**(…に)**割り当てる**(to)；
(人)を(…に)配属する(to)
□ assígnment 名 割り当て；宿題；仕事

286

▶ 動詞編 p.286　　▶ 形容詞編 p.304
▶ 名詞編 p.296

He'll never **acknowledge** that he is guilty.	彼は自分が有罪だと決して認めないだろう。
We are **prohibited** from entering the area.	我々はその地域に入ることを禁止されている。
His small business **blossomed** into a global corporation.	彼の小さな会社は世界的企業へと成長した。
When I saw my old friend, I **embraced** him.	私は旧友に会って，彼を抱き締めた。
The new President was **confronted** with the problem of how to reduce the debt.	新大統領はいかに債務を削減するかという問題に直面していた。
Your burns will be completely **healed** in a month.　　（センター試験）	あなたのやけどは1か月で完全に治るでしょう。
This place is really good to **rear** children.	この場所は子供を育てるにはとてもよい。
The manager **assigned** different duties to the new employees.	部長はさまざまな仕事を新入社員たちに割り当てた。

Section 12 動詞編

exaggerate
[ɪɡzǽdʒərèɪt]
1109

を誇張する
□ exàggerátion 名 誇張

pronounce
[prənáʊns]
1110

を発音する；を明言する，宣言する
□ pronunciation [prənʌ̀nsiéɪʃən] 名 発音

reinforce
[rìːɪnfɔ́ːrs]
1111

を強化する
□ rèinfórcement 名 強化；補強

constitute
[kɑ́(ː)nstətjùːt]
1112

を構成する (≒ make up)
□ cònstitútion 名 構成；憲法
▶ Constitution (Memorial) Day (日本の)憲法記念日
□ cònstitútional 形 憲法(上)の；構造(上)の

reform
[rɪfɔ́ːrm]
1113

を改革する；を改善する
名 改革
▶ 衣服や住宅を作り変える「リフォーム」の意味はない。
□ reformation [rèfərméɪʃən] 名 改革；改良

violate
[váɪəlèɪt]
1114

(法など)に違反する；(権利など)を侵害する
▶ violate A's privacy A のプライバシーを侵害する
□ vìolátion 名 侵害；違反

irritate
[írɪtèɪt]
1115

をいらいらさせる (≒ annóy)
⓰ be irritated by [at] ... 「…にいらいらする」
□ ìrritátion 名 いらだち
□ írritàting 形 いらいらさせる

cease
[siːs]
1116

をやめる；(〜し)なくなる (to do)；終わる
▶ cease fire 停戦する
□ céaseless 形 絶え間ない

Actors sometimes **exaggerate** their speech by stressing certain words.	俳優は特定の言葉を強調して，自分の話しぶりを誇張することがある。
How do you **pronounce** your last name?	あなたの姓はどのように発音しますか。
These data **reinforce** the theory she developed.	これらのデータは彼女が打ち立てた理論を強固なものにしている。
Eighteen teams **constitute** the football league.	18チームがそのフットボールリーグを構成している。
Some economists claim that the tax system should be **reformed**.	一部の経済学者は税制を改革すべきだと主張している。
You have **violated** too many traffic regulations.	君はあまりにもたくさんの交通規則に違反した。
I was **irritated** by the way he spoke to me.	彼の私に対する話し方にいらいらした。
This company has **ceased** production of compact cars.	この会社は小型車の生産をやめてしまった。

Section 12 動詞編

insult
[ínsʌlt] 1117
を侮辱する
- 名 [ínsʌlt] 侮辱

resort
[rizɔ́ːrt] 1118
(手段に)**訴える** (to)
- **resort to violence** 「暴力に訴える」
- 名 行楽地；手段

correspond
[kɔ̀(ː)rəspá(ː)nd] 1119
(…に) **一致する** (with / to)；(…と) **(手紙などで) 連絡を取り合う** (with)；(…に) 相当する (to)
- còrrespóndence 名 一致；相当；文通
- còrrespóndent 名 通信員

conquer
[ká(ː)ŋkər] 1120
を征服する
- ▶ conquer one's fear 恐怖心を克服する
- conquest [ká(ː)nkwèst] 名 征服

prevail
[prɪvéɪl] 1121
(…の間に) **普及する** (among / in)；(…に) 勝る (over)
- ▶ 進行形にはしない。
- prevalent [prévələnt] 形 普及している

persist
[pərsíst] 1122
(…に) **固執する**，(…を) **しつこく続ける** (in / with)；持続する
- **persist in** *doing* 「しつこく～し続ける」
- persístent 形 固執する；持続する
- persístence 名 固執

renew
[rɪnjúː] 1123
を更新する；を再開する
- renéwal 名 更新
- renéwable 形 再生可能な；更新できる
- ▶ renewable energy (風力・太陽などの) 再生可能エネルギー

scatter
[skǽtər] 1124
をまき散らす
- 名 まき散らすこと；散布

He <u>insulted</u> me by ignoring my question.	彼は私の質問を無視して私を<u>侮辱した</u>。
We must not <u>resort</u> to violence when trying to solve a conflict.	紛争を解決しようとするときに暴力に<u>訴えて</u>はならない。
Choose a job that <u>corresponds</u> with your interests.	自分の興味に<u>一致する</u>職業を選びなさい。
I look forward to <u>corresponding</u> with you. (センター試験)	あなたと<u>連絡を取り合う</u>のが楽しみです。
He had an ambition to <u>conquer</u> the whole country.	彼は国全体を<u>征服する</u>という野望を持っていた。
Western customs have <u>prevailed</u> among Asian peoples.	西洋の慣習はアジアの国民の間に<u>広まっている</u>。
She <u>persists</u> in blaming him for what he did.	彼女は彼のしたことで彼を<u>しつこく非難し続けている</u>。
I have to <u>renew</u> my passport because it expires soon. (センター試験)	間もなくパスポートの期限が切れるので，<u>更新し</u>なければならない。
Books and papers were <u>scattered</u> over the desk.	机の上には本や書類が<u>散乱していた</u>。

Section 12 動詞編

conceal
[kənsíːl]
1125

を隠す(≒ hide)；を(…に)秘密にする(from)

flourish
発 [fláːrɪʃ]
1126

繁盛する；繁殖する

sink
[sɪŋk]
1127

沈む(⇔ float → 1031)；を沈める
- 活用：sink - sank [sæŋk] - sunk [sʌŋk]
- Sink or swim, I'll try. 一か八かやってみよう。

overwhelm
[òʊvərhwélm]
1128

をまいらせる；を圧倒する
- **be overwhelmed by [with] ...**
「…によって(精神的に)まいる」
- 「…に圧倒される」の意もある。
- □ òverwhélming 形 圧倒的な

attribute
アク [ətríbjùːt]
1129

(功績など)を(…の)せいと考える(to)
- よいことにも悪いことにも使う。
- 名 [ǽtrɪbjùːt] 特質

exclude
[ɪksklúːd]
1130

を(…から)除外する(from)(⇔ inclúde → 37)；を締め出す
- □ exclusion [ɪksklúːʒən] 名 除外
- □ exclúsive 形 排他的な；高級な
- □ exclúsively 副 独占的に

rob
[rɑ(ː)b]
1131

(人)から奪う；(銀行など)を襲う
- **rob A of B** 「A(人)からB(物)を奪う」
- steal(→ 432)と異なり，物ではなく人や場所が目的語となる。
- □ róbber 名 強盗
- □ róbbery 名 強奪

deprive
[dɪpráɪv]
1132

(人)から(…を)奪う(of)
- **be deprived of ...** 「…を奪われる」
- 「権利・自由」など大切なものを奪う，の意味。

He tried to <u>conceal</u> his anger behind a smile.	彼は笑顔の裏側に怒りを<u>隠そ</u>うとした。
With the recovery of the economy, a variety of businesses are <u>flourishing</u>.	経済の回復に伴い，さまざまなビジネスが<u>繁盛している</u>。
The ship struck a tanker and began to <u>sink</u>.	その船はタンカーに衝突し，<u>沈み</u>始めた。
He was <u>overwhelmed</u> by calls from angry customers.	彼は怒った客からの電話に<u>まいっていた</u>。
He <u>attributed</u> his success to his hard work.	彼は自分の成功を勤勉の<u>おかげと考えた</u>。
He <u>excluded</u> inappropriate data from the report.	彼は報告書から不適切なデータを<u>除外した</u>。
Let's not <u>exclude</u> anyone from our team.	我々のチームから，誰も<u>締め出さ</u>ないようにしよう。
The criminals <u>robbed</u> him of all his money.	犯人たちは彼から持ち金すべてを<u>奪った</u>。
If children are <u>deprived</u> of parental love, they may become aggressive.	子供は親の愛を<u>奪わ</u>れると，攻撃的になるかもしれない。

Section 12 動詞編

wander
[wá(:)ndər] 1133

ぶらつく，歩き回る
- 名 ぶらつくこと

confine
[kənfáɪn] 1134

を限定する；を閉じ込める
- **confine A to B**「AをBに限定する」
- confínement 名 制限；監禁

reverse
[rɪvə́:rs] 1135

を逆転させる；を転換する
- 名 (the ~) 逆
- 形 逆の
- revérsible 形 逆[裏返し]にできる

decorate
[dékərèɪt] 1136

を装飾する
- **decorate A with B**「AをBで飾る」
- dècorátion 名 装飾
- décorative 形 装飾的な

anticipate
[æntísɪpèɪt] 1137

を予期[予想]する；を楽しみに待つ
- antìcipátion 名 予期；期待

astonish
[əstá(:)nɪʃ] 1138

を(ひどく)驚かせる
- ▶ surprise(→139) よりも強く驚かせることを表す。
- ▶ be astonished [at / by] ... に(ひどく)驚く
- astónishment 名 驚き
- astónishing 形 驚くべき

spell
[spel] 1139

(語)をつづる
- 名 呪文；魔力；しばらくの間
- spélling 名 語のつづり(方)

assess
[əsés] 1140

を評価する；を査定する
- **assess the impact of ...**「...の影響を評価する」
- asséssment 名 評価；査定

294

She <u>wandered</u> aimlessly on the beach.	彼女は浜辺をあてもなく<u>ぶらぶらと歩いた</u>。
Our teacher <u>confined</u> the essay to the topics related to the recent study.	先生は小論文を，最近学習したものと関係のあるテーマに<u>限定した</u>。
They <u>reversed</u> their decision due to overwhelming criticism.	彼らは抗しがたい批判のせいで決定を<u>覆した</u>。
The students <u>decorated</u> the hallway with their paintings.	生徒たちは廊下を自分たちの絵で<u>飾った</u>。
Everything is going smoothly, so we <u>anticipate</u> no problems.	すべて順調に進んでいるので，我々は何も問題はないと<u>予想している</u>。
Her negative reply <u>astonished</u> me.	彼女の否定的な返答に私は<u>ひどく驚いた</u>。
You <u>spelled</u> quite a few words wrong in your essay. (センター試験)	小論文でかなり多くの単語を間違って<u>つづっていました</u>ね。
The report <u>assesses</u> the impact of online games on children.	その報告書はオンラインゲームが子供に与える影響について<u>評価している</u>。

295

Section 12 動詞編 名詞編

accumulate
[əkjúːmjulèit] 1141

をためる, 蓄積する；たまる
- **accumulate a fortune**「財産を築く」
- accúmulátion 名 蓄積(物)

dismiss
[dɪsmís] 1142

を解雇する(≒ fíre)；(集会など)を解散させる；(意見など)を退ける
- dismíssal 名 解雇；退去

名詞編

discrimination
[dɪskrìmɪnéɪʃən] 1143

(…に対する)差別(against)；識別(力)
▶ racial discrimination 人種差別
- discríminàte 動 差別する；(を)識別する

enthusiasm
[ɪnθjúːziæzm] 1144

熱心；(…に対する)熱狂(for)
- enthusiastic [ɪnθjùːziǽstɪk] 形 熱狂的な
- enthùsiástically 副 熱狂的に

obstacle
[á(ː)bstəkl] 1145

(…に対する)障害(物)(to)

faculty
[fǽkəlti] 1146

(…の)才能(of / for)；(身体の)機能(of)；学部
▶ the Faculty of Law 法学部

abuse
[əbjúːs] 1147

濫用；虐待
▶ child abuse 児童虐待
- 動 [əbjúːz] を濫用する；を虐待する

obligation
[à(ː)blɪɡéɪʃən] 1148

(…に対する)義務(to)
- **have an obligation to** *do*
  「〜する義務を負っている」
- oblíge [əbláɪdʒ] 動 (be 〜d to *do*) やむを得ず〜する

regulation
[règjəléɪʃən] 1149

(普通〜s)規則；規制
- régulàte 動 を規制する

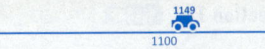

He succeeded in his business and **accumulated** a great fortune.	彼はビジネスで成功し、莫大な財産を築いた。
He was **dismissed** from the job after only two weeks.	彼はわずか2週間後に職を解雇された。
Our organization is trying to stop **discrimination** against women.	我々の組織は女性に対する差別をやめさせようとしている。
When she was given the piano pieces, she learned them with **enthusiasm**. (センター試験)	彼女はピアノ曲が与えられると、熱心に学んだ。
Traditional customs are sometimes **obstacles** to progress.	伝統的な習慣が進歩への障害となることがある。
She had a great **faculty** for making friends with anybody.	彼女は誰とでも友達になれる優れた才能があった。
Alcohol **abuse** is a serious problem these days.	アルコール濫用は最近深刻な問題だ。
Parents have an **obligation** to educate their children.	親は自分の子供の教育を行う義務を負っている。
New **regulations** on handling industrial waste were introduced.	産業廃棄物の処理に関する新たな規則が導入された。

Section 12 名詞編

credit
[krédət] 1150

信用；名誉；信用貸し
- give credit to ... 「…を信用する」
- 動 を信用する

contract
[ká(:)ntrækt] 1151

(…との；…のための)**契約**(with；for)；契約書
- ▶ make a contract 契約を結ぶ
- 動 [kəntrækt] を契約する；(病気)にかかる

insurance
[ɪnʃúərəns] 1152

保険；保険料
- have insurance on ... 「…に保険をかけている」
- □ insúre 動 に保険をかける

ingredient
[ɪŋgríːdiənt] 1153

(料理の)材料；(成功などの)要素

inhabitant
[ɪnhǽbətənt] 1154

住民；生息動物
- □ inhábit 動 に住んでいる
- □ hábitàt 名 (動植物の)生息環境；(人の)居住地

conservation
[kà(:)nsərvéɪʃən] 1155

(自然環境などの)保護；保存
(≒ prèservátion)
- □ consérvative [kənsə́ːrvətɪv] 形 保守的な
- □ consérve [kənsə́ːrv] 動 (環境など)を保護する

peer
[pɪər] 1156

(普通~s)(能力・年齢などが)同等の人，仲間
- ▶ peer pressure 仲間の圧力
- 動 (…を)じっと見る(at / into)

scheme
[skiːm] 1157

計画(≒ plan)；陰謀
- 動 (を)たくらむ

I cannot give **credit** to his story.	彼の話は信用できない。
As for garbage disposal, we entered into a **contract** with the company.	廃棄物処理に関して，我々はその会社と契約を締結した。
We have **insurance** on our house and car.	我が家は家と車に保険をかけている。
Vinegar is a necessary **ingredient** in making some Japanese dishes. (センター試験)	酢は日本料理を作る際に必要な材料だ。
Edo was already a city of one million **inhabitants** in 1700.	江戸は1700年にすでに百万人の住民を抱える都市だった。
Wildlife **conservation** is needed to protect the Earth's biological diversity.	地球の生物多様性を守るために野生生物の保護が必要だ。
Children learn a lot from their **peers**.	子供たちは仲間からたくさんのことを学ぶ。
The **scheme** they tried to carry out seemed to be perfect.	彼らが実行しようとした計画は完璧のように思われた。

Section 12 名詞編

privilege
[prívəlɪdʒ]
1158
特典, 特権；栄誉
- príivileged 形 特権的な；特典のある
▶ the privileged classes 特権階級

prosperity
[prɑ(ː)spérəti]
1159
繁栄
- prosper [prɑ́(ː)spər] 動 繁栄する
- prósperous 形 繁栄している

heritage
[hérətɪdʒ]
1160
(文化・自然)遺産
▶ a World Heritage (Site) 世界遺産

orbit
[ɔ́ːrbət]
1161
軌道
🆃🅶 go into orbit 「軌道に乗る」
動 の周りを回る

dimension
[dəménʃən]
1162
側面(≒ áspect)；次元；(長さ・幅・厚さの)寸法
- diménsional 形 …次元の
▶ a three-dimensional film; a 3D film 立体[3D]映画

portion
[pɔ́ːrʃən]
1163
部分；分け前(≒ share)；(食べ物の)1人前
動 を分割する

infection
[ɪnfékʃən]
1164
伝染病；伝染, 感染
- inféct 動 に伝染[感染]させる
- inféctious 形 伝染性の

famine
[fǽmɪn]
1165
飢饉(ききん)
🆃🅶 suffer from famine 「飢饉に苦しむ」

obesity
[oʊbíːsəti]
1166
肥満
- obese [oʊbíːs] 形 肥満した

If you become a member, you can enjoy all these **privileges**.	会員になっていただければこれらの特典がすべてご利用になれます。
The economic **prosperity** continued for decades after the war.	戦後、経済的繁栄が数十年続いた。
Our mission is to preserve the national **heritage**.	我々の使命は国家遺産を守ることだ。
The artificial satellite went into **orbit** successfully.	その人工衛星はうまく軌道に乗った。
Digital cameras have given a new **dimension** to photography.	デジタルカメラは写真術に新たな側面を与えた。
He owns a major **portion** of the company's stocks.	彼はその会社の株の大部分を保有している。
You'd better see a doctor to determine whether you've got an **infection**.	伝染病にかかっているかどうかを突き止めるために、医者に診てもらった方がいい。
Millions of people are suffering from severe **famine**.	何百万人もの人が深刻な飢饉に苦しんでいる。
Obesity in children has become a problem recently.	子供の肥満が最近問題になってきている。

Section 12 名詞編

appetite
[ǽpɪtàɪt] 1167

食欲；(…への)欲求(for)
▶ A good appetite is the best sauce. 食欲は最高のソースである。(空腹にまずいものなし)(ことわざ)

temper
[témpər] 1168

(怒りっぽい)気質；機嫌；怒り
▶ lose [keep] *one's* temper 冷静さを失う[保つ]
□ témperament 名 気質

sweat
[swet] 1169

汗
動 汗をかく

core
[kɔːr] 1170

(普通 the ~)核心，中心(部)；(果物の)芯
🆎 at the core of ... 「…の核心に」

sequence
[síːkwəns] 1171

連続，(連続するものの)順番；一続き
🆎 in sequence 「連続で」

proverb
[prá(ː)vəːrb] 1172

ことわざ (≒ sáying)
🆎 as the proverb goes 「ことわざにあるように」

clue
[kluː] 1173

(…への)手がかり (to / as to)

procedure
[prəsíːdʒər] 1174

手順；手続き
□ procéed 動 移る；続行する；続けて(〜する)(to *do*) → 1234

atom
[ǽtəm] 1175

原子
□ atómic 形 原子の；核の
▶ an atomic bomb 原子爆弾

I tend to lose my **appetite** in summer. (センター試験)	私は夏は食欲が減退する傾向にある。
He has trouble controlling his **temper**.	彼は自分のかっとなる気質を抑えるのに苦労している。
He was tired and soaked in **sweat**. (センター試験)	彼は疲れて汗でびっしょりになっていた。
A lack of funding is at the **core** of the problem.	資金不足がその問題の核心にある。
Count to one hundred in **sequence**.	連続で100まで数えなさい。
Time is money, as the **proverb** goes.	ことわざにあるとおり、時は金なりだ。
The police are searching for **clues** as to who robbed the store.	警察は誰がその店を襲ったかに関する手がかりを探している。
Safety **procedures** must be followed on construction sites.	工事現場では安全手順が守られなければならない。
A group of **atoms** constitute a molecule.	原子の集合体が分子を構成する。

Section 12 名詞編 形容詞編

galaxy
[gǽləksi] 1176

銀河；(the G~)銀河系；華やかな集まり

形容詞編

absolute
[ǽbsəljùːt] 1177

絶対的な(⇔ rélative → 480)；全くの
▶ an absolute majority 絶対多数
□ ábsolùtely 副 全く(返事で)そのとおり

inevitable
[ɪnévətəbl] 1178

避けられない(≒ ùnavóidable)
🆃🅒 It is inevitable that ...
　「…だということは避けられない」
□ inévitably 副 必然的に

radical
[rǽdɪkəl] 1179

根本的な；過激な
名 急進主義者
□ rádically 副 根本的に；過激に

prompt
[prɑ(ː)mpt] 1180

迅速な；(人が)敏捷な
動 を促す
□ prómptly 副 迅速に；すぐに

endangered
[ɪndéɪndʒərd] 1181

絶滅の危機にある
🆃🅒 endangered species「絶滅危惧種」
□ endánger 動 を危険にさらす
□ dánger 名 危険
□ dángerous 形 危険な

extinct
[ɪkstíŋkt] 1182

絶滅した；(火などが)消えた
🆃🅒 become extinct「絶滅する」
□ extínction 名 絶滅；消火
□ extínguish [ɪkstíŋgwɪʃ] 動 を失わせる；(火など)を消す
□ extínguisher 名 消火器(= fire extinguisher)

arctic
[ɑ́ːrktɪk] 1183

(しばしば A~)北極(地方)の
(⇔ Antárctic 南極(地方)の)
🆃🅒 the Arctic Circle「北極圏」

I've liked to observe distant **galaxies** since I was a child.	私ははるかかなたの銀河を観察するのが子供のころから好きだ。
I have **absolute** confidence in our staff.	私は職員に対して絶対的な信頼を持っている。
It's **inevitable** that we make mistakes.	我々が間違いを犯すのは避けられない。
He stated that a **radical** financial reform was necessary.	彼は抜本的な財政改革が必要だと述べた。
Your **prompt** response would be greatly appreciated.	迅速なご回答がいただければ大変ありがたく思います。
They are trying to protect **endangered** species and their habitats.	彼らは絶滅危惧種とその生息地を守ろうとしている。
These animals will become **extinct** if more is not done to protect them. (センター試験)	もっと保護対策が講じられないとこれらの動物は絶滅してしまうだろう。
Those islands are situated in the **Arctic** Circle.	それらの島々は北極圏に位置している。

Section 12 形容詞編

harsh
[hɑːrʃ] 1184

厳しい(≒ severe)；容赦ない
- hárshly 副 厳しく

abundant
[əbʌ́ndənt] 1185

豊富な(≒ rich)；(…に)富む(in)
- abúndance 名 豊富

competent
[ká(ː)mpətənt] 1186

有能な(≒ áble, cápable)；満足できる
- cómpetence 名 能力

prominent
[prá(ː)mɪnənt] 1187

重要な；突き出している
- play a prominent role in ...
  「…において重要な役割を果たす」
- próminence 名 卓越；著名

brilliant
[bríljənt] 1188

すばらしい；光り輝く；(…の)才能にあふれた(at)
- brílliance 名 すばらしさ；輝き

dense
[dens] 1189

密集した；(霧などが)濃い
- a dense fog 濃霧
- dénsity 名 密集；濃度

grand
[grænd] 1190

豪華な；雄大な；すばらしい

horrible
[hɔ́(ː)rəbl] 1191

実にひどい；恐ろしい
- hórror 名 恐怖
- a horror movie [film] ホラー映画
- hórrify 動 を怖がらせる

The coal miners had to work under **harsh** conditions.	炭鉱労働者たちは厳しい条件の下で働かなければならなかった。
There used to be an **abundant** supply of water on the island.	その島にはかつて水の供給が豊富にあった。
She is a highly **competent** interpreter.	彼女は非常に有能な通訳だ。
He has played a **prominent** role in this project.	彼はこの計画で重要な役割を果たしている。
I heard he has a **brilliant** career.	彼はすばらしい経歴を持っているそうだ。
There is a **dense** forest between the city and the sea.	町と海の間にうっそうとした森がある。
She was born in a **grand** old house close to Central Park.	彼女はセントラルパークの近くの古い豪邸で生まれた。
I then realized what a **horrible** thing I had done to her. (センター試験)	その時私は、彼女に対してなんとひどいことをしたのかと気づいた。

Section 12 形容詞編

miserable [mízərəbl] 1192	**惨めな**；悲惨な；粗末な □ mísery 名 悲惨さ；(~ies) つらい出来事
ridiculous [rɪdíkjʊləs] 1193	**ばかげた** □ ridicule [rídɪkjùːl] 動 をあざける 名 あざけり
moderate [má(ː)dərət] 1194	**適度な**；並みの；穏やかな □ móderately 副 適度に
generous [dʒénərəs] 1195	**気前のよい**；(…に対して) 寛大な (to)；豊富な □ generosity [dʒènərá(ː)səti] 名 気前のよさ；寛大さ
mild [maɪld] 1196	**(天候などが) 温暖な**；(性質などが) 穏やかな；(程度が) 軽い
noble [nóʊbl] 1197	**高貴な**；気高い 🆃🅖 **of noble birth**「高貴な生まれで」 □ nobílity 名 気高さ；(the ~) 貴族 (階級)
grateful [gréɪtfəl] 1198	**(…に) 感謝している (to)** □ gratitude [grǽtətjùːd] 名 感謝
keen [kiːn] 1199	**(…に) 熱心な (on / about)**；(感覚などが) 鋭い；(関心などが) 強い
deaf [def] 1200	**耳が聞こえない**；(…を) 聞こうとしない (to) ▶ turn a deaf ear to ... …に耳を貸さない

I felt really <u>miserable</u> after I failed the exam.	テストに落ちた後、本当に惨めな気持ちになった。
Your excuse is quite <u>ridiculous</u>.	あなたの言い訳はまったくばかげている。
The doctor recommended <u>moderate</u> exercise.	その医師は適度な運動を勧めた。
How <u>generous</u> you are to lend him so much money!	彼にそんな大金を貸してやるとは君はなんて気前がいいんだ。
This plant grows well in a <u>mild</u> climate.	この植物は温暖な気候でよく育つ。
No one knew the poor girl was of <u>noble</u> birth.	その哀れな少女が高貴な生まれだとは誰も知らなかった。
I am very <u>grateful</u> to all those who visited me.	私を見舞ってくれた人すべてに心より感謝いたします。
She is quite <u>keen</u> on studying English.	彼女は英語の勉強にとても熱心である。
I have an aunt who is <u>deaf</u>. (センター試験)	私には耳の不自由なおばがいる。

Part 3 ここで差がつく300語
Section 13　単語番号 1201〜1300

動詞編

fulfill [fʊlfíl] 1201
(役割・義務など)を果たす；(要求・希望など)を満たす
▶ fulfill a hope 希望をかなえる
□ fulfíllment 名 実現；満足感；遂行

discard [dɪskɑ́ːrd] 1202
を捨てる(≒ throw away)
▶ トランプの「不要の札を捨てる」が原義。

explode [ɪksplóʊd] 1203
爆発する
□ explósion 名 爆発；急激な増加
▶ a population explosion 人口の爆発的増加
□ explósive 形 爆発(性)の 名 爆薬

exploit [ɪksplɔ́ɪt] 1204
を搾取する；(資源など)を開発する
□ èxploitátion 名 搾取；開発

disgust [dɪsgʌ́st] 1205
に嫌悪感を持たせる
🆃🅒 be disgusted by ... 「…に嫌悪感を持つ」
名 (…への)嫌悪(at / for)
□ disgústing 形 実に嫌な

equip [ɪkwíp] 1206
に(…を)装備させる(with)
🆃🅒 be equipped with ... 「…を備えている」
□ equípment 名 設備；準備

inherit [ɪnhérət] 1207
を(…から)相続する(from)；を(…から)(遺伝的に)受け継ぐ(from)
□ inhéritance 名 相続(財産)；遺伝
□ heir [eər] 名 相続人

310

▶動詞編 p.310　▶形容詞編 p.328
▶名詞編 p.320

The company **fulfilled** its promise to pay for health insurance for its employees.	その会社は従業員の健康保険を支払う約束を果たした。
They decided to **discard** the old custom.	彼らは古い習慣を捨て去ることを決意した。
According to the news report, a bomb **exploded** downtown.	報道によると，町の中心部で爆弾が爆発したということだ。
The company was criticized for **exploiting** its workers.	その会社は従業員を搾取していると非難された。
I was **disgusted** by that violent film.	私はその暴力的な映画に嫌悪感を抱いた。
These students are **equipped** with the skills they will need in society.	これらの学生は社会で必要になる技術を身につけている。
He **inherited** a large fortune from his father.	彼は父親から莫大な財産を相続した。

Section 13 動詞編

transmit [trænsmít] 1208	を伝える；を送る TG **be transmitted from *A* to *B*** 「AからBに伝えられる」 □ transmíssion 名 伝達；放送
cheat [tʃiːt] 1209	カンニングをする；をだます 名 カンニング；詐欺；詐欺師
dedicate ⑦ [dédɪkèɪt] 1210	を(…に)ささげる (to) (≒ devóte) □ dédicàted 形 献身的な □ dèdicátion 名 献身
split [splɪt] 1211	を分裂させる；を分割する；割れる TG **be split on ...**「…で意見が割れる」 ▶ 活用：split - split - split ▶ Let's split the bill. 割り勘にしよう。
spill [spɪl] 1212	(液体など)を(…に)こぼす (over / on)；こぼれる ▶ 活用：spill - spilled - spilled, 主に英 spill - spilt - spilt ▶ It is no use crying over spilt milk. 済んだことを悔やんでも仕方がない。(覆水盆に返らず)(ことわざ)
sweep [swiːp] 1213	を掃く；を押し流す；を一掃する TG **sweep ... away**「…を押し流す」 ▶ 活用：sweep - swept [swept] - swept 名 掃くこと；一掃
strip [strɪp] 1214	を脱ぐ；を(…から)取り去る (from)；から(…を)剥奪する (of) TG **strip off ...**「…を脱ぐ」 名 細長い一片
shed [ʃed] 1215	(涙・血など)を流す；(光など)を投ずる ▶ 活用：shed - shed - shed ▶ shed light on ... …に(解明の)光明を投じる

Those traditions are **transmitted** from generation to generation.	そうした伝統は世代から世代へと伝えられる。
It was the first time that he had **cheated** on an exam.	彼が試験でカンニングをしたのは初めてだった。
The actress has **dedicated** her life to helping the poor.	その女優は貧しい人々を助けることに人生をささげてきた。
The opposition parties seem to be **split** on this issue.	野党はこの問題で意見が割れているようだ。
She slipped and **spilled** the coffee over the floor.	彼女は足を滑らせて、床にコーヒーをこぼしてしまった。
Please **sweep** the entrance before the guests come.	お客さんが来る前に玄関を掃いてください。
Almost all the houses in the area were **swept** away by the flood.	その地域のほとんどの家が洪水で押し流された。
He **stripped** off his clothes and dived into the pool.	彼は服を脱ぎ、プールに飛び込んだ。
The workers **stripped** the paint from the wall.	作業員たちは壁からペンキをはがした。
A lot of blood was **shed** in the battle on the island.	その島での戦いで多くの血が流された。

Section 13 動詞編

submit
[səbmít] 1216

を(…に)**提出する**(to);(…に)服従する(to)
(≒ give in to)
- □ submíssion 名 提出;服従
- □ submíssive 形 従順な

compromise
[ká(:)mprəmàɪz] 1217

(…と;…について)**妥協する**(with;on)
- 名 妥協

compensate
[ká(:)mpənsèɪt] 1218

(人)に(…に対して)**補償する**(for);(…を)補償する(for)(≒ make up for)
- □ còmpensátion 名 補償(金)

inquire
[ɪnkwáɪər] 1219

(…について)**尋ねる**(about);を尋ねる
- ▶ inquire A of B B(人)にA(物事)を尋ねる
- □ inquíry 名 質問;調査

offend
[əfénd] 1220

を怒らせる;罪を犯す
- 🆑 **be offended by** [at] … 「…に腹を立てる」
- □ offénse 名 立腹;違反;攻撃
- □ offénsive 形 不快な;無礼な

amuse
[əmjúːz] 1221

を笑わせる;を楽しませる
- □ amúsement 名 おかしさ;娯楽
- ▶ an amusement park 遊園地
- □ amúsing 形 おもしろい

strain
[streɪn] 1222

をぴんと張る;**(身体の一部)を最大限に働かせる**;(身体の一部)を痛める
- 🆑 **strain** *one's* **ears** 「耳を澄ます」
- 名 緊張, ストレス;(…への)重圧(on);張り

comprehend
[kà(:)mprɪhénd] 1223

を理解する(≒ ùnderstánd)
- □ còmprehénsion 名 理解
- □ còmprehénsive 形 包括的な

We are supposed to **submit** the assignment today. (センター試験)	我々は今日，課題を提出することになっている。
The employers **compromised** with the workers to avoid a strike.	経営者側はストライキを回避するため従業員側と妥協した。
The government **compensated** them for the loss of their houses.	政府は彼らに自宅の損害を補償した。
He **inquired** about the rates at the front desk.	彼はフロントで部屋代について尋ねた。
You may well be **offended** by such a rude question.	君がそのような無礼な質問に怒るのも当然だ。
He **amused** the children by making funny faces.	彼はおもしろい顔をして子供たちを笑わせた。
He carefully **strained** the rope.	彼は慎重にそのロープをぴんと張った。
I **strained** my ears to catch what she was saying.	彼女が何を言っているのかを聞き取ろうと耳を澄ました。
He didn't seem to fully **comprehend** what I had said.	彼は私が言ったことを十分には理解していないようだった。

Section 13 動詞編

appoint [əpɔ́ɪnt] 1224	(人)を(…に)任命する(to);(日時など)を指定する □ appóintment 名 任命;(人と会う)約束;(病院などの)予約
attain [ətéɪn] 1225	を達成する;(ある地点)に到達する □ attáinment 名 達成;到達;(しばしば~s)学識
whisper [hwíspər] 1226	(を)(…に)ささやく(to) 名 ささやき
yell [jel] 1227	(を)叫ぶ TG yell at … 「…に向けて叫ぶ」 名 叫び
boast [boʊst] 1228	(…を)自慢する(about / of) 名 自慢(の種) □ bóastful 形 自慢する
starve [stɑːrv] 1229	飢えに苦しむ;(…を)渇望する(for);を飢えさせる ▶ starve to death 餓死する(≒ die of hunger) □ starvátion 名 飢え
bully 発 [búli] 1230	をいじめる 名 いじめっ子 □ búllying 名 いじめ
murder [mə́ːrdər] 1231	を殺害する 名 殺人 □ múrderer 名 殺人者(≒ kíller)
crawl [krɔːl] 1232	はう;ゆっくり進む 名 はうこと;(the ~)(水泳の)クロール

She was <u>appointed</u> to a position suited to her character.	彼女は自分の特性にふさわしい役職に任命された。
At last he was able to <u>attain</u> his goal.	ついに彼は目標を達成することができた。
She leaned over and <u>whispered</u> something to him.	彼女は身を寄せて彼に何かささやいた。
The man <u>yelled</u> at a boy across the street.	その男性は通りの反対側にいる少年に向かって叫んだ。
He is always <u>boasting</u> about what a great university he went to.	彼はいかにすばらしい大学に通っていたかをいつも自慢している。
The native people <u>starved</u> when the environment was destroyed.	環境が破壊されると先住民たちは飢えに苦しんだ。
I was <u>bullied</u> at school, but I was able to overcome it.	私は学校でいじめられていたが、それを克服することができた。
The man was accused of <u>murdering</u> his wife.	その男は妻を殺害した罪で起訴された。
A bug is <u>crawling</u> over the kitchen table.	台所のテーブルの上を虫がはっている。

Section 13 動詞編

commute
[kəmjúːt] 1233

(…へ)通勤[通学]する(to)
- commúter 名 通勤[通学]者
- commutation [kà(ː)mjutéɪʃən] 名 米 (定期券による)通勤

proceed
[prəsíːd] 1234

(…へ)移る(to)；(…を)続行する(with)；続けて(〜する)(to do)
- procedure [prəsíːdʒər] 名 手順；手続き → 1174
- process [prá(ː)ses] 名 過程；製法 動 (食品など)を加工処理する

refrain
[rɪfréɪn] 1235

(〜するのを)控える(from doing)
▶ Please refrain from smoking in this room.
この部屋での喫煙はお控えください。
名 (歌などの)繰り返し

fade
[feɪd] 1236

(徐々に)消えていく；(色が)あせる
- ⓣⓒ fade away 「(徐々に)消えていく」
- 名 (色などが)あせること

dare
[deər] 1237

(通例否定文・疑問文で)あえて(〜)する，(〜)する勇気がある(to do)
▶ 助動詞としても使われる。
▶ How dare you say that to me!
よくも私にそんなことが言えるね。

beg
[beg] 1238

を懇願する；を請う
- ⓣⓒ beg A to do 「A(人)に〜するよう懇願する」
- béggar 名 物ごいをする人

knit
[nɪt] 1239

を編む
- 名 (しばしば〜s)ニット製品
- knítting 名 編み物

lean
[liːn] 1240

(…に)寄りかかる(against)；傾く；を傾ける
▶ lean forward [back] 前かがみになる[そっくり返る]
形 やせた

I **commute** to Shinjuku every day.	私は毎日新宿まで通勤している。
Before **proceeding** to the details, let me explain why I am here.	詳細に移る前に，私がなぜここにいるのかを説明しましょう。
They **refrained** from swimming in the sea because of the bad weather. (センター試験)	彼らは悪天候のため海水浴をするのを控えた。
Her smile **faded** away as soon as she heard the news.	その知らせを聞いたとたん，彼女のほほえみが消えた。
Nobody **dared** to ask him questions.	あえて彼に質問する人はいなかった。
I **begged** her to allow me to enter the house.	私は家に入ることを許してくれと彼女に懇願した。
My mother taught me how to **knit** a sweater.	母は私にセーターの編み方を教えてくれた。
She **leaned** against the wall and sighed.	彼女は壁に寄りかかってため息をついた。

Section 13 動詞編 名詞編

bet
[bet]
1241

(を)賭ける；きっと(…だ)と思う(that 節)
- 🆎 **bet on ...**「…に賭ける」
- 名 賭け
▶ 活用：bet - bet(ted) - bet(ted)

digest
[daɪdʒést]
1242

(食べ物)を消化する
- 名 [dáɪdʒest] 要約
- □ digéstion 名 消化(作用)
- □ digéstive 形 消化の

名詞編

impulse
[ímpʌls]
1243

(〜したいという)衝動(to do)；刺激
▶ impulse buying 衝動買い
- □ impúlsive 形 衝動的な

motive
[móʊtɪv]
1244

(…の)動機(for)
- □ motivation [mòʊtəvéɪʃən] 名 動機(づけ)
- □ motivate [móʊtəvèɪt] 動 に動機を与える

virtue
[vɚ́ːrtʃuː]
1245

美徳(⇔ vice 悪徳)；長所
▶ by virtue of ... …のおかげで
- □ vírtuous 形 徳のある

courtesy
[kɚ́ːrtəsi]
1246

礼儀正しさ(≒ politeness)；丁寧な言動
- 🆎 **with courtesy**「礼儀正しく」
- □ courteous [kɚ́ːrtiəs] 形 礼儀正しい

acquaintance
[əkwéɪntəns]
1247

知り合い
- □ acquáint 動 に(…を)知らせる(with)

consent
⑦ [kənsént]
1248

承諾
- 🆎 **give** *one's* **consent to ...**「…を承諾する」
- 動 (…に)承諾する(to)
- □ consénsus [kənsénsəs] 名 大多数の意見；(意見などの)一致

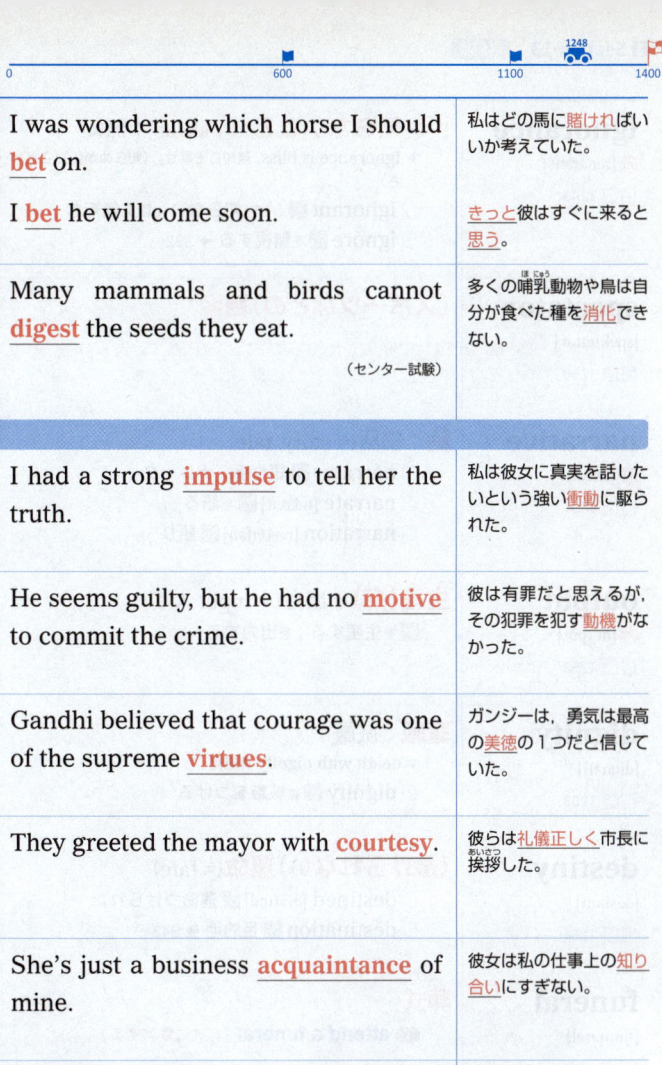

I was wondering which horse I should **bet** on.	私はどの馬に賭ければいいか考えていた。
I **bet** he will come soon.	きっと彼はすぐに来ると思う。
Many mammals and birds cannot **digest** the seeds they eat. (センター試験)	多くの哺乳動物や鳥は自分が食べた種を消化できない。
I had a strong **impulse** to tell her the truth.	私は彼女に真実を話したいという強い衝動に駆られた。
He seems guilty, but he had no **motive** to commit the crime.	彼は有罪だと思えるが、その犯罪を犯す動機がなかった。
Gandhi believed that courage was one of the supreme **virtues**.	ガンジーは、勇気は最高の美徳の1つだと信じていた。
They greeted the mayor with **courtesy**.	彼らは礼儀正しく市長に挨拶した。
She's just a business **acquaintance** of mine.	彼女は私の仕事上の知り合いにすぎない。
Her parents gave their **consent** to her studying abroad.	彼女の両親は彼女の留学を承諾した。

Section 13 名詞編

ignorance
[íɡnərəns]
1249

(…を)知らないこと(of / about)；無知
▶ Ignorance is bliss. 無知こそ幸せ。(知らぬが仏)(ことわざ)
□ ígnorant 形 (…を)知らない(of)；無知な
□ ignóre 動 を無視する → 322

spectator
[spékteɪtər]
1250

(スポーツなどの)観客

narrative
[nǽrətɪv]
1251

話；物語(≒ stóry, tale)
□ nárrator 名 語り手, ナレーター
□ narrate [nǽreɪt] 動 を語る
□ narration [nærέɪʃən] 名 語り

output
[áʊtpʊt]
1252

生産(高)；出力(⇔ ínpùt 入力)
動 を生産する；を出力する

dignity
[dígnəti]
1253

尊厳；威厳
▶ death with dignity 尊厳死
□ dígnify 動 に威厳をつける

destiny
[déstəni]
1254

(避けられない)運命(≒ fate)
□ destined [déstɪnd] 形 運命づけられた
□ dèstinátion 名 目的地 → 843

funeral
[fjúːnərəl]
1255

葬式
🆃 attend a funeral「葬式に参列する」

worship
[wə́ːrʃəp]
1256

崇拝；礼拝
動 を崇拝する

I was in complete **ignorance** of their marriage.	私は彼らの結婚について全く知らなかった。
There were very few **spectators** at the game.	その試合には観客がほとんどいなかった。
Silence returned to the room, and he continued his **narrative**.	部屋に静寂が戻り、彼は話を続けた。
The company decided to cut back their **output** of cars.	その会社は自動車の生産を削減することにした。
Some say that people should be allowed to die with **dignity**.	人は尊厳を持って死することを許されるべきだという人もいる。
I believe that my encounter with him changed my **destiny**.	私は、彼との出会いが私の運命を変えたと思っている。
Thousands of people attended the **funeral** of the actress.	何千人もの人がその女優の葬式に参列した。
The **worship** of the sun can be seen in some cultures.	太陽崇拝はいくつかの文化に見ることができる。

Section 13 名詞編

triumph
[tráɪʌmf]
1257

(…に対する)**(大きな)勝利**(over) (≒ víctory)；(勝利による)歓喜
- 動 勝利を得る；勝ち誇る
- □ triumphant [traɪʌ́mfənt] 形 勝利を収めた

viewpoint
[vjúːpɔ̀ɪnt]
1258

見地
- **from the viewpoint of ...**「…の見地から」
- □ view 名 意見；見方；眺め
  - 動 を眺める；を考察する → 47

dawn
[dɔːn]
1259

夜明け
- 動 夜が明ける

illusion
[ɪlúːʒən]
1260

錯覚；幻想

outlook
[áʊtlʊ̀k]
1261

(…についての)**見通し**(on)；眺め

phase
[feɪz]
1262

(変化などの)段階；(問題などの)面

draft
[dræft]
1263

草稿；すきま風
- 動 の下書きをする

toll
[toʊl]
1264

(災害などによる)損害；使用[通行]料金；
米 通話料
- ▶ death toll 死亡者数
- □ tòll-frée 形 米 フリーダイヤルの

tuition
[tjuíʃən]
1265

主に米 **授業料**；(個人)指導

The great dam was a symbol of our **triumph** over nature.	その巨大ダムは自然に対する我々の勝利の象徴だった。
The islands are important from the **viewpoint** of our country's security.	その島々は我が国の安全保障の見地から重要である。
My grandfather gets up at **dawn** every morning.	私の祖父は毎朝夜明けとともに起きる。
I thought she loved me, but it was only an **illusion**.	私は彼女が私を愛していると思っていたが、それは単なる錯覚だった。
She has a positive **outlook** on her future.	彼女は自分の将来について前向きな見通しを持っている。
Our project has three distinct **phases**.	我々の計画には3つの別個の段階がある。
I've just finished the first **draft** of my presentation.	プレゼンテーションの最初の草稿を今書き終えたところだ。
The hurricane took a heavy **toll** in that area.	ハリケーンはその地域に大きな損害をもたらした。
The amount you will pay in **tuition** depends on your parents' income.	授業料として支払っていただく額は、ご両親の収入で決まります。

Section 13 名詞編

circulation
[sə́ːrkjuléɪʃən]
1266

血行；(貨幣の)流通；(新聞などの)発行部数
□ círculàte 動 循環する；(貨幣などが)流通する

criterion
[kraɪtíəriən]
1267

(判断などの)基準
▶ 複数形：criteria [kraɪtíəriə]
🆃🅶 meet a criterion「基準に合う」

sculpture
[skʌ́lptʃər]
1268

彫刻
動 の彫刻をつくる
□ scúlptor 名 彫刻家

grave
[greɪv]
1269

墓
▶ from the cradle to the grave 揺りかごから墓場まで
形 重大な；威厳のある

tap
[tæp]
1270

蛇口，栓；軽くたたくこと
▶ tap water 水道の水
動 を軽くたたく；を有効利用する

nursery
[nə́ːrsəri]
1271

保育園；託児所
▶ a nursery rhyme 童謡

republic
[rɪpʌ́blɪk]
1272

共和国
□ repúblican 形 共和国の；(R～) 图 共和党の
▶「图民主党の」は Democratic。

despair
[dɪspéər]
1273

絶望
🆃🅶 in despair「絶望して」
動 (…に)絶望する (of)
□ desperate [déspərət] 形 絶望的な；極度の；欲しくてたまらない；必死の → 1099

decay
[dɪkéɪ]
1274

虫歯(になった部分)；腐敗；衰退
🆃🅶 tooth decay「虫歯(になること)」
動 腐る；衰退する
▶ a decayed tooth 虫歯

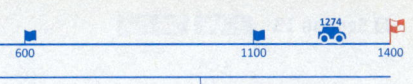

Her blood pressure went down, and her **circulation** improved.	彼女の血圧は下がり，血行は改善した。
We only sell products that meet certain environmental **criteria**.	当社は一定の環境基準に合った製品のみを販売しております。
That temple is famous for its ancient **sculptures**.	その神殿は古代の彫刻で有名だ。
On the day before my entrance exam, I visited my mother's **grave**.	入学試験の前日，私は母の墓参りをした。
The water is running, so turn off the **tap**.	水が出しっ放しになっているので，蛇口を閉めなさい。
My wife takes our daughter to **nursery** school every day.	毎日妻が娘を保育園に送っていく。
The country is a federal **republic** made up of sixteen states.	その国は16州から成る連邦共和国だ。
He left his hometown in **despair**.	彼は絶望して故郷を去った。
Tooth **decay** often results from eating sweets.	虫歯は甘い物を食べることが原因で起こることが多い。

Section 13 名詞編 形容詞編

fatigue 発 [fətíːg] 1275	疲労 (≒ exháustion)
defect [díːfekt] 1276	欠陥；欠点 □ defective [dɪféktɪv] 形 欠陥[欠点]のある

形容詞編

tremendous [trəméndəs] 1277	(数量・程度などが)とてつもない □ treméndously 副 とてつもなく
loose 発 [luːs] 1278	解き放された；緩い (⇔ tight → 978) 🆃🅶 let *A* loose 「Aを放す」 □ lóosen 動 を解放する；を緩める
tense [tens] 1279	張り詰めた；ぴんと張った 動 を緊張させる ▶ get tensed up 緊張する □ ténsion 名 緊張
steep [stiːp] 1280	(斜面が)急な；(増減が)急激な ▶ a steep rise in prices 物価の急騰 名 急斜面
shallow [ʃǽlou] 1281	浅い (⇔ deep 深い)；浅薄な
gradual [grǽdʒuəl] 1282	徐々の (⇔ súdden → 684)；緩やかな □ grádually 副 徐々に
neat [niːt] 1283	きちんとした (≒ tídy)；品のある 🆃🅶 neat and tidy 「きちんと(きれいに)整頓されて」 □ néatly 副 きれいに

She's suffering from mental <u>fatigue</u>.	彼女は精神的疲労に悩まされている。
The mechanic found a <u>defect</u> in the hose leading to the engine.	修理工はエンジンにつながっているホースに欠陥を見つけた。
She was making a <u>tremendous</u> effort to achieve the goal.	彼女は目標を達成するために，大変な努力をしていた。
Don't let the dog <u>loose</u> here.	ここで犬を放してはいけない。
After a few moments of <u>tense</u> silence, they walked off. (センター試験)	張り詰めた短い沈黙の後，彼らは立ち去った。
The closer we got to the summit, the <u>steeper</u> the path became.	頂上に近づけば近づくほど，道は急になっていった。
The pool is too <u>shallow</u> for diving.	そのプールは飛び込むには浅すぎる。
There has been a <u>gradual</u> decline in the number of manufacturing jobs.	製造業の職の数が徐々に減少している。
She always keeps her room <u>neat</u> and tidy.	彼女はいつも部屋をきちんときれいに整頓している。

Section 13 形容詞編

scarce
[skeərs] 1284
乏しい
- scárcely 圖 ほとんど…ない(≒ hárdly)
- scárcity 图 欠乏

awful
発 [ɔ́:fəl] 1285
ひどい(≒ térrible)；恐ろしい
- awe 图 畏敬
- áwfully 圖 とても；ひどく悪く

hostile
[hɑ́(:)stəl] 1286
(…に対して)**反感を持った**(toward / to)
(⇔ fríendly 友好的な)
- hostílity [hɑ(:)stíləti] 图 敵意；反感

immense
[iméns] 1287
計り知れない；膨大な(≒ enórmous)
- imménsely 圖 非常に

thorough
発 [θə́:rou] 1288
徹底的な；完全な
- thóroughly 圖 徹底的に；完全に

valid
[vǽlɪd] 1289
正当な根拠のある；(法的に)有効な
(⇔ inválid 無効な)
- **a valid reason**「正当な理由」
- valídity 图 正当性；有効性

definite
ア [défənət] 1290
はっきりした(⇔ indéfinite 漠然とした)
- défínitely 圖 はっきりと；(返事で)そのとおり

magnificent
ア [mægnífɪsənt] 1291
壮大な；見事な
- magníficence 图 壮大さ；すばらしさ

holy
[hóuli] 1292
神聖な(≒ sácred)；信心深い
- hólidày 图 休日
▶ holy day「神聖な日；祝日」から来ている。

Supplies of bottled water were temporarily **scarce**.	ボトル入りの水の供給量が一時的に乏しくなっていた。
The weather was **awful**, so we stayed home.	天気がひどかったので、我々は家にいた。
Children sometimes feel **hostile** toward their parents.	子供は時に親に反感を持つことがある。
There is **immense** potential for solar energy.	太陽光エネルギーには計り知れない可能性がある。
The police promised to carry out a **thorough** investigation.	警察は徹底的な調査を行うことを約束した。
I had a **valid** reason for being late for the meeting.	私には、その会議に遅れた正当な理由があった。
Your license will be **valid** for three years.	あなたの免許証は3年間有効です。
I asked him for a **definite** answer to my question.	私の質問に対するはっきりした答えを彼に求めた。
Travelers always describe the view as spectacular and **magnificent**. (センター試験)	旅行客はいつもその景色をすばらしく壮大だと言い表す。
This place is regarded as **holy** ground by the locals.	この場所は地元の人たちに神聖な土地と見なされている。

Section 13 形容詞編

metropolitan
[mètrəpá(:)lətən] 1293
大都市の，首都(圏)の
- metropolis [mətrá(:)pəlɪs] 名 大都市；首都(圏)

interior
[ɪntíəriər] 1294
内側の，室内の (⇔ extérior 外側の)
- 名 内側, 室内

bare
[beər] 1295
裸の；露出した (≒ náked)
▶ the bare fact 赤裸々な事実
- 動 を露出する
- bárely 副 かろうじて

naked
発 [néɪkɪd] 1296
裸の (≒ bare, nude)**；草木の生えない**
▶ with the naked eye 裸眼で

inferior
[ɪnfíəriər] 1297
(…より)劣った (to) (⇔ supérior → 784)
- ⓣⓖ feel inferior to ...「…に劣等感を抱く」
- inferiority [ɪnfìəriɔ́(:)rəti] 名 劣っていること
  (⇔ supèrióriy まさっていること)
▶ inferiority complex 劣等感

decent
発 ア [díːsənt] 1298
きちんとした；かなりの；上品な
- décently 副 きちんと；かなり
- décency 名 礼儀正しさ；品位

sincere
[sɪnsíər] 1299
誠実な；心からの
- sincerity [sɪnsérəti] 名 誠実
- sincérely 副 心から
▶ 米 Sincerely (yours), 英 (Yours) sincerely, 敬具

bold
[boʊld] 1300
大胆な；勇敢な
▶ bald [bɔːld]「はげた」と区別のこと。

They plan to move to a **metropolitan** area.	彼らは大都市圏に引っ越す予定である。
He painted the **interior** walls pink.	彼は室内の壁をピンク色に塗った。
I walked on the beach with **bare** feet.	私は砂浜を素足で歩いた。
The boys were **naked** to the waist.	その少年たちは上半身裸だった。
I've always felt **inferior** to my brother.	私はいつも兄より劣っていると感じてきた。
You should wear a **decent** suit on such an occasion.	そのようなときにはきちんとした服装をすべきだ。
We really like her because she is **sincere** and friendly.	彼女は誠実で気さくなので、私たちは彼女が大好きだ。
We were all surprised at his **bold** idea.	彼の大胆な考えに我々はとても驚いた。

333

Part 3 ここで差がつく300語
Section 14   単語番号 1301 〜 1400

動詞編

scratch
[skrætʃ]
□□ 1301

をかく；を引っかく
▶ scratch *one's* head about [over] ... …について(困って)頭を抱える
图 引っかくこと；こすること

mend
[mend]
□□ 1302

を修理[修繕]する (≒ fix, repair)
▶ 主に衣類や家具など，構造の単純な物を直すときに使う。
图 修理；修繕

sew
発 [sou]
□□ 1303

を(…に)縫い付ける (on)；を縫う
▶ 活用：sew - sewed - sewed, sewn [soun]

dye
[daɪ]
□□ 1304

を染める
图 染料

bind
[baɪnd]
□□ 1305

を(…で)縛る (with) (≒ tie)；を結び付ける
▶ 活用：bind - bound [baʊnd] - bound
□ **binder** [báɪndər] 图 (紙などの)バインダー
□ **bound** [baʊnd] 形 縛られた
▶ be bound to *do* 〜する義務がある；きっと〜する

bathe
[beɪð]
□□ 1306

米 を入浴させる；を浸す
▶ 英 では「…を入浴させる」の意味では bath を使う。
□ **bath** [bæθ] 图 入浴, 風呂
□ **báthròom** 图 浴室；化粧室

soak
[soʊk]
□□ 1307

を(…に)浸す (in)；をずぶぬれにする
▶ I got soaked to the skin. ずぶぬれになった。

▶動詞編 p.334　　▶形容詞編 p.352
▶名詞編 p.344

Try not to **scratch** the bites.	刺されたところをかかないようにしなさい。
She **mended** and washed the quilt before the auction. （センター試験）	彼女はキルトをオークションに出す前に修繕して洗濯した。
I **sewed** a new button on the shirt.	私はシャツに新しいボタンを縫い付けた。
She got her hair **dyed** blond by the hairdresser.	彼女は美容師に髪を金髪に染めてもらった。
I **bound** the pile of newspapers with string.	私は新聞の山をひもで縛った。
I **bathe** my children before my husband gets home.	夫が帰宅する前に私は子供たちをお風呂に入れる。
After dyeing, the cloth is **soaked** in cold water. （センター試験）	染色された後，布は冷水に浸される。

335

Section 14 動詞編

utilize
[júːtəlàɪz]
1308

を利用する(≒ use)
- utility 名 (電気・ガスなどの)公共の設備
- ùtilizátion 名 利用

assure
[əʃúər]
1309

を(…だと言って)安心させる(of / that 節);に(…を)保証する(of)

TC assure A that ...
「A(人)に…だと言って安心させる」
- assúrance 名 保証;確信

conform
[kənfɔ́ːrm]
1310

(規則・習慣などに)従う(to);(…と)一致する(to / with)
- confórmity 名 服従;一致

undertake
[ʌ̀ndərtéɪk]
1311

を引き受ける;(事業など)に着手する
▶ 活用:undertake - undertook - undertaken

overtake
[òʊvərtéɪk]
1312

米 に追いつく(≒ catch up with);英 を追い抜く;(災難などが)を襲う
▶ 活用:overtake - overtook - overtaken

invade
[ɪnvéɪd]
1313

を侵略する
- invasion [ɪnvéɪʒən] 名 侵略;侵害
- invá́der 名 侵略者

tease
[tiːz]
1314

を(しつこく)からかう(≒ make fun of);をいじめる

utter
[ʌ́tər]
1315

(言葉など)を発する
形 全くの;完全な
- útterance 名 発言
- útterly 副 全く,すっかり

That tax money will be <u>utilized</u> for social welfare.	その税金は社会福祉に<u>使われる</u>。
The doctor <u>assured</u> us that our son would recover soon.	医師は，息子はすぐに回復すると言って私たちを<u>安心させた</u>。
Some students refuse to <u>conform</u> to school rules.	校則に<u>従う</u>ことを拒む生徒もいる。
That kind of task should be <u>undertaken</u> by an expert.	その種の仕事は専門家が<u>引き受ける</u>べきだ。
She <u>overtook</u> the leader just before the finish line.	彼女はゴール直前で先頭走者に<u>追いついた</u>。
Napoleon <u>invaded</u> Russia, but he was defeated.	ナポレオンはロシアに<u>侵攻した</u>が，敗北した。
They started to <u>tease</u> me after I spoke a dialect strange to them. (センター試験)	私が彼らになじみのない方言で話すと，彼らは私を<u>からかい</u>始めた。
She just nodded without <u>uttering</u> a word.	彼女は一言も<u>発する</u>ことなく，ただうなずいただけだった。

Section 14 動詞編

confess
[kənfés] 1316

(を)**告白する**；(…ということ)を認める(that 節) (≒ admit)
- **confess to** *doing*「〜したことを告白する」
- conféssion 名 告白；認めること

disclose
[dɪsklóʊz] 1317

を明らかにする(≒ revéal)；(秘密など)を暴露する
- disclósure [dɪsklóʊʒər] 名 暴露；発覚した事柄

betray
[bɪtréɪ] 1318

を裏切る；(秘密など)を漏らす
- betráyal 名 裏切り(行為)

contradict
[kà(:)ntrədíkt] 1319

を(間違っていると)否定する；と矛盾する
- còntradíction 名 否定；矛盾
- còntradíctory 形 (…と)矛盾した(to)

scold
[skoʊld] 1320

(特に子供)を叱る(≒ tell off)
- **scold** *A* **for** *doing*「〜したことでA(人)を叱る」

condemn
[kəndém] 1321

を強く非難する；に有罪と宣告する；を(苦境に)追い込む(to)
- **condemn** *A* **as** *B*「AをBと非難する」
- condemnátion [kà(:)ndemnéɪʃən] 名 激しい非難

disregard
[dìsrɪgá:rd] 1322

を無視する(≒ ignóre, negléct)；を軽視する
名 無視；軽視

surrender
[səréndər] 1323

を(…に)引き渡す(to)；(…に)降伏する(to)
名 引き渡し；降伏

He **confessed** to stealing the woman's purse.	彼はその女性のハンドバッグを盗んだことを告白した。
He refused to **disclose** his identity.	彼は自分の身分を明かすことを拒否した。
I was shocked to learn that he had **betrayed** me.	彼が私を裏切ったと知って,私はショックを受けた。
The theory of evolution **contradicts** the Bible.	進化論は聖書を否定する。
She **scolded** her children for making a mess in the kitchen.	彼女は台所の中をめちゃくちゃにしたことで子供たちを叱った。
The conservation group **condemned** hunting whales as cruel.	その保護団体は捕鯨を残酷だと非難した。
She totally **disregarded** my suggestion.	彼女は私の提案を完全に無視した。
They **surrendered** their weapons to the police.	彼らは武器を警察に引き渡した。

Section 14 動詞編

disguise
[dɪsɡáɪz] 1324

を**変装させる**；(事実など)を包み隠す
- **disguise** oneself **as** ... 「…に変装する」
- 图 変装；ごまかし
- ▶ in disguise 変装して

penetrate
[pénətrèɪt] 1325

(を)**貫く**；に入り込む；を見抜く
- pénetràting 形 (弾丸などが)貫通する；洞察力のある，鋭い

tolerate
[tá(:)lərèɪt] 1326

に**耐える**；を大目に見る
- **tolerate** doing 「〜することに耐える」
- tólerant 形 寛大な(⇔ intólerant 狭量な)
- tólerance 图 耐性；寛容

suspend
[səspénd] 1327

を**一時的に中止する**；をつるす
- suspénsion 图 一時的中止；保留
- suspénse 图 不安な状態；未解決の状態

seize
[siːz] 1328

を**(ぐいと)つかむ**(≒ grab)；(機会など)をすばやく捕らえる
- ▶ seize an opportunity 好機をつかむ

coincide
[kòʊɪnsáɪd] 1329

(…と)**同時に起こる**(with)；(…と)一致する(with)
- coincidence [koʊínsɪdəns] 图 偶然の一致；同時発生

dispose
[dɪspóʊz] 1330

(**dispose of** で)**を処分する**
- dispósal 图 処分
- disposition [dìspəzíʃən] 图 気質；処理

congratulate
[kənɡrǽdʒəlèɪt] 1331

(人)に(…のことで)**祝いの言葉を述べる**(on)
- congràtulátion 图 (〜s)祝い(の言葉)
- ▶ Congratulations! おめでとう！

She <u>disguised</u> herself as a man with a false beard.	彼女はつけひげをつけて男に<u>変装した</u>。
The bullet <u>penetrated</u> the thick wall.	弾丸はその厚い壁を<u>貫通した</u>。
I cannot <u>tolerate</u> working under such dangerous conditions.	私はそのような危険な状況で働くことに<u>耐えられない</u>。
The sale of the car will be <u>suspended</u> until next month.	来月までその車の販売は<u>一時的に中止</u>される。
The police officer <u>seized</u> the thief by the arm.	警察官は泥棒の腕を<u>ぐいとつかんだ</u>。
This year's festival <u>coincides</u> with the city's 100th anniversary.	今年の祝祭は市制100周年と<u>重なる</u>。
They haven't decided where to <u>dispose</u> of the waste.	彼らは廃棄物をどこに<u>処分する</u>か決めていない。
I <u>congratulate</u> you on passing the entrance examination.	入試に合格されたことを<u>お祝い申し上げます</u>。

Section 14 動詞編

slap
[slæp] 1332
を(平手で)ぴしゃりと打つ
- 名 平手打ち

weep
[wi:p] 1333
(涙を流して)泣く，涙を流す (≒ cry)
- ▶ 活用：weep - wept [wept] - wept
- 名 泣くこと

resign
発 [rɪzáɪn] 1334
(を)辞する
- resign one's post「辞職する」
- □ resignation [rèzɪɡnéɪʃən] 名 辞職；あきらめ

ache
発 [eɪk] 1335
(…で)(持続的に)痛む (from)
- 名 (持続的で鈍い)痛み (≒ pain)
- ▶ pain は急激な鋭い痛み。

dread
[dred] 1336
をひどく恐れる
- dread that ...「…ではないかと恐れる」
- 名 (激しい)恐怖；不安 (≒ fear)
- □ dréadful 形 恐ろしい；ひどく悪い

thrust
[θrʌst] 1337
(を)ぐいと押す，突く
- thrust A into B「BにAを押し込む」
- ▶ 活用：thrust - thrust - thrust
- 名 強い一押し[突き]

speculate
[spékjulèɪt] 1338
(…について)(あれこれ)推測する (on / about / as to)；投機する
- □ spèculátion 名 推測；投機

conceive
[kənsí:v] 1339
(を)想像する；(考えなど)を抱く
- ▶ 進行形にはしない。
- conceive of ...「…を想像する」
- ▶ conceive of は普通否定文で使う。
- □ concept [ká(:)nsèpt] 名 概念；(商品の)コンセプト
- □ concéption 名 着想

She got angry and <u>slapped</u> him in the face.	彼女は腹を立てて彼の顔をぴしゃりとたたいた。
She began to <u>weep</u> for joy when she won the race.	彼女はレースで優勝するとうれしくて泣き出した。
The Foreign Minister was forced to <u>resign</u> his post.	外務大臣はやむなく職を辞した。
My legs are <u>aching</u> from a long walk.	長い距離を歩いたので、足が痛い。
I'm <u>dreading</u> that I'll be fired.	私は首になるのではないかと恐れている。
He <u>thrust</u> the money into my hand without saying a word.	彼は一言も言わずにそのお金を私の手に押し込んだ。
Many people are <u>speculating</u> on the future of the dollar.	多くの人がドルの将来についてあれこれ推測している。
I can't <u>conceive</u> of living without you.	私はあなたなしで暮らすことなど想像できない。

Section 14 動詞編 名詞編

pray
[preɪ]
1340

祈る；(…であること)を祈る(that 節)；(に)(…のことで)懇願する(for)
- **pray to A for B**「AにBを祈る」
- □ prayer 名 [preə] 祈り(の言葉)；[préɪə] 祈る人

stir
[stəːr]
1341

をかき回す；を揺り動かす
- 名 かき回すこと
- □ stírring 形 感動的な

名詞編

friction
[fríkʃən]
1342

摩擦(力)；あつれき
▶ trade friction 貿易摩擦

rebel
[rébəl]
1343

反逆者
- 動 [rɪbél] (…に)反逆する(against)
- □ rebéllion 名 反逆；反抗
- □ rebéllious 形 反抗的な；反逆の

fraction
[frǽkʃən]
1344

ほんの少し；かけら；一部分；分数
- **a fraction of ...**「ほんのわずかな…」

quarrel
[kwɔ́(ː)rəl]
1345

(…との)口論(with / between)
▶ fight は力ずくのけんか。
- 動 (…と；…のことで)口論する(with；about)

caution
[kɔ́ːʃən]
1346

用心，注意；警告
- **with caution**「慎重に」
- □ cáutious 形 慎重な

coward
[káuərd]
1347

臆病者
- □ cówardly 形 臆病な(⇔ brave → 1084)

He continued to **pray** to God for help.	彼は神の加護を求めて祈り続けた。
Will you lend me a spoon to **stir** my coffee?	コーヒーをかき回すのにスプーンを貸してもらえますか。
The **friction** of moving parts can cause problems.	可動する部品の摩擦により，問題が起きる可能性がある。
The new restrictions caused **friction** between the two countries.	新しい規制が2国間にあつれきを引き起こした。
The anti-government **rebels** surrendered at last.	反政府の反逆者たちはついに降伏した。
There wasn't even a **fraction** of truth in his statement.	彼の発言にはほんの少しの真実さえもなかった。
He no longer wanted to continue his **quarrel** with his wife. (センター試験)	彼はこれ以上妻と口論を続けたくなかった。
I drove along the narrow road with extreme **caution**.	私はその細い道を十分すぎるほどに用心して運転した。
I don't want you to act like a **coward**.	君に臆病者のような振る舞いをしてほしくない。

Section 14 名詞編

mercy [mə́ːrsi] 1348	(…に対する)**情け，慈悲**(to) ▶ at the mercy of ... …のなすがままに
glory [ɡlɔ́ːri] 1349	**栄光(を与えるもの)**；全盛 □ glórious 形 栄光の；壮麗な
sorrow [sɑ́(ː)rou] 1350	**悲しみ**(≒ sádness) □ sórrowful 形 悲しんでいる
grief [ɡriːf] 1351	**深い悲しみ**(≒ deep sorrow)；悲しみの原因 □ grieve 動 (…を)深く悲しむ(over / at / for)；を悲しませる
conscience [kɑ́(ː)nʃəns] 1352	**良心；罪の意識** ▶ 形容詞の conscious [kɑ́(ː)nʃəs]「意識して」と区別のこと。 □ conscientious [kɑ̀(ː)nʃiénʃəs] 形 良心的な；念入りな
refuge [réfjuːdʒ] 1353	**(…からの)避難**(from)；避難所 TC **take refuge in ...**「…に避難する」 ▶ a wildlife refuge 野生動物保護区 □ refugee [rèfjudʒíː] 名 避難者；難民
pastime [pǽstàim] 1354	**気晴らし**；娯楽 TC *one's* **favorite pastime**「一番の気晴らし」
glimpse [ɡlimps] 1355	**ちらりと見えること** TC **catch a glimpse of ...**「…がちらりと見える」 動 (を)ちらりと見る
suicide [súːisàid] 1356	**自殺** TC **commit suicide**「自殺する」 ▶ suicide bombing 自爆テロ

The soldiers are trained to show no **mercy** to the enemy.	その兵士たちは敵に情けをかけないように訓練されている。
She dreamed of future **glory** as an actress.	彼女は女優としての将来の栄光を夢見ていた。
I felt deep **sorrow** at the death of the president.	社長が亡くなったことに深い悲しみを感じた。
He was overcome with **grief** when his wife died.	彼は妻が亡くなって深い悲しみに打ち沈んだ。
Let your **conscience** be your guide.	自らの良心に従いなさい。
They seem to have no **conscience** when it comes to stealing.	盗むことに関して，彼らは罪の意識はないようだ。
We took **refuge** in our neighbor's house during the storm.	私たちは嵐の間，近所の人の家に避難した。
Reading is my favorite **pastime**.	読書が私の一番好きな気晴らしだ。
I caught a **glimpse** of the ocean from the window.	窓から海がちらりと見えた。
He chose to commit **suicide** rather than surrender.	彼は降伏するよりも自殺する方を選んだ。

Section 14 名詞編

prestige [prestíːʒ] 1357	信望；名声 ● gain prestige「信望を得る」 ▶ a prestige school 名門校 □ prestigious [prestíːdʒəs] 形 信望のある
glow [ɡloʊ] 1358	燃えるような輝き 動 光を放つ；光り輝く；(体が)ほてる
biography [baɪɑ́(ː)ɡrəfi] 1359	伝記 □ biographer 名 伝記作家 ▶「自(叙)伝」は autobiography。
navy [néɪvi] 1360	(しばしば the N～)海軍 ● join the navy「海軍に入る」
ambassador [æmbǽsədər] 1361	(しばしば A～)(…駐在の)大使(to)；使節 □ embassy [émbəsi] 名 大使館
offspring [ɔ́(ː)fsprɪŋ] 1362	(人・動物の)子；子孫；産物 ▶ 単数・複数同形で、単数でも a, an をつけない。
crew [kruː] 1363	乗組員(全員)，乗務員(全員) ▶ 集合的に使う。
diameter [daɪǽmətər] 1364	直径 ● ... in diameter「直径(が)…」 ▶「半径」は radius [réɪdiəs]。
astronomy [əstrɑ́(ː)nəmi] 1365	天文学 □ astronomer 名 天文学者 □ astronaut [ǽstrənɔ̀ːt] 名 宇宙飛行士 □ astronomical [æ̀strənɑ́(ː)mɪkəl] 形 天文学(上)の；(数量などが)けたはずれの

The firm gained great **prestige** by contributing to the community.	その会社は地域に貢献することで多大な信望を得た。
The **glow** of the rising sun was really beautiful.	朝日の輝きはとても美しかった。
One of my favorite books is a **biography** of Albert Einstein.	私の愛読書の1冊はアルバート・アインシュタインの伝記だ。
My brother joined the **navy** just before the war.	兄は戦争の直前に海軍に入った。
He was appointed British **Ambassador** to Spain.	彼はスペイン駐在の英国大使に任命された。
The cat had four **offspring**.	その猫は4匹の子を産んだ。
None of the **crew** was injured in the accident.	その事故で乗組員の誰にもけがはなかった。
I drew a circle three centimeters in **diameter** with my compass.	私はコンパスで直径3センチの円を描いた。
I couldn't follow them when they began to discuss **astronomy**.	彼らが天文学の議論を始めたとき私はついていけなかった。

Section 14 名詞編

superstition [sùːpərstíʃən] 1366	**迷信** □ sùperstítious 形 迷信の；迷信深い
encyclopedia [ɪnsàɪkləpíːdiə] 1367	**百科事典**
rumor [rúːmər] 1368	(…の；…だという)**うわさ** (about；that 節) ▶ Rumor has it that ... …といううわさだ。 動 (受け身形で)とうわさされる
microscope [máɪkrəskòup] 1369	**顕微鏡** ▶ micro- は「小さい」の意。 □ mìcroscópic(al) 形 顕微鏡でしか見えない ▶「望遠鏡」は telescope [téləskòup]。
sphere [sfɪər] 1370	**球体；天体；(勢力などの)範囲** □ hemisphere [hémɪsfìər] 名 半球 ▶ the Northern [Southern] Hemisphere 北[南]半球
plague [pleɪg] 1371	**疫病；災難** 動 を絶えず苦しめる
laundry [lɔ́ːndri] 1372	**(the ~)洗濯物；洗濯** ▶ do the laundry 洗濯する
flame [fleɪm] 1373	**炎；情熱** ▶ put out flames 火を消す 動 炎を上げて燃える
monument [mɑ́(ː)njumənt] 1374	**記念碑；記念物；不朽の業績** ▶ a natural monument 天然記念物 □ monumental [mɑ̀(ː)njuméntəl] 形 記念碑の；不朽[不滅]の

This **superstition** is so old that no one can say how it began. (センター試験)	この迷信はとても古いのでその成り立ちは誰にもわからない。
Nowadays more and more people are using online **encyclopedias**.	今日ではますます多くの人がインターネット上の百科事典を使っている。
The **rumor** that he was seriously ill turned out to be false.	彼が重病であるといううわさは誤りであることがわかった。
I examined each sample under a **microscope**.	私はそれぞれのサンプルを顕微鏡で調べた。
Actually, the Earth is not a perfect **sphere**.	実際、地球は完全な球体ではない。
In those days **plagues** regularly occurred in these cities.	当時、これらの都市では疫病が周期的に発生した。
The **laundry** won't dry quickly unless it's sunny. (センター試験)	晴れていないと洗濯物はすぐには乾かない。
Natural gas burns with a blue **flame**.	天然ガスは青い炎をあげて燃える。
A **monument** was built where the atomic bomb had been dropped.	原子爆弾が落とされた場所に記念碑が建てられた。

Section 14 形容詞編

形容詞編

deliberate
[dilíbərət]
1375

故意の (≒ inténtional) ；慎重な (≒ cáreful)
- delíberately 副 故意に；慎重に

supreme
[suprí:m]
1376

最高の，最大の
- the Supreme Court 米 連邦最高裁判所
- supremacy [suprémǝsi] 名 最高；優位

splendid
[spléndid]
1377

すばらしい

earnest
[ə́:rnist]
1378

真剣な；本気の
名 本気
- in earnest 本気で
- éarnestly 副 真剣に；本気で

peculiar
[pikjú:ljər]
1379

(…に) 特有の (to)；風変わりな
- pecùliárity 名 特徴；風変わり

inclined
[ɪnkláɪnd]
1380

(〜し) たいと思う (to do)；(〜する) 傾向がある (to do)
- inclination [ɪnklɪnéɪʃən] 名 好み；傾向

fierce
[fɪərs]
1381

どう猛な；激しい
- fierce competition 激しい競争
- fíercely 副 激しく；ひどく

absurd
[əbsə́:rd]
1382

ばかげた (≒ ridículous)
- absúrdity 名 ばからしさ

acute
[əkjú:t]
1383

(知覚などが) 鋭い (≒ sharp)；(痛みなどが) 強烈な
- acute pain 激痛

He made a **deliberate** error to see her response.	彼は彼女の反応を見るために、故意の間違いをした。
He made the **supreme** sacrifice for the King.	彼は王のために最大の犠牲を払った（= 一命を捧げた）。
I am proud that our staff did a **splendid** job.	私は、職員がすばらしい仕事をしたことを誇りに思う。
He made **earnest** efforts to meet our expectations.	彼は我々の期待に応えようと真剣な努力をした。
This kind of problem is not **peculiar** to Japan.	この種の問題は日本特有のものではない。
I am **inclined** to believe his story.	私は彼の話を信じたい。
Young people are **inclined** to skip breakfast.	若い人たちは朝食を抜く傾向がある。
The forest is full of **fierce** animals searching for food.	森にはえさを求めるどう猛な動物たちがたくさんいる。
Their suggestion seems **absurd** to me.	彼らの提案は私にはばかげたものに思える。
Dogs have an **acute** sense of smell.	犬は鋭い嗅覚を持っている。

Section 14 形容詞編

stiff
[stɪf] 1384
硬直した；堅い；堅苦しい
- have stiff shoulders「肩が凝っている」
- 副 堅く
- □ stíffen 動 硬直させる

vacant
[véɪkənt] 1385
(部屋などが)空いている (≒ émpty)
- a vacant seat「空いている席」
- □ vácancy 名 空き

weary
[wíəri] 1386
疲れ果てた (≒ exháusted)
- 動 をひどく疲れさせる；を退屈させる
- □ wear [weər] 動 (人)を疲れさせる；をすり減らす

superficial
[sù:pərfíʃəl] 1387
浅い，表面的な
- superficial knowledge of ...「…に関する浅い知識」

static
[stætɪk] 1388
変化のない；静止状態の (⇔ dynámic → 993)

tidy
[táɪdi] 1389
(場所などが)整然とした (≒ neat)；(身なりなどが)きちんとした
- keep A tidy「Aを整然とした状態に保つ」

faint
[feɪnt] 1390
かすかな；弱々しい
- a faint memory「かすかな記憶」
- 動 気絶する
- 名 気絶

obscure
[əbskjúər] 1391
(意味などが)わかりにくい (⇔ clear)；ぼんやりした
- 動 をわかりにくくする

savage
[sǽvɪdʒ] 1392
激しい；残酷な；どう猛な
- □ savagery [sǽvɪdʒəri] 名 残忍(な行為)

I have **stiff** shoulders because of stress.	私はストレスで肩が凝っている。
I wanted to sit, but there was no **vacant** seat.	座りたかったが、空いている席はなかった。
I was **weary** after my long journey.	長旅でくたくたに疲れてしまった。
I have only **superficial** knowledge of physics.	私は物理学については浅い知識しかない。
House prices still remain **static**.	住宅の価格は依然として変化がない。
This suitcase can keep your clothes neat and **tidy**. (センター試験)	このスーツケースだと洋服をきちんときれいに整理できる。
I have only a **faint** memory of my great-grandfather.	曽祖父に関する記憶はほんのかすかしかない。
His lecture was **obscure** since he used many technical terms.	専門用語を多用したので、彼の講義はわかりにくかった。
All the newspapers made **savage** attacks on the government.	すべての新聞が政府に激しい攻撃を行った。

3 Section 14 形容詞編

idle
[áɪdəl] 1393

使われていない；仕事がない；怠けた (≒ lazy)
動 (時間)をぶらぶらして過ごす；(機械が)空転する
▶ idle away *one's* time 時間を無駄にする
□ ídleness **名** 怠惰

uneasy
[ʌníːzi] 1394

落ち着かない；不安な
□ unéasiness **名** 不安；落ち着きのなさ
□ ease **名** たやすさ；気楽さ
▶ at *one's* ease 気楽に

sore
[sɔːr] 1395

(炎症などで)痛い
🆃🅖 have a sore throat「のどが痛い」

sour
[sáʊər] 1396

酸っぱい；不愉快な

humid
[hjúːmɪd] 1397

湿気のある
🆃🅖 hot and humid「高温多湿で」
□ humídity **名** 湿気；湿度

loyal
[lɔ́ɪəl] 1398

(…に)忠実な(to)
▶ royal [rɔ́ɪəl]「王室の」と区別すること。
□ lóyalty **名** (…への)忠義(to)；忠誠心

infinite
[ínfɪnət] 1399

無限の(⇔ fínite 有限の)
□ infinity [ɪnfínəti] **名** 無限
□ ínfinitely **副** 無限に

eternal
[ɪtə́ːrnəl] 1400

永遠の(⇔ témporàry → 887)；果てしない
▶ eternal life 永遠の命
□ etérnity **名** 永遠

We have to think of how to utilize **idle** cropland.	我々は使われていない耕作地の利用法を考えなければならない。
The workers remained **idle** during the economic depression.	労働者たちは不況の間仕事がないままだった。
Public speaking always makes me feel **uneasy**. (センター試験)	私は人前で話すといつも気持ちが落ち着かない。
I had a **sore** throat and a slight fever this morning.	今朝私はのどが痛く、熱も少しあった。
The word "vinegar" is from a French word meaning "**sour** wine." (センター試験)	「ビネガー」(酢)という語は、「酸っぱいワイン」という意味のフランス語に由来する。
The climate here is hot and **humid**, especially in summer.	当地の気候は高温多湿だが、特に夏はそうだ。
She always remains **loyal** to her principles.	彼女は常に自己の主義に忠実だ。
I'm sure humans have **infinite** creativity.	人間には無限の創造力があると確信している。
Some people believe in **eternal** life.	永遠の命が存在すると信じる人もいる。

INDEX

・太字は見出し単語、細字は派生語・関連語を示す。
・数字は単語の番号を示す。

A

- abandon 705
- ability 437, **573**
- able 437, 573
- **absolute** 1177
- absolutely 1177
- **absorb** 704
- absorption 704
- **abstract** 998
- abstraction 998
- **absurd** 1382
- absurdity 1382
- abundance 1185
- **abundant** 1185
- **abuse** 1147
- **accept** 102
- acceptable 102
- acceptance 102
- **access** 367
- accessible 367
- accompaniment 836
- **accompany** 836
- **accomplish** 938
- accomplishment 938
- **account** 155
- **accumulate** 1141
- accumulation 1141
- accuracy 484
- **accurate** 484
- accurately 484
- accusation 905
- **accuse** 905
- **accustom** 471, **702**
- accustomed 702
- **ache** 1335
- **achieve** 225
- achievement 225
- **acid** 997
- **acknowledge** 167, **1101**
- acknowledgment 1101
- acquaint 1247
- **acquaintance** 1247
- **acquire** 403
- acquisition 403
- act 385
- **active** 385
- activity 385
- **actual** 491
- actually 491
- **acute** 1383
- **adapt** 103
- adaptation 103
- **add** 131
- addition 131
- **address** 436
- adequacy 991
- **adequate** 991
- adequately 991
- **adjust** 701
- adjustment 701
- admirable 721
- admiration 721
- **admire** 721
- admission 405
- **admit** 405
- **adopt** 402
- adoption 402
- **advance** 226
- advanced 226
- **advantage** 263
- advantageous 263
- **advertise** 512
- advertisement 512
- advertising 512
- advice 716
- **advise** 716
- **affair** 1055
- **affect** 121
- affected 121
- affection 121
- **afford** 502
- affordable 502
- **agency** 671
- agent 671
- aggression 688
- **aggressive** 688
- **agree** 101
- agreeable 101
- agreement 101
- agricultural 569
- **agriculture** 569
- **aid** 428
- **aim** 452
- aimless 452

358

☐ **alarm** **756**
☐ **alien** **996**
☐ **alike** **892**
☐ **alive** **592**
☐ **allow** **18**
☐ allowance 18
☐ **alter** **714**
☐ alteration 714
☐ **alternative** **477**
☐ **altogether** **398**
☐ **amaze** **527**
☐ amazement 527
☐ amazing 527
☐ **ambassador** **1361**
☐ **ambition** **1045**
☐ ambitious 1045
☐ **amount** **76**
☐ **amuse** **1221**
☐ amusement 1221
☐ amusing 1221
☐ **analysis** **565**
☐ analyst 565
☐ analyze 565
☐ **ancestor** **361**
☐ **ancient** **188**
☐ anniversary 699
☐ **announce** **622**
☐ announcement 622
☐ announcer 622
☐ **annoy** **726**
☐ annoyance 726
☐ **annual** **699**
☐ **anticipate** **1137**
☐ anticipation 1137
☐ **antique** **1081**
☐ **anxiety** **574,** 694
☐ **anxious** 574, 694
☐ **apologize** **715**
☐ apology 715
☐ **apparent** 28, **900**
☐ apparently 900
☐ **appeal** **506**
☐ appealing 506
☐ **appear** **28**
☐ appearance 28
☐ **appetite** **1167**
☐ applicant 213
☐ application 213
☐ applied 213
☐ **apply** **213**
☐ **appoint** **1224**
☐ appointment 1224
☐ **appreciate** **406**
☐ appreciation 406
☐ **approach** **212**
☐ **appropriate** **190**
☐ approval 825
☐ **approve** **825**
☐ approved 825
☐ architect 1068
☐ architectural 1068
☐ **architecture** **1068**
☐ **arctic** **1183**
☐ **argue** **111**
☐ argument 111
☐ **arise** **633**
☐ arm 646
☐ **army** **646**
☐ **arrange** **703**
☐ arrangement 703
☐ **arrest** **1002**
☐ **article** **164**
☐ **artificial** **791**
☐ **ashamed** **1097**
☐ **asleep** **691**
☐ **aspect** **270**
☐ **assess** **1140**
☐ assessment 1140
☐ **assign** **1108**
☐ assignment 1108
☐ **assist** **931**
☐ assistance 931
☐ assistant 931
☐ **associate** **313**
☐ association 313
☐ **assume** **315**
☐ assumption 315
☐ assurance 1309
☐ **assure** **1309**
☐ **astonish** **1138**
☐ astonishing 1138
☐ astonishment 1138
☐ astronaut 1365
☐ astronomer 1365
☐ astronomical 1365
☐ **astronomy** **1365**
☐ **atmosphere** **356**
☐ atmospheric 356
☐ **atom** **1175**
☐ atomic 1175
☐ **attach** **833**
☐ attachment 833

Word	Page	Word	Page	Word	Page
attack	240	barrier-free	667	blow	520
attain	1225	base	453	**boast**	**1228**
attainment	1225	basic	453	boastful	1228
attempt	**333**	**basis**	**453**	boil	920
attend	**216**	bath	1306	**bold**	**1300**
attendance	216	bathe	1306	border	946
attendant	216	bathroom	1306	bore	528
attention	216	bear	242	boredom	528
attitude	**259**	beat	902	boring	528
attract	**331**	**beg**	**1238**	**borrow**	**626**
attraction	331	beggar	1238	**bother**	**612**
attractive	331	**behave**	**423**	bound	946, 1305
attribute	**1129**	behavior	423	**boundary**	**946**
audience	**375**	belief	10	**bow**	**827**
author	**65**	**believe**	**10**	**brain**	**44**
authority		**belong**	**441**	**brave**	**1084**
	65, 462	belonging	441	bravely	1084
authorize	462	**bend**	**919**	bravery	1084
availability	184	beneficial	157	breadth	583
available	**184**	**benefit**	**157**	breath	625
avoid	**104**	**besides**	**300**	**breathe**	**625**
avoidance	104	**bet**	**1241**	**breed**	**634**
awake	**923**	**betray**	**1318**	breeding	634
award	**722**	betrayal	1318	**brief**	**800**
aware	**295**	**bill**	**251**	briefly	800
awareness	295	**bind**	**1305**	brilliance	1188
awe	1285	binder	1305	**brilliant**	**1188**
awful	**1285**	biographer	1359	**broad**	**583**
awfully	1285	**biography**	**1359**	**broadcast**	**660**
awkward	**1083**	**biological**	**777**	broaden	583
		biology	777	**budget**	**761**
# B		**birth**	**362**	**bully**	**1230**
		bite	208	bullying	1230
baggage	**1071**	**bitter**	**1093**	**burden**	**849**
ban	**614**	bitterly	1093	burial	1003
bare	**1295**	**blame**	**525**	**burn**	**327**
barely	1295	**blank**	**193**	**burst**	**1042**
barrier	**667**	**blossom**	**1103**	**bury**	**1003**

INDEX

C

Word	Page
cabinet	1074
calculate	807
calculation	807
calculator	807
calm	594
campaign	558
cancer	460
candidate	1062
capable	468
capacity	468
capital	554
capitalism	554
capitalize	554
captivate	711
captive	711
capture	711
carbon	370
care	392
career	350
careful	392
carefully	392
casual	989
casually	989
casualty	989
cause	53
caution	1346
cautious	1346
cease	1116
ceaseless	1116
celebrate	635
celebrated	635
celebration	635
celebrity	635
cell	250
cellular	250
center	290
central	290
ceremonial	743
ceremony	743
certain	84
certainly	84
certainty	84
challenge	116
challenging	116
character	264
characteristic	264
charge	276
chase	1009
chat	740
chatter	740
cheat	1209
cheer	922
cheerful	922
chemical	286
chemist	286
chemistry	286
choice	13
choose	13
circulate	1266
circulation	1266
circumstance	556
civil	551, 597
civilian	597
civilization	551
civilize	551
claim	110
classification	929
classify	929
clear	85
clearance	85
clearly	85
client	572
climate	146
close	80
clue	1173
code	662
coincide	1329
coincidence	1329
collapse	819
colleague	464
collect	340
collection	340
collective	340
colonial	867
colony	867
combination	410
combine	410
comfort	383
comfortable	383
command	719
commander	719
comment	557
commerce	487
commercial	487
commission	618
commit	618, 947
commitment	618
committee	947
common	83
communicate	202
communication	202
community	70
commutation	1233
commute	1233
commuter	1233

C   INDEX

- [ ] companion 69
- [ ] **company** 69
- [ ] **compare** 114
- [ ] comparison 114
- [ ] **compensate** 1218
- [ ] compensation 1218
- [ ] **compete** 514
- [ ] competence 1186
- [ ] **competent** 1186
- [ ] competition 514
- [ ] competitive 514
- [ ] **complain** 434
- [ ] complaint 434
- [ ] **complete** 137
- [ ] completion 137
- [ ] **complex** 192
- [ ] complicate 483
- [ ] **complicated** 483
- [ ] complication 483
- [ ] **compose** 910
- [ ] composer 910
- [ ] composition 910
- [ ] **comprehend** 1223
- [ ] comprehension 1223
- [ ] comprehensive 1223
- [ ] **compromise** 1217
- [ ] **conceal** 1125
- [ ] **conceive** 1339
- [ ] **concentrate** 742
- [ ] concentration 742
- [ ] concept 1339
- [ ] conception 1339
- [ ] **concern** 43
- [ ] concerning 43
- [ ] **conclude** 516
- [ ] conclusion 516
- [ ] conclusive 516
- [ ] **condemn** 1321
- [ ] condemnation 1321
- [ ] **condition** 147
- [ ] conditional 147
- [ ] **conduct** 422
- [ ] conductor 422
- [ ] **conference** 560
- [ ] **confess** 1316
- [ ] confession 1316
- [ ] **confidence** 658
- [ ] confident 658
- [ ] **confine** 1134
- [ ] confinement 1134
- [ ] **confirm** 708
- [ ] confirmation 708
- [ ] **conflict** 358
- [ ] **conform** 1310
- [ ] conformity 1310
- [ ] **confront** 1105
- [ ] confrontation 1105
- [ ] **confuse** 419
- [ ] confusing 419
- [ ] confusion 419
- [ ] **congratulate** 1331
- [ ] congratulation 1331
- [ ] **connect** 305
- [ ] connection 305
- [ ] **conquer** 1120
- [ ] conquest 1120
- [ ] **conscience** 1352
- [ ] conscientious 1352
- [ ] **conscious** 591
- [ ] consciously 591
- [ ] consciousness 591
- [ ] consensus 1248
- [ ] **consent** 1248
- [ ] **consequence** 467
- [ ] consequent 467
- [ ] consequently 467
- [ ] **conservation** 1155
- [ ] conservative 1155
- [ ] conserve 1155
- [ ] **consider** 11
- [ ] considerable 11
- [ ] considerate 11
- [ ] consideration 11
- [ ] **consist** 639
- [ ] consistent 639
- [ ] **constant** 579
- [ ] constantly 579
- [ ] **constitute** 1112
- [ ] constitution 1112
- [ ] constitutional 1112

INDEX — C

- construct 631
- construction 631
- constructive 631
- consult 1020
- consultant 1020
- consultation 1020
- consume 505
- consumer 505
- consumption 505
- contact 211
- contain 220
- container 220
- contemporary 689
- content 220, 347
- context 474
- continent 747
- continental 747
- continual 38
- continuation 38
- continue 38
- continuity 38
- continuous 38
- contract 1151
- contradict 1319
- contradiction 1319
- contradictory 1319
- contrary 599
- contrast 359
- contribute 334
- contribution 334
- control 33
- convenience 354
- convenient 354
- convention 690
- conventional 690
- conversion 930
- convert 930
- convertible 930
- convey 805
- conveyance 805
- conviction 529
- convince 529
- convincing 529
- cooperate 1075
- cooperation 1075
- cooperative 1075
- cope 803
- core 1170
- corporate 669
- corporation 669
- correct 191
- correction 191
- correspond 1119
- correspondence 1119
- correspondent 1119
- cost 22
- cough 1040
- council 948
- count 426
- courage 959
- courageous 959
- court 561
- courteous 1246
- courtesy 1246
- coward 1347
- cowardly 1347
- crash 728
- crawl 1232
- create 6, 372
- creation 6, 372
- creative 6, 372
- creature 372
- credit 1150
- crew 1363
- crime 245
- criminal 245
- crisis 650
- criterion 1267
- critic 656
- critical 650, 656
- criticism 656
- criticize 656
- crop 369
- crowd 368
- crowded 368
- crucial 700
- cruel 1091
- cruelty 1091
- cultivate 1012
- cultivation 1012
- cultural 67
- culture 67
- cure 539
- curiosity 794
- curious 794
- curiously 794
- currency 292
- current 292
- currently 292
- custom 471
- customer 177

C-D INDEX

D

- custom-made 471
- damage 237
- danger 1181
- dangerous 1181
- **dare** 1237
- **dawn** 1259
- dead 175
- **deaf** 1200
- **deal** 133
- dealer 133
- **death** 175
- **debate** 469
- **debt** 1046
- **decade** 273
- **decay** 1274
- deceit 1025
- **deceive** 1025
- decency 1298
- **decent** 1298
- decently 1298
- **decide** 14
- decision 14
- decisive 14
- declaration 823
- **declare** 823
- **decline** 324
- **decorate** 1136
- decoration 1136
- decorative 1136
- **decrease** 323
- **dedicate** 1210
- dedicated 1210
- dedication 1210
- **defeat** 903
- **defect** 1276
- defective 1276
- **defend** 901
- defender 901
- defense 901
- defensive 901
- **define** 412
- **definite** 412, **1290**
- definitely 1290
- definition 412
- **degree** 345
- **delay** 576
- **deliberate** 1375
- deliberately 1375
- delicacy 1095
- **delicate** 1095
- **delight** 831
- delighted 831
- delightful 831
- **deliver** 602
- delivery 602
- **demand** 109
- **democracy** 552
- democratic 552
- **demonstrate** 504
- demonstration 504
- **denial** 523
- **dense** 1189
- density 1189
- **deny** 523
- **depend** 138
- dependence 138
- dependent 138
- **depress** 754
- depressed 754
- **depression** 754
- **deprive** 1132
- derivation 912
- **derive** 912
- **describe** 134
- description 134
- **deserve** 939
- **design** 136
- desirable 336
- **desire** 336
- **despair** 1099, **1273**
- **desperate** 1099, 1273
- desperately 1099
- **destination** 843, 1254
- destined 1254
- **destiny** 843, 1254
- **destroy** 326
- destruction 326
- destructive 326
- **detail** 271
- detailed 271
- **detect** 804
- detection 804
- detective 804
- detector 804
- **determine** 210
- determined 210
- **develop** 3
- development 3
- **device** 371
- devise 371
- **devote** 814
- devoted 814

INDEX D-E

- devotion 814
- **dialect** 663
- **diameter** 1364
- die 175
- **differ** 630
- difference 630
- different 630
- difficult 357
- **difficulty** 357
- **dig** 712
- **digest** 1242
- digestion 1242
- digestive 1242
- dignify 1253
- **dignity** 1253
- **dimension** 1162
- dimensional 1162
- **direct** 291
- direction 291
- director 291
- **disappear** 325
- disappearance 325
- **disappoint** 611
- disappointed 611
- disappointing 611
- disappointment 611
- **disaster** 543
- disastrous 543
- **discard** 1202
- **discipline** 844
- **disclose** 1317
- disclosure 1317
- **discount** 973
- **discourage** 934
- discouragement 934
- **discover** 41
- discovery 41
- discriminate 1143
- **discrimination** 1143
- **discuss** 238
- discussion 238
- **disease** 172
- **disguise** 1324
- **disgust** 1205
- disgusting 1205
- **dislike** 820
- **dismiss** 1142
- dismissal 1142
- **display** 507
- disposal 1330
- **dispose** 1330
- disposition 1330
- **dispute** 924
- **disregard** 1322
- distance 598
- **distant** 598
- **distinct** 787
- distinction 787
- distinctly 787
- **distinguish** 629, 787
- distinguished 629
- **distract** 1014
- distraction 1014
- **distribute** 802
- distribution 802
- distributor 802
- **district** 845
- **disturb** 812
- disturbance 812
- disturbed 812
- disturbing 812
- **dive** 1041
- diverse 668
- diversion 668
- **diversity** 668
- divert 668
- **divide** 307
- diving 1041
- division 307
- **divorce** 1076
- **domestic** 695
- domesticate 695
- dominance 709
- dominant 709
- **dominate** 709
- **doubt** 319
- doubtful 319
- doubtless 319
- **dozen** 652
- **draft** 1263
- **dread** 1336
- dreadful 1336
- **due** 189
- **dull** 1085
- **duty** 768
- **dye** 1304
- **dynamic** 993
- dynamics 993

E

- **eager** 880
- eagerly 880
- eagerness 880

365

E — INDEX

- earn **337**
- **earnest** **1378**
- earnestly 1378
- earnings 337
- earth 749
- **earthquake** **749**
- ease 1394
- ecological 1066
- ecologist 1066
- **ecology** **1066**
- economic 266
- economical 266
- economics 266
- economist 266
- **economy** **266**
- edge 775
- edit 874
- edition 874
- **editor** **874**
- editorial 874
- educate 60
- **education** **60**
- educational 60
- **effect** **54**
- effective 54
- efficiency 489
- **efficient** **489**
- **effort** **166**
- elect 868
- election 868
- electric 351
- electrical 351
- **electricity** **351**
- electronic 351
- **element** **549**
- **elementary** **549, 681**
- eliminate 913
- elimination 913
- **embarrass** **610**
- embarrassing 610
- embarrassment 610
- embassy 1361
- **embrace** **1104**
- **emerge** **440**
- **emergency** **440, 675**
- **emission** **444**
- emit 444
- **emotion** **275**
- emotional 275
- emphasis 537
- **emphasize** **537**
- emphatic 537
- **empire** **952**
- **employ** **619**
- employee 619
- employer 619
- employment 619
- empty 586
- **enable** **437, 573**
- **encounter** **535**
- **encourage** **112**
- encouragement 112
- **encyclopedia** **1367**
- endanger 1181
- **endangered** **1181**
- endurable 925
- endurance 925
- **endure** **925**
- enemy 846
- **engage** **401**
- engagement 401
- **enormous** **584**
- enormously 584
- **enough** **81**
- **enter** **135**
- **entertain** **1019**
- entertainer 1019
- entertainment 1019
- **enthusiasm** **1144**
- enthusiastic 1144
- enthusiastically 1144
- **entire** **388**
- entirely 388
- entrance 135
- entry 135
- envious 1026
- **environment** **75**
- environmental 75
- **envy** **1026**
- **equal** **394**
- equality 394
- **equip** **1206**
- equipment 1206
- **equivalent** **798**
- **era** **555**
- **escape** **524**
- **essential** **283**
- essentially 283
- **establish** **215**
- established 215
- establishment 215

INDEX E-F

Word	Page
esteem	1021
estimate	328
estimation	328
eternal	1400
eternity	1400
ethnic	994
ethnicity	994
evaluate	907
evaluation	907
eventually	196
evidence	154
evident	154
evil	693
evolution	538
evolutionary	538
evolve	538
exact	780
exactly	780
exaggerate	1109
exaggeration	1109
examination	407
examine	407
exceed	1034
exceedingly	1034
excel	593
excellence	593
excellent	593
excess	1034
excessive	1034
exchange	310
exclude	1130
exclusion	1130
exclusive	1130
exclusively	1130
excuse	420
exhaust	830
exhausted	830
exhaustion	830
exhibit	1007
exhibition	1007
exist	126
existence	126
existent	126
expand	404
expanse	404
expansion	404
expect	12
expectation	12
expense	185
expensive	185
experience	66
experiment	153
experimental	153
explain	16
explanation	16
explode	1203
exploit	1204
exploitation	1204
exploration	534
explore	534
explorer	534
explosion	1203
explosive	1203
export	810
exportation	810
exporter	810
expose	735
exposure	735
express	201
expression	201
expressive	201
extend	530
extension	530
extensive	530
extent	530
external	883
extinct	1182
extinction	1182
extinguish	1182
extinguisher	1182
extraordinary	790
extreme	482
extremely	482

F

Word	Page
facility	670
factor	248
faculty	1146
fade	1236
fail	141
failure	141
faint	1390
fair	395
fairly	395
faith	962
faithful	962
faithfully	962
false	492
falsehood	492
fame	1058
familiar	380
familiarity	380
famine	1165
famous	1058
fare	1070
fascinate	609
fascination	609

367

F-G INDEX

- fatal 967
- fate **967**
- fateful 967
- fatigue 1275
- fault **755**
- favor 738
- favorable 738
- favorite 738
- fear 159
- fearful 159
- **feature** 274
- **fee** 772
- feed 330
- **fierce** 1381
- fiercely 1381
- **figure** 162
- **fill** 128
- finance 378
- **financial** 378
- financially 378
- **firm** 588
- firmly 588
- **fit** 230
- fitness 230
- **fix** 415
- flame 1373
- flexibility 877
- **flexible** 877
- **float** 1031
- **flood** 544
- flourish 1126
- **flow** 439
- fluency 990
- **fluent** 990
- fluently 990
- **focus** 267
- **fold** 835
- **follow** 36

- follower 36
- following 36
- food 330
- **forbid** 1013
- forbidden 1013
- **force** 113
- **forecast** 1029
- **forgive** 1017
- forgiveness 1017
- **form** 55
- **formal** 55, 497
- formally 497
- **former** 479
- fortunate 1060
- fortunately 1060
- **fortune** 1060
- **fossil** 568
- found 553
- **foundation** 553
- **fraction** 1344
- **frame** 945
- framework 945
- **frank** 891
- frankly 891
- **free** 78
- freedom 78
- **freeze** 540
- frequency 893
- **frequent** 893
- frequently 893
- **friction** 1342
- fright 615
- **frighten** 615
- frightened 615
- **frustrate** 936
- frustration 936
- **fuel** 352
- **fulfill** 1201

- fulfillment 1201
- **full** 128
- **function** 260
- functional 260
- **fund** 454
- fundamental 589
- fundamentally 589
- **funeral** 1255
- furnish 954
- **furniture** 954
- **furthermore** 400

G

- **gain** 228
- **galaxy** 1176
- garbage 850
- **gather** 603
- gathering 603
- **gaze** 1039
- **gender** 644
- **gene** 475
- **general** 182
- generally 182
- generate 254
- **generation** 254
- generator 254
- generosity 1195
- **generous** 1195
- genetic 475
- genetically 475
- **gentle** 987
- gently 987
- **genuine** 985
- geographic(al) 1064

Word	Page	Word	Page	Word	Page
☐ **geography**	1064	☐ **habitat**	1154	☐ **huge**	280
☐ **glacier**	676	☐ **habitual**	374	☐ **human**	79, **744**
☐ **glance**	871	☐ **handle**	503	☐ **humanity**	79, **744**
☐ **glimpse**	1355	☐ **hang**	915	☐ **humid**	1397
☐ global	951	☐ **happen**	29	☐ humidity	1397
☐ **globe**	951	☐ **harm**	649	☐ **humor**	1044
☐ glorious	1349	☐ harmful	649	☐ humorous	1044
☐ **glory**	1349	☐ **harsh**	1184	☐ **hunger**	651
☐ **glow**	1358	☐ harshly	1184	☐ hungry	651
☐ govern	72	☐ **harvest**	750	☐ **hurry**	739
☐ **government**	72	☐ **hate**	521	☐ **hurt**	435
☐ **gradual**	1282	☐ hatred	521	☐ **hypothesis**	563
☐ gradually	1282	☐ **heal**	1106	☐ hypothetical	563
☐ **graduate**	438	☐ healing	1106		
☐ graduation	438	☐ **height**	852	**I**	
☐ **grain**	751	☐ heir	1207		
☐ **grand**	1190	☐ hemisphere	1370	☐ **ideal**	490
☐ **grant**	628	☐ **heritage**	1160	☐ ideally	490
☐ **grasp**	1016	☐ **hesitate**	1036	☐ **identical**	339
☐ **grateful**	1198	☐ hesitation	1036	☐ identification	339
☐ gratitude	1198	☐ **hide**	309	☐ **identify**	339
☐ **grave**	1269	☐ high	852	☐ identity	339
☐ **greet**	1022	☐ **hire**	737	☐ **idle**	1393
☐ greeting	1022	☐ **hold**	24	☐ idleness	1393
☐ **grief**	1351	☐ holiday	1292	☐ **ignorance**	
☐ grieve	1351	☐ **holy**	1292		322, **1249**
☐ **grip**	1008	☐ **honor**	963	☐ ignorant	
☐ **grow**	5	☐ honorable	963		322, 1249
☐ growth	5	☐ **horizon**	953	☐ **ignore**	322, 1249
☐ **guarantee**	707	☐ horizontal	953	☐ **illusion**	1260
☐ **guard**	966	☐ **horrible**	1191	☐ **illustrate**	801
☐ **guess**	314	☐ horrify	1191	☐ illustration	801
☐ guilt	897	☐ horror	1191	☐ imaginary	115
☐ **guilty**	897	☐ **hostile**	1286	☐ imagination	115
		☐ hostility	1286	☐ imaginative	115
H		☐ **household**	353	☐ **imagine**	115
☐ **habit**	374	☐ **hug**	826	☐ **imitate**	926

I INDEX

Word	Page	Word	Page	Word	Page
☐ imitation	926	☐ independence	379	☐ initially	782
☐ **immediate**	**685**	☐ **independent**	**379**	☐ initiate	782
☐ immediately	685	☐ **indicate**	**317**	☐ initiative	782
☐ **immense**	**1287**	☐ indication	317	☐ **injure**	**729**
☐ immensely	1287	☐ indicator	317	☐ injured	729
☐ **immigrant**	**366**	☐ indifference	995	☐ injury	729
☐ immigrate	366	☐ **indifferent**	**995**	☐ innocence	1092
☐ immigration	366	☐ **individual**	**68**	☐ **innocent**	**1092**
☐ imperial	952	☐ individualism	68	☐ innovate	767
☐ implication	640	☐ industrial	176	☐ **innovation**	**767**
☐ **imply**	**640**	☐ industrious	176	☐ innovative	767
☐ import	604	☐ **industry**	**176**	☐ **inquire**	**1219**
☐ importation	604	☐ **inevitable**	**1178**	☐ inquiry	1219
☐ **impose**	**909**	☐ inevitably	1178	☐ **insect**	**373**
☐ **impress**	**927**	☐ infamous	1058	☐ **insight**	**859**
☐ impression	927	☐ infancy	771	☐ **insist**	**532**
☐ impressive	927	☐ **infant**	**771**	☐ insistence	532
☐ **improve**	**2**	☐ infect	1164	☐ insistent	532
☐ improvement	2	☐ **infection**	**1164**	☐ inspiration	623
☐ **impulse**	**1243**	☐ infectious	1164	☐ **inspire**	**623**
☐ impulsive	1243	☐ **inferior**	**1297**	☐ **instant**	**888**
☐ inappropriate	190	☐ inferiority	1297	☐ instantly	888
☐ **incident**	**856**	☐ **infinite**	**1399**	☐ **instead**	**98**
☐ incidental	856	☐ infinitely	1399	☐ **instinct**	**1059**
☐ incidentally	856	☐ infinity	1399	☐ instinctive	1059
☐ inclination	1380	☐ **influence**	**156**	☐ institute	463
☐ **inclined**	**1380**	☐ influential	156	☐ **institution**	**463**
☐ **include**	**37**	☐ **inform**	**624**	☐ instruct	760
☐ including	37	☐ information	624	☐ **instruction**	**760**
☐ inclusion	37	☐ informed	624	☐ instructive	760
☐ inclusive	37	☐ **ingredient**	**1153**	☐ instructor	760
☐ **income**	**349**	☐ inhabit	1154	☐ **instrument**	**672**
☐ **increase**	**4**	☐ **inhabitant**	**1154**	☐ instrumental	672
☐ increasing	4	☐ **inherit**	**1207**	☐ **insult**	**1117**
☐ **incredible**	**894**	☐ inheritance	1207	☐ **insurance**	**1152**
☐ incredibly	894	☐ initial	782	☐ insure	1152
☐ **indeed**	**200**			☐ intellect	494
				☐ **intellectual**	**494**

INDEX I-L

- intelligence 493
- **intelligent** 493
- **intend** 531
- **intense** 786
- intensify 786
- intensity 786
- intensive 786
- intention 531
- intentional 531
- **interest** 49
- interested 49
- interesting 49
- **interfere** 1038
- interference 1038
- **interior** 1294
- **internal** 882
- **interpret** 608
- interpretation 608
- interpreter 608
- **interrupt** 1004
- interruption 1004
- **interview** 376
- interviewee 376
- interviewer 376
- **introduce** 214
- introduction 214
- **invade** 1313
- invader 1313
- invasion 1313
- **invent** 413
- invention 413
- inventive 413
- inventor 413
- **invest** 627
- **investigate** 736
- investigation 736
- investigator 736
- investment 627
- invitation 341
- **invite** 341
- **involve** 119
- involvement 119
- **irritate** 1115
- irritating 1115
- irritation 1115
- **isolate** 731
- isolation 731
- **issue** 149

J

- **jealous** 1096
- jealousy 1096
- **join** 221
- joint 221
- **joke** 575
- jokingly 575
- **judge** 408
- judgment 408
- **jury** 949
- **just** 865, 1027
- **justice** 865
- justification 865, 1027
- **justify** 865, **1027**

K

- **keen** 1199
- **knit** 1239
- knitting 1239
- **knowledge** 167

L

- **laboratory** 566
- **lack** 125
- lacking 125
- **landscape** 776
- **language** 61
- **last** 39
- lasting 39
- **lately** 399
- **launch** 809
- **laundry** 1372
- **law** 387
- **lay** 834
- layer 834
- **lead** 34
- **lean** 1240
- **leap** 1032
- **legal** 387
- **legend** 1052
- legendary 1052
- **leisure** 673
- leisurely 673
- **lend** 734
- **length** 654
- lengthen 654
- **liberal** 1088
- liberate 1088
- liberation 1088
- liberty 1088
- **lie** 30
- **lift** 730
- likelihood 178
- **likely** 178
- linguist 590
- **linguistic** 590
- linguistics 590
- **liquid** 876

371

L-M — INDEX

- [ ] literal 456
- [ ] literary 456
- [ ] literate 456
- [ ] **literature** 456
- [ ] **litter** 957
- [ ] live 592
- [ ] lively 592
- [ ] living 592
- [ ] **load** 916
- [ ] **local** 92
- [ ] **locate** 509
- [ ] location 509
- [ ] **logic** 943
- [ ] logical 943
- [ ] loneliness 795
- [ ] **lonely** 795
- [ ] long 654
- [ ] **loose** 1278
- [ ] loosen 1278
- [ ] lose 247
- [ ] **loss** 247
- [ ] **low** 91
- [ ] lower 91
- [ ] **loyal** 1398
- [ ] loyalty 1398
- [ ] luxurious 964
- [ ] **luxury** 964

M

- [ ] magnificence 1291
- [ ] **magnificent** 1291
- [ ] **maintain** 219
- [ ] maintenance 219
- [ ] **major** 86
- [ ] majority 86
- [ ] **male** 277
- [ ] **mammal** 770
- [ ] **manage** 329
- [ ] management 329
- [ ] manager 329
- [ ] **manual** 792
- [ ] **manufacture** 632
- [ ] manufacturer 632
- [ ] **marine** 778
- [ ] **mark** 233
- [ ] marriage 223
- [ ] **marry** 223
- [ ] **mass** 448
- [ ] massive 448
- [ ] **match** 321
- [ ] **material** 48, 243
- [ ] matter 48
- [ ] **mature** 988
- [ ] maturity 988
- [ ] **means** 1053
- [ ] **measure** 143
- [ ] measurement 143
- [ ] mechanical 944
- [ ] mechanics 944
- [ ] **mechanism** 944
- [ ] medical 173
- [ ] **medicine** 173
- [ ] **medium** 253
- [ ] **melt** 641
- [ ] memorial 168
- [ ] memorize 168
- [ ] **memory** 168
- [ ] mend 1302
- [ ] **mental** 45, **294**
- [ ] mentally 294
- [ ] **mention** 207
- [ ] merchandise 1061
- [ ] **merchant** 1061
- [ ] **mercy** 1348
- [ ] mere 297
- [ ] **merely** 297
- [ ] **method** 262
- [ ] metropolis 1293
- [ ] **metropolitan** 1293
- [ ] **microscope** 1369
- [ ] microscopic(al) 1369
- [ ] **mild** 1196
- [ ] **military** 596
- [ ] **mind** 45
- [ ] **minister** 647
- [ ] ministry 647
- [ ] **minor** 692
- [ ] minority 692
- [ ] **miserable** 1192
- [ ] misery 1192
- [ ] **miss** 124
- [ ] missing 124
- [ ] **mission** 860
- [ ] missionary 860
- [ ] **mix** 517
- [ ] mixture 517
- [ ] **mobile** 194
- [ ] **moderate** 1194
- [ ] moderately 1194
- [ ] **modest** 879
- [ ] modesty 879

372

INDEX   M-O

- [ ] modification 1015
- [ ] **modify** **1015**
- [ ] **moment** **244**
- [ ] momentary 244
- [ ] **monument** **1374**
- [ ] monumental 1374
- [ ] **moral** **546**
- [ ] morality 546
- [ ] **moreover** **299**
- [ ] **mostly** **198**
- [ ] motion 170
- [ ] motivate 1244
- [ ] motivation 1244
- [ ] **motive** **1244**
- [ ] move 170
- [ ] **movement** **170**
- [ ] **multiple** **992**
- [ ] multiply 992
- [ ] **murder** **1231**
- [ ] murderer 1231
- [ ] **muscle** **863**
- [ ] muscular 863
- [ ] **mutual** **898**
- [ ] mysterious 764
- [ ] **mystery** **764**
- [ ] **myth** **765**
- [ ] mythology 765

N

- [ ] **naked** **1296**
- [ ] narrate 1251
- [ ] narration 1251
- [ ] **narrative** **1251**
- [ ] narrator 1251
- [ ] **narrow** **582**
- [ ] **native** **180**
- [ ] natural 145
- [ ] naturally 145
- [ ] **nature** **145**
- [ ] **navy** **1360**
- [ ] **nearly** **197**
- [ ] **neat** **1283**
- [ ] neatly 1283
- [ ] **necessarily** **296**
- [ ] necessary 296
- [ ] necessity 296
- [ ] **negative** **285**
- [ ] **neglect** **821**
- [ ] negligent 821
- [ ] negligible 821
- [ ] **neighbor** **950**
- [ ] neighborhood 950
- [ ] neighboring 950
- [ ] nerve 581
- [ ] **nervous** **581**
- [ ] **neutral** **1098**
- [ ] nobility 1197
- [ ] **noble** **1197**
- [ ] nod 1035
- [ ] **normal** **381**
- [ ] normally 381
- [ ] **notice** **105**
- [ ] noticeable 105
- [ ] notion 655
- [ ] **nuclear** **687**
- [ ] **numerous** **788**
- [ ] **nursery** **1271**
- [ ] **nutrition** **1072**
- [ ] nutritious 1072

O

- [ ] **obedience** **1023**
- [ ] obedient 1023
- [ ] obese 1166
- [ ] **obesity** **1166**
- [ ] **obey** **1023**
- [ ] **object** **236**
- [ ] objection 236
- [ ] objective 236
- [ ] **obligation** **1148**
- [ ] oblige 1148
- [ ] **obscure** **1391**
- [ ] observance 303
- [ ] observation 303
- [ ] **observe** **303**
- [ ] **obstacle** **1145**
- [ ] **obtain** **620**
- [ ] **obvious** **384**
- [ ] obviously 384
- [ ] **occasion** **661**
- [ ] occasional 661
- [ ] occasionally 661
- [ ] occupant 815, 1048
- [ ] **occupation** 815, **1048**
- [ ] **occupy** 815, **1048**
- [ ] **occur** **235**
- [ ] occurrence 235
- [ ] **odd** **789**
- [ ] oddly 789
- [ ] **offend** **1220**
- [ ] offense 1220
- [ ] offensive 1220
- [ ] **offer** **17**
- [ ] **official** **293**

☐ offspring 1362	**P**	☐ perspective 550
☐ **operate** 511		☐ **persuade** 718
☐ operation 511	☐ **pale** 1077	☐ persuasion 718
☐ operator 511	☐ **pardon** 1050	☐ pessimism 1087
☐ **opponent** 847	☐ participant 515	☐ **pessimistic** 1087
☐ **opportunity** 171	☐ **participate** 515	
☐ **oppose** 613	☐ participation 515	☐ **phase** 1262
☐ opposed 613	☐ **particular** 87	☐ **phenomenon** 476
☐ opposition 613	☐ particularly 87	
☐ optimism 1086	☐ **passage** 62	☐ philosopher 659
☐ **optimistic** 1086	☐ passenger 62	☐ philosophical 659
☐ **orbit** 1161	☐ **passion** 960	☐ **philosophy** 659
☐ **order** 20	☐ passionate 960	☐ **physical** 183
☐ ordinarily 287	☐ **passive** 1082	☐ **physician** 969
☐ **ordinary** 287	☐ **pastime** 1354	☐ physics 183
☐ **organ** 567	☐ patience 93	☐ **pick** 122
☐ organic 567	☐ **patient** 93	☐ **pile** 808
☐ organism 567	☐ **pause** 932	☐ pitiful 1054
☐ organization 510	☐ **pay** 23	☐ **pity** 1054
☐ **organize** 510	☐ payment 23	☐ **plague** 1371
☐ organized 510	☐ **peculiar** 1379	☐ **plain** 878
☐ organizer 510	☐ peculiarity 1379	☐ plainly 878
☐ **origin** 364	☐ **peer** 1156	☐ **planet** 256
☐ original 364	☐ **penetrate** 1325	☐ **plant** 144
☐ originate 364	☐ penetrating 1325	☐ **pleasant** 680
☐ **otherwise** 199	☐ **perceive** 518	☐ please 680
☐ **outcome** 854	☐ perception 518	☐ pleasure 680
☐ **outlook** 1261	☐ perceptive 518	☐ **poem** 974
☐ **output** 1252	☐ **perform** 222	☐ poet 974
☐ **overcome** 617	☐ performance 222	☐ poetic 974
☐ **overtake** 1312	☐ **perhaps** 99	☐ **poetry** 974
☐ **overwhelm** 1128	☐ **permanent** 886	☐ **poison** 848
☐ overwhelming 1128	☐ permanently 886	☐ poisonous 848
	☐ permission 717	☐ polar 869
☐ **owe** 940	☐ **permit** 717	☐ **pole** 869
☐ owing 940	☐ **persist** 1122	☐ **policy** 261
☐ **oxygen** 1063	☐ persistence 1122	☐ **polish** 941
	☐ persistent 1122	

INDEX P

☐ **polite**	**496**	☐ **prefer**	**209**	☐ probability	1100
☐ politely	496	☐ preferable	209	☐ **probable**	**1100**
☐ politeness	496	☐ preference	209	☐ probably	1100
☐ **political**	**186**	☐ **prejudice**	**961**	☐ **procedure**	
☐ politician	186	☐ preparation	231		**1174**, 1234
☐ politics	186	☐ **prepare**	**231**	☐ **proceed**	
☐ pollutant	443	☐ presence	89		1174, **1234**
☐ pollute	443	☐ **present**	**89**	☐ process	1234
☐ **pollution**	**443**	☐ preservation	414	☐ **produce**	**7**
☐ poor	360	☐ **preserve**	**414**	☐ product	7
☐ popular	73	☐ **press**	**418**	☐ production	7
☐ **population**	**73**	☐ pressure	418	☐ **profession**	**862**
☐ portion	1163	☐ prestige	1357	☐ professional	862
☐ pose	908	☐ prestigious	1357	☐ **professor**	**165**
☐ positive	284	☐ **pretend**	**724**	☐ **profit**	**348**
☐ **possess**	**723**	☐ pretense	724	☐ profitable	348
☐ possession	723	☐ **prevail**	**1121**	☐ **progress**	**445**
☐ possessive	723	☐ prevalent	1121	☐ progressive	445
☐ possibility	82	☐ **prevent**	**227**	☐ **prohibit**	**1102**
☐ **possible**	**82**	☐ prevention	227	☐ prohibition	1102
☐ possibly	82	☐ preventive	227	☐ **project**	**163**
☐ **postpone**	**1010**	☐ **previous**	**478**	☐ prominence	
☐ potential	386	☐ previously	478		1187
☐ **pour**	**921**	☐ primarily	481	☐ **prominent**	**1187**
☐ poverty	360	☐ **primary**		☐ **promote**	**332**
☐ practical	152		**481**, 981	☐ promotion	332
☐ **practice**	**152**	☐ **prime**	**981**	☐ **prompt**	**1180**
☐ **praise**	**720**	☐ **primitive**	**896**	☐ promptly	1180
☐ **pray**	**1340**	☐ **principal**	**783**	☐ **pronounce**	**1110**
☐ prayer	1340	☐ **principle**	**355**	☐ pronunciation	
☐ **precious**	**982**	☐ prior	965		1110
☐ preciously	982	☐ **priority**	**965**	☐ proof	229
☐ **precise**	**799**	☐ **prison**	**758**	☐ **proper**	**682**
☐ precisely	799	☐ prisoner	758	☐ properly	682
☐ precision	799	☐ privacy	281	☐ **property**	**570**
☐ **predict**	**427**	☐ **private**	**281**	☐ proportion	745
☐ predictable	427	☐ **privilege**	**1158**	☐ proportional	745
☐ prediction	427	☐ privileged	1158	☐ proposal	621

P-R

- [ ] **propose** 621
- [ ] proposition 621
- [ ] prosper 1159
- [ ] **prosperity** 1159
- [ ] prosperous 1159
- [ ] **protect** 117
- [ ] protection 117
- [ ] **protest** 811
- [ ] **prove** 229
- [ ] **proverb** 1172
- [ ] **provide** 8
- [ ] provided 8
- [ ] provision 8
- [ ] psychological 766
- [ ] psychologist 766
- [ ] **psychology** 766
- [ ] publication 312
- [ ] **publish** 312
- [ ] publisher 312
- [ ] **pull** 429
- [ ] **punish** 906
- [ ] punishment 906
- [ ] **purchase** 501
- [ ] **pure** 781
- [ ] purely 781
- [ ] purify 781
- [ ] purity 781
- [ ] **purpose** 255
- [ ] **pursue** 816
- [ ] pursuit 816
- [ ] **puzzle** 829
- [ ] puzzled 829

Q

- [ ] quake 749
- [ ] qualify 161
- [ ] **quality** 161
- [ ] **quantity** 752
- [ ] **quarrel** 1345
- [ ] **quarter** 653
- [ ] quarterly 653
- [ ] **quiet** 389
- [ ] quietly 389
- [ ] **quit** 817
- [ ] quotation 1001
- [ ] **quote** 1001

R

- [ ] **race** 363
- [ ] racial 363
- [ ] **radical** 1179
- [ ] radically 1179
- [ ] **raise** 130
- [ ] **range** 252
- [ ] **rapid** 595
- [ ] rapidly 595
- [ ] **rare** 500
- [ ] rarely 500
- [ ] **rather** 97
- [ ] **rational** 793
- [ ] **raw** 885
- [ ] **reach** 26
- [ ] **react** 636
- [ ] reaction 636
- [ ] **real** 107, 272
- [ ] **reality** 272
- [ ] realization 107
- [ ] **realize** 107
- [ ] **really** 107, 272
- [ ] **rear** 1107
- [ ] **reason** 51, 677
- [ ] **reasonable** 51, **677**
- [ ] **rebel** 1343
- [ ] rebellion 1343
- [ ] rebellious 1343
- [ ] **recall** 421
- [ ] receipt 129
- [ ] **receive** 129
- [ ] **recent** 90
- [ ] recently 90
- [ ] reception 129
- [ ] recognition 204
- [ ] **recognize** 204
- [ ] **recommend** 542
- [ ] recommendation 542
- [ ] **recover** 706
- [ ] recovery 706
- [ ] **reduce** 132
- [ ] reduction 132
- [ ] **refer** 140
- [ ] reference 140
- [ ] **reflect** 316
- [ ] reflection 316
- [ ] **reform** 1113
- [ ] reformation 1113
- [ ] **refrain** 1235
- [ ] **refrigerator** 1073
- [ ] **refuge** 1353
- [ ] refugee 1353
- [ ] refusal 320
- [ ] **refuse** 320
- [ ] **regard** 206
- [ ] regardless 206
- [ ] **region** 257
- [ ] regional 257
- [ ] **regret** 616
- [ ] regrettable 616
- [ ] **regular** 382

INDEX R

☐ regularly 382	☐ renewal 1123	☐ respect 205
☐ regulate 382, 1149	☐ rent **839**	☐ respectable 205
☐ **regulation** 382, **1149**	☐ rental 839	☐ respectful 205
☐ **reinforce 1111**	☐ **repair 541**	☐ respective 205
☐ reinforcement 1111	☐ **repeat 442**	☐ **respond 311**
☐ **reject 522**	☐ repetition 442	☐ response 311
☐ rejection 522	☐ **replace 308**	☐ responsibility 377
☐ **relate 123, 480**	☐ replacement 308	☐ **responsible 377**
☐ relation 123, 480	☐ **reply 533**	☐ **rest 160**
☐ relationship 123, 480	☐ **represent 239**	☐ restoration 1005
☐ **relative 123, 480**	☐ representation 239	☐ **restore 1005**
☐ **release 508**	☐ representative 239	☐ **restrict 822**
☐ reliable 425	☐ **republic 1272**	☐ restriction 822
☐ reliance 425	☐ republican 1272	☐ restrictive 822
☐ relief 935	☐ **reputation 861**	☐ **result 52**
☐ **relieve 935**	☐ **require 19**	☐ **retire 842**
☐ **religion 547**	☐ requirement 19	☐ retirement 842
☐ religious 547	☐ **rescue 1018**	☐ **retreat 1049**
☐ reluctance 889	☐ **research 57**	☐ **return 32**
☐ **reluctant 889**	☐ researcher 57	☐ **reveal 318**
☐ reluctantly 889	☐ resemblance 837	☐ revelation 318
☐ **rely 425**	☐ **resemble 837**	☐ **reverse 1135**
☐ **remain 40**	☐ reservation 601	☐ reversible 1135
☐ remark 600, **741**	☐ **reserve 601**	☐ **review 657**
☐ **remarkable 600, 741**	☐ residence 465	☐ reviewer 657
☐ remarkably 600	☐ **resident 465**	☐ **revolution 470**
☐ **remind 526**	☐ **resign 1334**	☐ revolutionary 470
☐ reminder 526	☐ resignation 1334	☐ revolve 470
☐ **remote 686**	☐ **resist 904**	☐ **reward 548**
☐ removal 409	☐ resistance 904	☐ rewarding 548
☐ **remove 409**	☐ resistant 904	☐ ridicule 1193
☐ **renew 1123**	☐ resolution 1028	☐ **ridiculous 1193**
☐ renewable 1123	☐ **resolve 1028**	☐ **risk 158**
	☐ **resort 1118**	☐ risky 158
	☐ **resource 249**	☐ **ritual 664**
		☐ **rob 1131**

377

R-S — INDEX

- robber 1131
- robbery 1131
- **role** 169
- **rough** 1078
- roughly 1078
- route 769
- **routine** 769
- row 853
- royal 895
- royalty 895
- **rude** 796
- rudely 796
- **ruin** 928
- **rule** 50
- **rumor** 1368
- **rural** 486
- **rush** 637
- rustic 486

S

- **sacred** 999
- **sacrifice** 858
- **safe** 187
- safety 187
- satisfaction 338
- satisfactory 338
- **satisfy** 338
- **savage** 1392
- savagery 1392
- **save** 118
- saving 118
- **scale** 447
- **scarce** 1284
- scarcely 1284
- scarcity 1284
- **scare** 727
- scared 727
- scary 727
- **scatter** 1124
- **scene** 457
- scenery 457
- scenic 457
- **scheme** 1157
- scholar 972
- **scholarship** 972
- **scold** 1320
- **scratch** 1301
- **scream** 841
- sculptor 1268
- **sculpture** 1268
- **seal** 917
- **search** 302
- secret 873
- **secretary** 873
- secretly 873
- **secure** 710
- security 710
- **seek** 301
- **seem** 27
- **seize** 1328
- **seldom** 396
- **select** 513
- selection 513
- self 1090
- **selfish** 1090
- selfishness 1090
- **senior** 498
- sense 1089
- sensibility 1089
- sensible 580, 1089
- **sensitive** 580
- sensitivity 580
- **sentence** 148
- **separate** 306
- separately 306
- separation 306
- **sequence** 1171
- **serious** 94
- seriously 94
- servant 217
- **serve** 217
- service 217
- **settle** 536
- settlement 536
- **severe** 578
- severely 578
- severity 578
- **sew** 1303
- **shade** 975
- **shake** 732
- shaky 732
- **shallow** 1281
- **shame** 1043
- shameful 1043
- **share** 127
- **shed** 1215
- **shine** 942
- short 753
- **shortage** 753
- **shut** 818
- **shy** 797
- shyness 797
- **significance** 195
- **significant** 195
- **similar** 88
- similarity 88
- similarly 88
- **sincere** 1299
- sincerely 1299
- sincerity 1299
- **sink** 1127
- **site** 346

INDEX   S

☐ situated 77	☐ **speculate** 1338	☐ **store** 25
☐ **situation** 77	☐ speculation 1338	☐ **straight** 488
☐ **skill** 58	☐ spell 1139	☐ straighten 488
☐ skilled 58	☐ spelling 1139	☐ **strain** 1222
☐ skillful 58	☐ **spend** 21	☐ strategic 451
☐ slap 1332	☐ sphere 1370	☐ **strategy** 451
☐ slave 970	☐ spill 1212	☐ **stretch** 806
☐ slavery 970	☐ splendid 1377	☐ strict 587
☐ sleepy 691	☐ split 1211	☐ strictly 587
☐ **slight** 977	☐ spoil 1011	☐ **strike** 417
☐ slightly 977	☐ spread 142	☐ strip 1214
☐ smart 679	☐ square 571	☐ structural 343
☐ **smell** 519	☐ stability 881	☐ **structure** 343
☐ smooth 979	☐ stable 881	☐ **struggle** 473
☐ smoothly 979	☐ **stand** 31	☐ stuff 851
☐ soak 1307	☐ stare 638	☐ stupid 890
☐ social 71	☐ starvation 1229	☐ stupidity 890
☐ socialism 71	☐ **starve** 1229	☐ **subject** 150
☐ **society** 71	☐ **state** 56	☐ subjective 150
☐ soil 545	☐ statement 56	☐ submission 1216
☐ solid 884	☐ static 1388	☐ submissive 1216
☐ solution 234	☐ statistical 564	☐ **submit** 1216
☐ solve 234	☐ **statistics** 564	☐ **substance** 665
☐ somehow 397	☐ steadily 899	☐ substantial 665
☐ sore 1395	☐ steady 899	☐ **substitute** 918
☐ sorrow 1350	☐ **steal** 432	☐ subtle 980
☐ sorrowful 1350	☐ steep 1280	☐ suburb 1069
☐ sort 269	☐ stick 416	☐ suburban 1069
☐ sound 63	☐ sticky 416	☐ **succeed** 335
☐ sour 1396	☐ **stiff** 1384	☐ success 335
☐ **source** 151	☐ stiffen 1384	☐ successful 335
☐ span 1065	☐ **stimulate** 840	☐ succession 335
☐ spare 986	☐ stimulation 840	☐ successive 335
☐ species 174	☐ stimulus 840	☐ **sudden** 684
☐ specific 289	☐ stir 1341	☐ suddenly 684
☐ specification 289	☐ stirring 1341	☐ **sue** 828
☐ specify 289	☐ stock 455	☐ **suffer** 433
☐ **spectator** 1250	☐ storage 25	☐ suffering 433

S-T INDEX

- sufficiency 678
- **sufficient** 678
- suggest 15
- suggestion 15
- suggestive 15
- suicide 1356
- suit 431, 828
- suitable 431
- sum 875
- summarize 875
- summary 875
- **superficial** 1387
- **superior** 784
- superiority 784
- **superstition** 1366
- superstitious 1366
- **supply** 232
- **support** 9
- suppose 203
- supremacy 1376
- **supreme** 1376
- **surface** 344
- surgeon 773
- **surgery** 773
- **surprise** 139
- **surrender** 1323
- **surround** 813
- surroundings 813
- **survey** 304
- survival 224
- **survive** 224
- survivor 224
- **suspect** 832
- **suspend** 1327
- suspense 1327
- suspension 1327
- suspicion 832
- suspicious 832
- **sustain** 914
- sustainable 914
- **swallow** 733
- **sweat** 1169
- **sweep** 1213
- **symbol** 559
- symbolic 559
- sympathetic 1057
- sympathize 1057
- **sympathy** 1057
- **symptom** 855

T

- **tag** 955
- **tap** 1270
- **task** 265
- **taste** 342
- tasty 342
- **tear** 430
- **tease** 1314
- technical 59
- technique 59
- technological 59
- **technology** 59
- **temper** 1168
- temperament 1168
- **temperature** 268
- temporarily 887
- **temporary** 887
- **tend** 42
- tendency 42
- **tense** 1279
- tension 1279
- **term** 64
- terminal 64
- **terrible** 390
- terribly 390
- terrify 390
- **territory** 746
- terror 390
- theft 971
- theoretical 763
- **theory** 763
- **therefore** 95
- **thick** 585
- thicken 585
- **thief** 971
- **thin** 698
- thirst 1094
- **thirsty** 1094
- **thorough** 1288
- thoroughly 1288
- **thought** 46
- thoughtful 46
- **threat** 472
- threaten 472
- threatening 472
- **thrill** 1024
- thrilling 1024
- **throat** 976
- **thrust** 1337
- **thus** 96
- tidal 1067
- **tide** 1067
- **tidy** 1389
- **tie** 411
- **tight** 978
- tighten 978
- tightly 978

INDEX   T-V

- tiny 391
- tolerance 1326
- tolerant 1326
- tolerate 1326
- toll 1264
- toll-free 1264
- tough 577
- trace 872
- track 449
- trade 258
- trader 258
- tradition 365
- traditional 365
- traffic 458
- tragedy 1056
- tragic 1056
- trait 774
- transfer 713
- transform 606
- transformation 606
- translate 607
- translation 607
- translator 607
- transmission 1208
- transmit 1208
- transport 605
- transportation 605
- trap 968
- trash 956
- treasure 866
- treat 218
- treatment 218
- tremendous 1277
- tremendously 1277
- trend 450
- trendy 450
- trial 562
- tribal 645
- tribe 645
- triumph 1257
- triumphant 1257
- tropical 779
- trouble 246
- troublesome 246
- trust 424
- trustworthy 424
- try 562
- tuition 1265
- type 485
- typical 485
- typically 485

U

- ugly 1000
- ultimate 984
- ultimately 984
- undergo 1030
- undertake 1311
- uneasiness 1394
- uneasy 1394
- unfortunate 298
- unfortunately 298
- unique 288
- unite 35
- united 35
- universal 461
- universe 461
- unlike 100
- unlikely 100
- upset 725
- urban 279
- urge 824
- urgency 824, 983
- urgent 824, 983
- usage 1047
- use 1047
- utility 1308
- utilization 1308
- utilize 1308
- utter 1315
- utterance 1315
- utterly 1315

V

- vacancy 1385
- vacant 1385
- vague 1079
- vaguely 1079
- valid 1289
- validity 1289
- valley 748
- valuable 74
- value 74
- vanish 933
- variation 181
- variety 181
- various 181
- vary 181
- vast 393
- vehicle 459
- venture 1033
- verbal 697
- victim 648
- view 47, 1258

381

V-Y INDEX

- [ ] viewpoint 1258
- [ ] **violate** 1114
- [ ] violation 1114
- [ ] violence 499
- [ ] **violent** 499
- [ ] **virtual** 683
- [ ] **virtue** 1245
- [ ] virtuous 1245
- [ ] **virus** 666
- [ ] visible 674
- [ ] **vision** 674
- [ ] visual 674
- [ ] **vital** 785
- [ ] vitality 785
- [ ] **vivid** 1080
- [ ] vividly 1080
- [ ] voluntary 466
- [ ] **volunteer** 466
- [ ] **vote** 762
- [ ] voter 762
- [ ] **voyage** 1051

W

- [ ] wake 923
- [ ] **wander** 1133
- [ ] **warn** 642
- [ ] warning 642
- [ ] **waste** 241
- [ ] weak 937
- [ ] **weaken** 937
- [ ] weakness 937
- [ ] **wealth** 446
- [ ] wealthy 446
- [ ] **weapon** 757
- [ ] wear 1386
- [ ] **weary** 1386
- [ ] **weep** 1333
- [ ] **weigh** 838
- [ ] weight 838
- [ ] **welfare** 864
- [ ] **wheat** 958
- [ ] **whisper** 1226
- [ ] **whole** 179
- [ ] wide 696
- [ ] **widespread** 696
- [ ] **wild** 278

- [ ] will 495
- [ ] **willing** 495
- [ ] **win** 1
- [ ] winner 1
- [ ] **wisdom** 759
- [ ] wise 759
- [ ] **wish** 108
- [ ] **withdraw** 1037
- [ ] withdrawal 1037
- [ ] **witness** 870
- [ ] **wonder** 106
- [ ] **worry** 120
- [ ] **worship** 1256
- [ ] **worth** 282
- [ ] worthy 282
- [ ] **wound** 857
- [ ] **wrap** 1006
- [ ] wrapping 1006

Y

- [ ] **yell** 1227
- [ ] **yield** 911
- [ ] **youth** 643
- [ ] youthful 643

宮川 幸久（みやかわ よしひさ）
お茶の水女子大学名誉教授

ターゲット編集部

坂本 浩（さかもと ひろし）
河合塾講師

William F. O'Connor
亜細亜大学経営学部教授

宇佐美 光昭（うさみ みつあき）
河合塾札幌校・國學院大短大部講師

装丁デザイン	及川真咲デザイン事務所
ペーパーイラスト制作・撮影	AJIN
本文デザイン	牧野 剛士
編集協力	日本アイアール株式会社
校閲	笹部 宣雅
	志賀 伸一
録音	株式会社巧芸創作
ナレーター	Carolyn Miller
	Josh Keller
	原田 桃子
組版所	幸和印刷株式会社
編集担当	荒川 昌代
	榊原 泰平

〔英単語ターゲット 1400・4 訂版〕